그러나
증오하지
않습니다

일러두기

* 본문에 있는 각주는 옮긴이주입니다.
* 본문의 괄호 안 내용은 원서에 있거나, 옮긴이가 설명을 위해 넣은 것입니다
* 〈팔레스타인 연대기〉의 지도는 원서에 있는 것이며, 글은 낮은산 편집부에서 따로 정리해 실은 것입니다.

그러나

세 딸을 폭격으로 잃은 팔레스타인 의사 이야기

증오하지 않습니다

이젤딘 아부엘아이시 지음 | 이한중 옮김

낮은산

서로의 같은 점에 주목하면서,
분단을 극복해 내기를 바랍니다

　우리는 인생을 살아가면서 갖은 고난과 부침과 비극을 겪게 됩니다. 그러면서도 더 나은 삶과 세상을 위해 내면의 평온을 얻고자 다방면으로 노력을 합니다. 그리고 정의로운 세상을 이루기 위해 적극 힘쓸 방법을 찾기도 합니다. 이 책은 저라는 한 인간의 메시지를 담고 있지만 그것은 모든 사람의 것이기도 합니다. 제가 이 책을 쓴 것은 사람들에게 영감을 불러일으키고 희망을 주고 변화를 일으키기 위해서였습니다. 갈등과 폭력, 절망과 증오, 질병과 공포가 만연한 이 세상 이 시대에 말입니다.

　제 이야기는 이론적이거나 지어 낸 것이 아니라 실제로 제가 살며 경험했던 고난과 전쟁과 참사에 관한 것입니다. 그리고 그 모든 도전을 이겨 내며 계속 나아가고자 했다는 이야기입니다. 저는 제 사랑하는 딸들을 잊고 포기하는 것이 아니라 계속 살아 있게 하겠다는 결의를 다지며 더 힘차고 빠르게 전진할 뿐이었습니다. 이제는 제 딸 베싼과 마야르와 아야에게, 그리고 조카 누르에게 말할 수 있습니다. 이 세상 수많은 사람의 가슴속에 살아 있으니 편히 잠들라고 말입니다.

　이 책《그러나 증오하지 않습니다》는 이제 다섯 대륙에 스무 개 언어로 번역이 되었습니다. 이는 이 비극이 헛되지 않았으며 앞으로도 그러하리라는 것을 말해 줍니다. 우리가 인간으로 태어나 선택하고 결정할 수 있다는 것은 축복입니다. 우리에게는 누구를 탓할 것이 아니라 우리가 처한 상황을 바꾸기 위해 삶의 목적을 갖고서 묵묵히 앞으로 나아갈 책임이 있습니다. 미국의 민속예술가 애나 메리 모제스는 말했습니다. "인생은 우리가 만들어 가는 것입니다. 언제나 그래 왔고 앞으로도 그럴 것입니다."

삶은 선택과 결정에 달려 있는 것입니다. 이 세상에서 정작 우리가 경계해야 할 것은 우리 스스로의 무지와 오만과 탐욕입니다. 이제는 우리 자신과 아이에게 바람직한 세상이 어떤 것인지를 질문해 볼 때가 되었습니다. 이 세상에 악이 만연하는 이유는 선한 사람이 아무것도 하지 않기 때문이라는 사실을 알고서 행동하고 발언할 때가 되었습니다. 가장 큰 용기는 옳은 말을 제때 하는 것입니다. 상태를 역전시킬 수 없을 때 환자를 돌보기 시작해 봐야 무슨 소용이 있겠습니까? 때를 놓치지 않기 위해 적극 나설 필요가 있습니다.

제 책을 읽은 분들이 보내 준 이메일이나 편지의 반응은 너무나 희망적이고 고무적이었습니다. 삶은 제게 불가능한 것은 없다는 사실을 가르쳐 주었습니다. 제가 보기에 불가능한 것은 죽은 제 딸들을 살아나게 하는 것뿐입니다. 하지만 저는 딸들의 이름으로 하는 좋은 일들을 통해 그들이 살아 있게 할 수도 있다고 생각합니다. 실제로 그들은 중동 여성들의 교육을 위해 활동하는 'Daughters for Life' 재단을 통해 살아 있습니다.

주변을 둘러보며 바람직한 세상에 관해 질문하고 배운다면 작은 행동부터 시작할 수 있을 것입니다. 우리 모두 제각기 무언가를 할 수 있습니다. 남녀노소를 가릴 것 없이 모두가 전체를 위해 조금씩 노력한다면 온 세상이 달라질 것입니다. 여러분께 신념과 희망을 가지라고 격려하는 바입니다. 가장 중요한 것은 행동함으로써 작은 변화라도 이루는 것이 아닐까 합니다.

저는 전쟁을 안에서도 밖에서도 겪어 보았습니다. 전쟁은 모든 것을 먹어 치워 버리는 불입니다. 전쟁은 우리가 영화에서나 보는 그런 것이 아닙니다. 전쟁의 참상은 우리가 본 것보다 보지 못한 것이 훨씬 더 많습니다. 그리고 전쟁에서 승자는 아무도 없습니다. 자기 인생에서 원하는 것이 무엇이며 그것을 이루기 위해 무엇을 해야 하는지를 스스로에게 물어볼 필요가 있다고 생각합니다.

전쟁은 분단과 상처를 만들어 냅니다. 남북한은 같은 민족이니 같은 점이 얼마나 많습니까. 다른 점보다는 같은 점에 주목한다면 분단을 극복하는 데 도움이 되지 않을까 합니다. 누구나 안전한 곳에서 평화롭게 살기를 바라지 않겠습니까. 남한의 안전과 안보와 자유와 미래는 북한의 그것과 직결되어 있을 것입니다.

모두가 만인의 자유를 존중할 때가 되었습니다. 우리 모두 한 인류이니까요.

가자 의사는 왜 증오에 호소하지 않았을까?

이젤딘 아부엘아이시는 가자 지구의 자발리아 난민 캠프에서 나고 자란 팔레스타인 의사입니다. 불임 시술을 전문으로 하는 산부인과 의사인 그는 가자에서 살면서 오랫동안 이스라엘을 오가며 활동했습니다. 그는 하버드 대학교에서 공중 보건 석사학위를 받았으며, 이 분야에 관한 그의 견해와 연구가 세계적으로 주목을 받기도 했습니다. 그는 지금 토론토 대학교의 달라 라나 공중보건대학원의 부교수로 일하고 있습니다.

그런데 그가 고향이라 부르는 곳은 좁고 기다란 땅 조각입니다. 남들은 세상에서 가장 큰 집단수용소라 부르는 그곳에는 150만 가자인이 360제곱킬로미터의 좁은 땅에 꽉 들어차 살고 있습니다. 거기서 그는 중동에 대한 특별한 처방을 가진 의사로서 명성을 쌓았습니다. 오랜 세월 그는 이스라엘과 팔레스타인 사이의 모래땅에 그어진 경계선을 넘나들며 살아왔습니다. 경계 양편에 있는 환자를 돌보는 의사로서, 갈등 지역의 발전을 위해 여성의 건강과 교육을 향상하고자 애쓰는 인도주의자로서, 최근에는 이스라엘이 가자를 침공한 2009년 1월 16일에 탱크의 공격으로 딸 셋을 잃은 아버지로서 그렇게 살아왔습니다. 그런데 그런 참극을 겪은 그의 반응 때문에 그는 전 세계인, 특히 이스라엘인의 마음을 크게 울렸습니다. 그는 보복을 시도하거나 증오에 호소하지 않았습니다. 대신 그는 이렇게 말했습니다. "내 딸들이 마지막 희생자가 되어야만 합니다." 그리고 그 지역 사람에게 이제부터 서로 대화하고 함께 행동하자고 했습니다.

참극이 터진 직후 오열하는 그의 목소리는 이스라엘 텔레비전에 생방송으로 나왔습니다. 그리고 24시간 안에 텔레비전과 유튜브를 보는 수백만의 시청자와 블로그 이용자가 '가자 의사'를 알게 되었습니다. 아부엘아이시는 많은 인도주의 상을 받았으며, 지금은 그의 딸들을 기리는 재단을 만들고 있습니다. 그는 이 단체가 "보건과 교육을 통해 중동 여성의 지위를 강화해 줄 것"이라고 말합니다.

이 책에서 그가 처음으로 들려주는 그의 인생사는, 지구 상에서 가장 어려운 일이 많은 한 지역에서 큰 성공과 큰 비극을 겪은 한 사람의 눈으로 본 중동의 연대기이기도 합니다.

샐리 암스트롱(캐나다 언론인)

나의 어머니 달랄, 아버지 모하메드를 기리며

나의 아내 나디아,
나의 세 딸 베싼, 마야르, 아야, 그리고 조카 누르를 기리며

모든 곳의 아이들에게
그들의 유일한 무기는 사랑과 희망이기를…….

차례

모래와 하늘

그곳은 그날 내가 찾아낼 수 있었던 곳 가운데 천국에는 가장 가까우면서 지옥과는 가장 먼 곳이었다. 가자 시티의 비참함으로부터 4킬로미터밖에 안 떨어져 있는 고적한 해변. 파도가 어제를 씻어 내고 내일을 향한 새 출발을 하듯 모래 위를 굴렀다. …… 우리가 살던 자발리아 시티의 소음과 혼돈에서 벗어나게 해야겠다고 느꼈다. 날은 서늘했다. 12월의 하늘은 창백한 겨울 햇살에 흰빛이었고, 지중해는 선명한 푸른빛이었다. 파도와 함께 노니는 나의 아이들은 여느 아이들과 다를 바 없이 즐거워 보였는데도, 나는 우리와 우리 지역의 미래를 걱정하고 있었다. 하지만 우리 가족의 비극이 그때보다 몇 곱절이나 커지게 될 줄은 전혀 상상하지 못했다. …… 이것은 나에게, 내 딸들에게, 그리고 가자에게 일어난 일이다. 그리고 나의 이야기다.

　그곳은 그날 내가 찾아낼 수 있었던 곳 가운데 천국에는 가장 가까우면서 지옥과는 가장 먼 곳이었다. 가자 시티의 비참함으로부터 4킬로미터밖에 안 떨어져 있는 고적한 해변. 파도가 어제를 씻어 내고 내일을 향한 새 출발을 하듯 모래 위를 굴렀다.

　아마 우리는 그 해변에 온 여느 가족과 달라 보이지 않았을 것이다. 나의 두 아들과 여섯 딸, 아이들의 사촌과 삼촌·숙모. 아이들은 물가에서 뛰놀며 모래에 제 이름을 쓰기도 하고, 뭍으로 불어오는 바람을 맞으며 서로의 이름을 부르기도 했다. 하지만 중동에서 일어나는 일들이 대개 그렇듯, 이 그림 같은 가족 모임도 보기와는 달랐다. 내가 가족을 바닷가로 데려온 것은, 한창 비탄에 빠져 있던 중에 약간의 평화나마 찾아보기 위함이었다.

　때는 2008년 12월 12일로, 내 아내 나디아가 급성 백혈병으로 세상을 떠난 지 12주밖에 안 되던 날이었다. 그녀는 세상에 여덟 자식을 엄마 없이 남겨두고 떠났다. 제일 어린 아들 압둘라는 이제 여섯 살밖에 안 됐는데, 그녀는 진단받은 지 2주 만에 세상을 떠나고 말았다. 그녀의 죽음에 우리는 충격을 받았으며, 그녀가 있었기에 언제나 가능했던 안정을 갑자기 잃고서 우리는 어쩔 줄 모르며 동요했다. 나는 가족을 한데 모아, 우리가 살던 자발리아 시티의 소음과 혼돈에서 벗어나게 해야겠다고 느꼈다. 우리 모두 서로를 이어 주는 끈을 기억하고 튼튼히 하기 위해서는 우리만의 공간을 찾아야 했던 것이다.

날은 서늘했다. 12월의 하늘은 창백한 겨울 햇살에 흰빛이었고, 지중해는 선명한 푸른빛이었다. 파도와 함께 노니는 나의 아이들은 여느 아이들과 다를 바 없이 즐거워 보였는데도, 나는 우리와 우리 지역의 미래를 걱정하고 있었다. 하지만 우리 가족의 비극이 그때보다 몇 곱절이나 커지게 될 줄은 전혀 상상하지 못했다. 사람들은 군사행동이 임박했다면서 웅성거리고는 했다. 이스라엘군이 가자 지구와 이집트 사이의 밀수 터널들을 폭격해 온 지는 몇 해가 되었는데, 근년 들어 공격이 더 잦아지고 있던 터였다. 2006년 6월 이스라엘 병사 길라드 샬리트가 이슬람 무장 단체의 포로가 된 뒤부터 봉쇄가 시작되었다. 극소수의 행동을 가지고 팔레스타인인 전부를 응징하는 셈이었다. 그런 봉쇄가 이제는 더 엄해졌고, 터널은 가자 지구로 들어오는 물자 대부분의 유일한 통로였다. 터널은 폭격을 당하면 다시 지어졌고, 그러면 이스라엘군이 다시 폭격하고는 했다. 더구나 이스라엘과 이집트에서 가자로 들어오는 건널목 세 곳이 폐쇄된 지가 6개월이 되어 고립은 더 심해졌는데, 이는 이스라엘 사람 누구도 가자에서 어떤 일이 벌어지고 있는지 모르기를 바란다는 뜻이었다. 그런 긴장이 공기로도 느껴질 정도였다.

가자 지구에 대해서는 세계의 사람들 대부분이 들어 봤을 것이다. 하지만 가자에서 사는 것이 진정 어떤 일인지 아는 사람은 별로 없다. 봉쇄와 빈곤 속에서 해가 바뀌고 10년이 또 지나도 약속이 깨지고 기회가 상실되는 광경을 계속 지켜보며 사는 삶 말이다. 유엔에 따르면 가자 지구는 세계에서 인구밀도가 제일 높은 곳이다. 150만 명 정도의 주민 대부분은 팔레스타인 난민이고 그 가운데 상당수가 수십 년째 난민 캠프에 살고 있으며, 전체의 80퍼센트가 빈곤에 시달리고 있는 것으로 알려져 있다. 학교는 초만원이고, 도로포장이나 병원 물자에 쓸 돈은 늘 모자란다.

가자에는 8개의 난민 캠프와 두 도시, 가자 시티와 자발리아 시티가 있는데, 어딜 가나 시끄럽고 붐비고 지저분하다. 가자 시티 서부에 있는 해변 난민 캠프의 경우, 1제곱킬로미터가 안 되는 공간에 8만 1000명 이상이 살고 있다. 그래도 열심히 귀를 기울이면 난민 캠프 안에서도 팔레스타인 민족의 심장 고동을 들을 수 있다. 팔레스타인인이 자기만을 위해 살지 않는다는 것을 세계의 사람들은 알 필요가 있다. 팔레스타인인은 서로 도와가며 남을 위해서도 살고 있다. 내가 자신과 아이들을 아끼듯, 형제자매와 그 자식을 위해서도 헌신하는 것이다. 내 급여는 우리 집안 전체를 위해 쓰인다. 우리는 한 공동체인 것이다.

가자의 활기는 곳곳에서 눈에 띈다. 그것은 손님들이 갓 알려진 정치 뉴스를 논하며 물담배를 피우는 카페에도, 아이들이 뛰노는 복작복작한 골목에도 있다. 여인들이 장을 보고 서둘러 가족에게 돌아가는 시장에도 있다. 친구를 만나러 포장 깨진 도로를 비척비척 가는, 그러면서 이슬람 묵주를 만지작거리고 지난날의 상실을 안타까워하는 노인에게도 있다.

처음에 언뜻 보면 모두가 서두른다는 느낌을 받기 쉽다. 사람들이 길을 가면서 고개를 숙인 채 남들과 눈을 마주치려 하지 않기 때문이다. 하지만 그건 강제와 무시와 억압에 시달리는 성난 사람들의 내면이 표출된 것이다. 가자 생활의 어느 면면을 봐도 버겁고 가차 없는 억압에 짓눌리고 있음을 알 수 있다. 시가지나 마을의 벽에 그려진 낙서에서부터, 웃음을 잃은 연장자들, 길거리에 넘쳐나는 청년 실직자들, 12월 그날의 내 아이들처럼 해변에서 놀며 위안을 구하는 어린아이들에 이르기까지 다 그렇다.

내 고향 가자는 그런 곳이다. 지평선에는 이스라엘의 무장 항공기가 떠 있고, 머리 위로는 헬기가 날아다니고, 지하에는 이집트로 통하는 숨 막히는 밀수 터널이 뚫려 있고, 길에는 유엔의 구호 트럭이 다니고, 건물은 부서져 있고, 기반 시설은 훼손되어 있는 곳. 넉넉함이라고는 없다. 식용유도, 신선한 과일도, 물도 언제나 모자란다. 넉넉한 때라고는 없다. 가자에서는 서로 변절하는 경우가 하도 많아서 누가 책임을 져야 하는지 알기 어려운 때가 많다. 이스라엘, 국제사회, 파타, 하마스, 범죄 조직, 종교적 근본주의 세력이 마구 얽혀 있는 것이다.* 그래서인지 사람들은 대개 이스라엘이나 미국, 아니면 역사를 탓해 버리고 만다.

가자는 언제 터질지 모르는 시한폭탄과도 같다. 바깥세상에서는 무시했지만, 2008년 내내 심상찮은 조짐이 있었다. 2006년 1월에 있었던 하마스의 선거 승리는 이스라엘과 팔레스타인 사이의 긴장을 고조시켰

---

* 파타(Fatah)와 하마스(Hamas)는 팔레스타인의 양대 정당이며, 2006년 이후 하마스가 다수당이자 집권당이다.

다. 이스라엘에 대한 산발적인 카삼 로켓 공격도, 그래서 국제사회가 팔레스타인에 가한 제재도 비슷한 결과를 낳았다.

로켓은 집에서 손수 만든 것이고 대개 목표물을 벗어났는데, 그 로켓은 자포자기의 심정을 대변했다. 그런 의사 표현은 이스라엘 군대의 과잉반응을 유발했고 무장 헬기에서 퍼붓는 보복성 로켓 공격으로 팔레스타인인은 죽음과 파괴를 맞아야 했으며, 무방비 상태의 아이들이 당하는 경우가 흔했다. 그러면 또 카삼 로켓 공격은 계속되었고, 악순환은 거듭되었다.

의사인 나에게는 그런 악순환이 절망적인 상황에 나타나는 일종의 자기 파괴 행위로 보인다. 가자에서 우리는 모든 것을 거부당하고 있다. 우리에게 꼭 필요한 모든 것에 대한 응답은 "없다"이다. 가스도, 전기도, 출국 비자도 없다. 아이들의 미래도, 생의 영위도 없다. 교육을 많이 받은 사람이어도 사정은 마찬가지다. 가자에는 지구 상 그 어느 곳보다 인구 대비 대학원생과 대졸자의 수가 많지만, 그들의 사회경제적 삶은 그 교육 수준에 미치지 못한다. 가난과 봉쇄된 국경, 실업, 수준 이하의 주택 사정 때문이다. 사람들이 먹고살 수단이 없고 정상적인 생활을 할 수 없기에 극단적인 행동이 자꾸 늘어나고 있다. 고난이 끝이 없으니 자연스레 복수심을 갖게 된다. 건강하지 않은 사람에게 논리적인 사고력을 기대할 수는 없는 노릇이다. 이곳에서는 거의 모든 사람이 정신적인 문제를 앓고 있으니, 그들 모두에게 심리적 재활이 필요하다. 하지만 긴장을 늦추기 위해 도움받을 데가 없다. 그렇다고 로켓을 쏘아 버리거나 자살 폭탄 테러를 하는 무모한 행동은 이스라엘인의 반격을 초래할 뿐이다. 이스라엘인의 반격을 받으면 가자인은 다시 복수를 하고, 그에 대한 이스라엘인의 반응은 훨씬 더 과격해진다. 악순환이 거듭되는 것이다.

가자 인구의 절반 이상은 18세 이하이니, 정상적으로 살 권리를 박탈당한 성난 젊은이가 너무 많다. 교사들은 학생들에게 정상적이지 않은 행동, 즉 전쟁이나 폭력에 연관된 행동이 너무 많다고 이야기하고 있다. 여성에 대한 폭력은 지난 10년 동안 점점 늘어나고 있다. 무력 충돌 기간에는 언제나 그래 왔듯이 말이다. 실업과 그로 인한 좌절감 및 무력감 때문에, 언제든 그 감정을 행동으로 옮길 수 있는 사람들이 무더기로 양산되고 있다. 잃을 것도, 지킬 것도 없다고 느끼는 그들인 것이다.

그런 청춘들이 봉쇄된 접경 바깥 사람들의 관심을 얻으려고 애쓰고 있다. 그들이 외치는 구호는 이런 것이다. "여길 보라. 이런 고난은 이제 끝나야 한다!" 하지만 가자인이 국제사회의 관심을 어떻게 끌 수 있단 말인가? 인도적인 구호 단체일지라도 가자 지구에 드나들기 위해서는 이스라엘의 허락을 구해야만 하는데 말이다.

팔레스타인인의 폭력 행위는 무력감과 절망감만 느끼는 민족의 좌절과 분노의 표현인 것이다. 원시적이고 값싼 카삼 로켓이지만, 대치 중인 양편에 일으킬 수 있는 파장으로 보자면 실은 세상에서 가장 값비싼 로켓인 셈이다.

나는 살아오는 내내 그러한 긴장을 다양한 정도로 겪어 왔는데, 우리에게 주어진 제약에도 불구하고 그것을 이겨 내기 위해 언제나 최선을 다해 왔다. 나는 1955년 가자의 자발리아 난민 캠프에서 6남 3녀의 맏이로 태어났다. 우리의 삶은 결코 쉽지 않았지만, 나는 어릴 때부터 언제나 보다 나은 내일에 대한 희망을 잃지 않았다. 그렇게 한결같이 노력하며 신념을 잃지 않았고, 결국 의사가 되었다. 의과대학은 이집트 카이로에서 다녔고, 산부인과 학위는 사우디아라비아 보건부가 런던 대학교와 협력해 만든 과정을 이수해서 받았다. 그 뒤 전공의 과정은 1997년 6월에 이스라엘 소로카 병원에서 밟았다. 태아의학 및 유전학에 관한 연구는 이탈리아의 V. 부치 병원과 벨기에 브뤼셀의 에라슴 병원에서 했고, 마침내 불임 치료 전문가가 되었다. 그 뒤 나는 팔레스타인인에게 실질적으로 더 도움이 되기 위해서는 관리 및 정책 입안 능력이 필요하다는 것을 깨닫고서 하버드 대학교의 공중 보건(보건 정책 및 관리) 석사 과정에 등록했다. 그러고는 이스라엘 셰바 병원의 거트너 연구소에서 선임 연구원으로 일했다. 성년이 된 뒤로는 계속 팔레스타인과 이스라엘에 양다리를 걸치고 살았으니, 이 지역에서는 드문 길을 걸어온 것이다. 아기를 받아내든, 불임을 극복하려는 커플을 돕든, 빈부 차이에 따른 보건의 영향을 연구하든, 의료 접근성의 차이에 따른 영향을 연구하든, 나는 의료가 분단된 사람들을 이어 주는 다리 노릇을 할 수 있으며 의사가 평화의 메신저 역할을 할 수 있다는 생각을 오랫동안 해 왔다.

그러한 결론에 쉽게 도달할 수 있었던 것은 아니다. 나는 난민 캠프에서 태어나 난민으로 자랐으며, 매주 가자의 경계를 넘나들 때마다 검문소에서 굴욕과 좌절과 끝없는 지체를 겪어야 했다. 하지만 나는 보복과 그에 대한 또 다른 보복은 자멸을 초래할 뿐이며, 상호존중과 평등과 공존이 유일한 상생의 길이라고 생각한다. 이 지역에 사는 사람들 대다수는 분명 내 의견에 동의할 것이다. 나디아의 죽음보다 우리의 불안을 훨씬 더 가중시키는 엄청난 고난이 닥쳐오고 있음을 느끼면서도, 나는 밀려오는 파도 사이로 뛰어노는 내 아이들을 지켜보며 그런 생각들을 하고 있었다.

날짜를 12월 12일로 잡아 가족들을 데리고 나온 것은 하지hajj 직후였기 때문이다. 하지는 이슬람에서 가장 신성한 행사로, 가족들이 모여 지난날을 돌아보고 기도를 올리는 때이다. 하지는 이슬람 달력의 마지막 달인 두알히자의 7일부터 12일까지 행하는 성지 메카 순례를 뜻한다. 해마다 한 번씩 행하는 세계 최대의 순례인 하지 때, 몸이 성한 무슬림이라면 누구나 평생에 적어도 한 번은 메카 순례를 해야 한다. 와크파트 아라파트는 메카로 가든 안 가든 순례자들이 용서와 자비의 기도를 올리는 하지 기간의 축일이다. 사흘 동안 이어지는 이드 알아드하가 시작되면 하지는 대단원의 막을 내리게 된다. 이때 메카에서는 순례자들이 아라파트 산에 올라가 밤새 기도를 올리는데, 마호메트가 마지막 기도를 올린 곳이 이 낮은 산이다. 우리 가족을 포함해서 매년 메카에 가지 못하는 수많은 무슬림은 동쪽에 있는 메카의 모스크를 향해 절과 함께 기도를 올린다. 둘째 날은 이슬람의 가장 중요한 축일로 희생제를 지내는 날이다. 하느님의 명을 받들어 아들을 기꺼이 바치는 아브라함에게서 비롯된 이 축일에는 하느님의 용서를 기린다. 이날에는 모두가 가장 좋은 옷을 입고 모스크로 가서 희생제 기도를 올린다. 형편이 되는 사람은 아브라함의 희생 제물을 상징하는 가장 아끼는 가축을 바치는데, 대개 양이나 소를 바친다. 우리는 자발리아 난민 캠프에서 친척들과 함께 이 기도일을 지킨 다음 캠프 공동묘지로 가서 나디아를 위해 기도했다. 나는 양을 한 마리 사서 희생 제물로 쓰면서 3분의 2는 관례대로 가난한 사람들에게 주게 했고, 남은 것 중 일부로 기도일 마지막

날 해변으로 가져갈 바비큐용 케밥을 만들게 했다.

우리는 다음 날 일찍 일어나 샌드위치를 만들고 소풍 짐을 꾸려 7시에 내 차인 1986년산 스바루 승용차에 올라타고서 출발했다.

해변에 도착하기 전에 아이들에게 또 하나의 선물을 주었다. 12월 초에 작은 올리브 숲을 사 두었는데, 면적이 1000제곱미터쯤 되는 작은 과수원은 해변에서 500미터 거리에 있었다. 3미터 높이의 울타리로 떠들썩한 바깥세상과는 격리된 이 공간은 조그만 지상 낙원과도 같았으며, 언젠가 작은 집을 지을 수도 있는 곳이었다. 나는 아이들에게 보여줄 때까지 이 장소를 비밀로 간직했다. 차에서 우르르 쏟아져 나온 아이들은 깜짝 놀라며 무척 좋아했다. 가자 변두리에 올리브나무와 포도덩굴과 무화과나무와 살구나무가 있는 천국 같은 곳이 있을 줄은 몰랐던 것이다. 그들은 과수원 구석구석을 뒤지고 다니며 가지런한 나무들을 보고 감탄하기도 하고, 나무 아래 덤불 사이로 서로 쫓아다니기도 했다. 나는 아이들에게 할 일이 있다고 했다. 우리는 한동안 방치되어 풀이 많이 자라 있는 그곳을 함께 정돈하기 시작했다. 태어난 뒤로 줄곧 좁은 가자 지구에만 갇혀 지냈던 아이들이지만 농민의 후예답게 나무와 풀이 있는 곳에서 일하는 게 더 편해 보였다.

웬만큼 일한 뒤 아늑한 터에 자리를 잡았다. 시멘트 블록으로 테두리를 한 포도덩굴 정자가 있었다. 우리는 거기에 자리를 깔고, 올리브나무 아래에서 긁어모은 잔가지와 덤불로 작은 모닥불을 피우고 포도덩굴 그늘에 앉아, 병아리콩을 으깨 만든 팔라펠 샌드위치를 먹으며 가족 이야기를 했다. 나에게는 아내이고 아이들에게는 엄마인 그녀의 죽음은 우리에게 너무나 엄청난 변화여서 넉 달이 지났는데도 적응하기 힘든 현실이었다.

나는 아이들에게 말해 줄 또 하나 깜짝 놀랄 소식이 있었다. 캐나다의 한 병원에서 함께 일해 보지 않겠느냐는 제의를 얼마 전에 받았던 것이다. 베싼과 달랄이 태어난 사우디아라비아에서 잠시 지낸 것 말고, 우리 가족은 가자를 떠나 살아 본 적이 없었다. 토론토로 이사를 간다는 것은 아이들 엄마가 세상을 떠난 직후의 일로는 너무 엄청난 변화일 수 있었다.

아이들에게 그런 기회가 있다고 말하자 다섯째 아야는 "아빠, 난 떠나고 싶어."라고 했다. 집도 삼촌도 이모도 사촌도 친구도 다 남겨 두고 떠나 새 나라에서 새 출발을 해 보겠다는 아이가 적어도 한 명은 된다는 것을 알게 되었다. 다른 아이들도 이내 동의하게 되어서, 우리는 다 함께 캐나다로 갈 마음을 먹게 되었다. 영원히는 아니고 한동안 말이다. 큰딸 베싼(21살)과 달랄(20살)과 샤타(17살)는 토론토 대학교에 진학하게 될 터였다. 그보다 어린 마야르(15살)와 아야(14살), 모하메드(13살), 라파(10살) 그리고 압둘라(6살)는 캐나다의 공립학교에 다니게 될 것이다. 어려운 일도 많을 터였다. 영어로 수업을 들어야 하고, 캐나다의 겨울을 견뎌야 하고, 다른 문화를 배워야 한다. 하지만 우리는 가자의 끊임없는 긴장에서 벗어나게 될 것이며, 안전해질 것이다. 더구나 엄마가 없으니 이 8남매는 집에서도 겉도는 듯했는데, 한동안 가자를 떠나 있으면 아이들에게 도움이 될 것 같았다. 어려움은 어떻게든 함께 헤쳐 나갈 수 있을 터였다. 아이들의 얼굴에 기대감이 비치고, 나의 낙천성도 몇 달 만에 되살아나기 시작했다.

우리는 가족회의가 끝나자 먹은 자리를 치웠고, 아이들은 어서 바닷

하버드에서 돌아온 2004년 해변에서 단란하던 한때, 우리 아이들(모하메드, 아야, 달랄, 베
싼 그리고 엄마 나디아의 품에 있는 압둘라)

가에 가고 싶어 안달이었다. 아이들 사촌들과 삼촌들을 합친 우리 열다섯 명은 올리브 숲을 벗어나 바닷가로 이어진 바퀴 자국 움푹한 길을 줄지어 걸었다. 낮은 산과 풀밭을 지나는 길이었다. 앞서 달려가는 아이, 길에 있는 무언가를 보려고 멈춰 서는 아이도 있고, 여자애들은 셋씩 또는 다섯씩 팔짱을 끼고 걸으니, 줄은 수시로 변했다.

날이 서늘한데도 아이들은 바로 물로 뛰어들어 헤엄도 치고 서로 물도 끼얹고 백사장에서 다른 놀이도 해 가며 몇 시간을 놀았다. 나의 혈육인 이 아이들은 내 인생의 낙이었으며, 나디아에게는 세상의 전부였다.

나는 1987년에 결혼하기 전부터 오랫동안 나디아의 집안과 알고 지냈다. 내가 서른둘이고 나디아가 스물넷이던 그때 우리는 관습대로 중매결혼을 했지만, 나는 우리 가족에게 그녀가 결혼하고 싶은 대상이라고 말했고 그녀는 그녀 가족에게 나와 결혼하고 싶다고 했다. 그녀는 조용하고 지적인 여성으로, 요르단 강 서안인 웨스트뱅크의 라말라에서 치과 기공사 공부를 했다. 양가 친척은 우리의 결합을 매우 반겼지만 우리가 결혼 직후에 가자를 떠나 사우디아라비아로 가자 아쉬워했다. 사우디아라비아에서 내가 개업의사로 일하게 되었기 때문인데 나디아로서는 살던 곳을 떠나는 것이 걱정이었다. 베싼과 달랄이 사우디에서 태어났는데도 나디아는 그곳 생활에 적응하지 못했으며, 계속해서 소외감을 느꼈다. 관습이 우리에게 익숙하던 것과는 다르기도 했고 일가친척과 떨어져 지내는 게 싫었던 그녀는 고국으로 돌아가고 싶어 했다. 결국 우리는 1991년에 돌아왔다.

다시 가자에 정착한 뒤로 나는 국외로 많이 다녔다. 일하러 아프리카와 아프가니스탄으로 가기도 하고 의술을 더 배우기 위해 벨기에와 미국으로 가기도 했는데, 나디아는 아이들과 함께 집에 남아 있었다. 우리는 아주 전통적인 가족 관계 속에 살았다. 내 형제들이 각자 가정을 일구어 주변에 살고 있었으며, 내 어머니는 바로 옆집에 살고 계셨고, 나디아의 부모님도 가까이 계셨다. 내가 멀리 가 있는 경우가 꽤 잦았기 때문에 나디아도 나도 가까운 친척 곁에 살 필요를 느꼈다. 그녀는 우리의 22년 결혼 생활 동안 내가 자주 집을 떠나 있는 현실을 불평한 적이 한 번도 없었다. 나디아의 지원이 없었더라면 나는 하버드에서 공부하는 것도, 아프가니스탄 카불에서 세계보건기구 일을 하는 것도, 심지어 이스라엘에서 산부인과 전공의 과정을 밟는 것도 엄두를 내지 못했을 것이다.

그런 그녀가 이 세상에 없다는 것은 차마 믿기지 않는 일이었다. 나는 내 아이들을 지켜보며 그런 엄마 없이 그들이 어떻게 살아갈 것인지를 걱정해야 했다. 이 난국을 어떻게 헤쳐 나간다는 말인가?

나디아가 세상을 떠난 뒤 몇 주가 흐르는 동안 첫째이자 맏딸인 베싼이 엄마 노릇까지 맡기 시작했다. 이날 베싼이 바다로 뛰어들며 노느라 파도에 청바지가 젖고 웃음꽃을 피우는 모습을 보니 얼마나 위안이 되었는지 모른다. 베싼은 참으로 대견스러운 딸이다. 가자의 이슬라믹 대학교 경영학과 졸업반인 그 아이는 못하는 것이 없어 보였다. 동생들 엄마 노릇을 해 가며 살림도 하고 학교 성적도 좋았던 것이다. 그렇기는 해도 엄마가 없으니 학교 공부가 제일 쉽고 어려운 일이 너무 많다는 것을 알게 되었다. 스물한 살 나이로서는 너무 벅찬 짐이었다.

둘째 딸 달랄은 내 어머니의 이름을 이어받았다. 달랄은 베싼과 같은 대학교의 2학년생으로 건축공학을 전공하고 있었다. 조용하고 학구적이며, 우리 딸들이 거의 그렇듯 수줍음을 많이 탔다. 달랄이 그린 건축 도면을 보면 참 대견스러웠다. 건축 일에 필요한 꼼꼼함이 잘 드러나 있었던 것이다.

샤타는 고교 졸업반으로, 엔지니어의 꿈을 이루기 위해 6월에 있을 시험에서 학급 수석을 하겠다는 포부를 갖고 있었다. 이 세 딸은 서로 가장 친했고 집에서 한방을 썼다. 자발리아 시티에 있는 우리 집은 내가 아우들과 함께 지은 5층 건물이었다. 우리 형제는 각자 가족과 함께 한 층씩을 차지했으며, 우리 가족은 3층에 살았다. 1층은 어머니 몫이었다. 형제 가운데 한 명은 다른 건물에 살았다. 이 동생의 집은 자발리아 난민 캠프 내에 있었는데, 우리가 건물을 지을 때 자기는 가까이 살되 자기 건물이 따로 있으면 좋겠다고 해서 그의 건물을 따로 지어 주었다. 6 형제 가운데 막내인 누르는 이 지역의 갈등에 휩쓸려 실종된 지 수십 년째였다.

마야르와 아야는 9학년과 8학년인데, 걱정스러울 정도로 수줍음이 많았다. 둘은 남들 앞에서는 이따금 언니들에게 대신 말을 해 달라고 부탁할 정도였지만 영리한 아이들이었다. 마야르는 엄마를 많이 닮았으며 학교에서 수학을 가장 잘했다. 가자 내의 경시대회에 나가서 곧잘 1 등을 할 정도였다. 마야르는 나처럼 의사가 되고 싶다고 했다. 여섯 딸 가운데 가장 수줍음이 많은 마야르였지만 가자에서의 사회 갈등이 그 주민들에게 끼치는 영향에 관해 말할 때는 수줍음을 타지 않았다. 한번은 이런 말을 하는 것이었다. "커서 엄마가 되면 내 아이들은 '로켓'이란 말이 그냥 우주 비행선이란 뜻으로 통하는 곳에서 살게 할 거야."

아야는 마야르와 닮은 데가 많았다. 아주 활동적이고 예쁜 아야는 미소를 잘 지었고, 자매들과 함께 있으면 큰 소리로 웃기도 잘했다. 아야는 언론인이 되고 싶어 했으며, 조용하면서도 주장이 강했다. 친척 집에 가거나 새 옷을 사고 싶은데 나한테 허락을 받지 못하면 엄마한테 이렇게 말하고는 했다. "우린 의사 집 딸이니까 그 정도는 해 줘야 해." 아야는 언어에 관심이 많았고 아랍 문학에 재능을 보였다. 우리 집안의 시인이었던 것이다.

눈이 반짝반짝하는 라파는 외향적이고 호기심이 많으며, 아주 씩씩하고 흥이 많은 4학년 여학생이었다.

모하메드는 열세 살의 청소년이었다. 아빠의 지도가 필요한 나이였는데, 내가 텔아비브의 셰바 병원에서 일하느라 일주일에 나흘을 떠나 있으니 걱정이었다. 6월에 치를 7학년 시험을 앞둔 모하메드의 남동생 압둘라는 이제 1학년으로 집안의 아기였다. 백사장 구릉에서 모래를 튀기며 누나들에게 달려가는 압둘라를 보고 있자니 너무 일찍 엄마를 잃은 아이라 마음이 더 아팠다. 엄마에 관한 기억이 장차 얼마나 남을까?

이날 아이들은 모두 모래밭에 제 이름을 써 놓고는 옆에 앉아 사진을 찍었다. 아야와 마야르도 사진을 보고 미소를 지었다. 파도가 밀려와 이름이 지워지면 위쪽에다 다시 이름을 썼다. 부서지는 파도를 피하다 파도를 타기도 하다 해변에 매어 둔 배에 올라가기도 하고, 백사장에 피라미드를 만들다 다시 물속으로 뛰어들기도 했다. 그사이 카메라는 이 여덟 자식이 모처럼 환희에 찬 모습을 찰칵찰칵 쉴 새 없이 담고 있었다. 나는 아이들을 지켜보며 생각했다. '그래, 마음껏 놀려무나. 이제 슬픔일랑 잊고서.'

아이들이 백사장에서 마음껏 뛰어노는 동안 나는 케밥을 가지러 자발리아 난민 캠프로 돌아갔다. 이날 아침 일찍부터 정육점에 줄이 워낙 길었기 때문에 나는 일단 바닷가로 갔다가 아이들이 잘 노는지 보고 나서 고기를 가지러 돌아오기로 했던 것이다. 차를 몰고 가면서 나디아 생각도 하고 그녀가 죽은 뒤로 남은 식구들이 겪은 변화에 관해서도 생각해 보았다. 나는 장례를 치른 직후, 텔아비브에서 월요일부터 목요일까지 머무르며 진행하던 연구를 중단해야겠다고 생각했다. 하지만 아이들은 반대하면서 말했다. "집안일은 우리가 알아서 다 할게요. 걱정하지 마요." 나디아가 아이들을 그렇게 길러 놓았던 것이다. 그녀는 아이들의 본보기가 되었다. 나디아는 내가 공부나 일이나 가족의 더 나은 삶을 위해 집을 떠나 있는 동안 살림이며 아이들이며 일가친척이며 모든 것을 다 챙겼다. 나는 한 번에 석 달씩 떠나 있고는 했다. 2003년부터 2004년까지 하버드 대학교에서 공중 보건 공부를 할 때에는 1년 동안 집을 비웠다. 지금도 다들 나더러 하던 일을 그대로 하라고 말하기는 하지만, 엄마도 없는 집을 아빠가 일주일의 절반 이상 비운다면 아이들이 어떻게 다 알아서 앞가림한단 말인가? 그런 상황이었는데 아이들이 다 토론토로 가겠다고 하니 내가 그토록 기뻐했던 것이다. 거기로 가면 우리 모두 늘 함께 지낼 수 있을 테고, 매일 넘어야 하는 접경도 없을 테니까.

우리가 캐나다에 가 있는 동안 이곳은 우리를 기다려 줄 터였다. 올리브나무와 무화과나무와 살구나무가 있는 이 작은 땅에는 영원한 무언가가 있었다. 더구나 바다와 백사장이 하늘과 맞닿아 있는 해변이 가깝지 않은가. 파도가 모래사장 위쪽까지 올라와 하얗게 부서지고, 아이들 웃는 소리가 바람을 타고 오르는 곳과 지척이 아닌가.

상념에 빠져 있던 나를 깨우는 휴대폰 소리가 들렸다. 베싼이 애교를 부렸다. "케밥 가지러 간 우리 아빠는 어딨지? 다들 뱃속이 난리야. 먹을 게 필요해요." 나는 베싼에게 지금 가는 중이니 올리브 숲으로 돌아가 숯불을 피우라고 말했다.

나중에 우리는 케밥을 맘껏 먹으며 더 많은 이야기를 나누다가 다시 해변으로 가서 오래 산책을 했고, 해가 져서야 집으로 돌아왔다

가자의 갈등은 내 아이들이 살아오는 내내 그 삶의 무대에서 배경과도 같았다. 아이들이 나보다는 트라우마를 덜 겪으며 성장하도록 내가 아무리 최선을 다한다 한들 한계가 있었다. 그래서 아이들에게 한동안 그런 환경에서 벗어날 기회를 줄 수 있어서 그날 그토록 기뻤던 것이다. 더 큰 고난이 닥쳐오기 전에 아이들을 데리고 떠날 수 있게 되었으니 말이다.

딸들은 내가 공존에 관해 들려준 이야기를 많이 들었다. 딸들 가운데 베싼과 달랄과 샤타는 미국 뉴멕시코의 산타페에서 열렸던 '평화를 위한 창의성' 캠프에 참가한 적이 있다. 이스라엘과 팔레스타인의 코디네이터들이 운영하는 이 캠프의 운영자 가운데 하나인 아나엘 하르파즈는 나에게 "이 지역 아이들이 60여 년 동안의 반목을 치유할 수 있는 해독제가 아닐까?" 하는 말을 했다. 나는 내 딸들이 중립적인 환경에서 이스라엘 소녀들을 만나 함께 시간을 보내며 서로의 상처를 감싸 주고 치유할 가능성을 발견하게 되기를 바랐다. 딸들이 가자를 벗어나 미국으로 가는 데 필요한 서류를 갖추는 일은 엄청난 작업이었다. 가자인은 이스라엘의 허가 없이는 거주 지구를 떠날 수 없기 때문이다. 하지만 나

는 아이들이 색다른 경험을 해 보기를 간절히 원하고 있었다. 사람들이 함께 살 수 있다는 것을, 서로 도우며 평화롭게 살 길을 찾을 수 있다는 것을 알게 되었으면 했다. 그래서 베싼은 그 캠프에 두 번 참가했고, 다른 두 아이는 한 번씩 가 보았다.

베싼은 내 아이들 가운데 평화 캠프에 가기 전에 이스라엘 사람들을 만나 본 적이 있는 유일한 아이였다. 2005년에 베싼은 반목 중인 양측에서 온 소녀 다섯 명이 미국 여러 지역을 다니는 장거리 자동차 여행에 참가한 적이 있다. 이 여행단의 리더인 데보라 수거먼은 승합차에 카메라맨까지 함께 태우고 일행의 모습을 찍게 했다. 일행이 미국의 여러 주를 다니면서 대화가 더 활발해지고, 상대방의 관점을 이해하게 되고, 원수지간인 두 문화 사이의 벽이 허물어지고, 양측 사이의 복잡다단한 문제를 가르치는 다리가 놓이는 모습을 담고 싶었던 것이다. 다니는 동안 용서와 우정과 슬픔과 희망이 쌓여 갔지만 쉽게 얻어지는 답은 없었다. 이들의 대화와 활동은 〈대통령께〉라는 다큐멘터리 영화에 담겼으며, 소녀들은 미국 대통령 조지 W. 부시를 만나 도움을 청하려고 했다.

그들의 행동은 이 지역 대부분의 가정이나 청소년이나 학자가 원하는 바를 모범적으로 보여 주는 노력이었다. 평화롭게 공존하기 위해 복잡한 현실을 돌파할 길을 찾아보자는 시도였던 것이다. 영화에서 베싼이 했던 말은 언제나 내 마음에 남아 있다. "문제를 해결하는 방법은 한 가지만 있는 게 아니에요. 테러에 테러로 맞서고 폭력에 폭력으로 맞서 봐야 아무것도 해결되지 않아요." 여기서 일어난 일을 잊는다는 것이 힘든 일이라는 것은 베싼도 인정했다. 가자에 감금되다시피 하여 기본권을 박탈당하면서 받는 굴욕과 억압과 불평등의 상처가 쉽사리 지워지지 않는다는 것을 알았다. "모든 문제는 과거를 용서하고 미래를 내다봐야 해결이 되겠지만, 이 경우에는 과거를 용서하기가 힘들지요." 영화 끝 부분에서 베싼은 이렇게도 말한다. "우리는 서로 적으로 여기며 반대편에서 살면서 절대 만나지 않아요. 하지만 저는 우리 모두 똑같다고 생각해요. 다 같은 인간이잖아요."

나는 팔레스타인과 이스라엘을 나누는 경계선에 양다리를 걸쳐 가며 살아온 지 오래였다. 열네 살이던 해 여름에 이스라엘의 한 농가에서 일하며 그들도 나와 똑같은 인간임을 알게 되었을 때에도 그랬다. 그리고 2008년 12월의 어느 날 백사장에서 노는 아이들을 보고 있자니, 내가 살아오면서 경계선을 넘어섰던 순간들이 떠올랐다. 여건 때문에, 정치 때문에, 언제나 적대적인 두 민족 사이에 그어진 경계선을 넘나들었던 경우였다. 이를테면, 어릴 적 겪었던 극심한 가난, 학교 공부를 열심히 해서 얻어 냈던 기회, 내 생각을 바꿔 놓았던 6일 전쟁 같은 경우가 모두 내 인생을 바꿔 놓은 월경越境의 계기였다. 나는 아주 어릴 때부터 비관적인 이야기에서 낙관적인 부분을 발견할 수 있었고, 나를 시험하는 큰 장애물을 만날 때마다 그런 태도를 유지하려고 애써 왔으며, 그래서 매번 어려운 고비를 넘길 수 있었다. 한 번의 고비를 넘기면 거기서 다음 고비를 넘기는 힘이 났던 것 같다.

우리는 백사장에 드리워진 자기 그림자가 제 키의 몇 배가 될 때까지 바닷가에 머물렀다. 그러다 올리브 숲으로 돌아가 짐을 챙겼다. 아이들은 나와 내 남동생들이 가져온 차 몇 대에 욱여넣듯이 빼곡히 들어가 앉았다. 그날 있었던 일을 두고 마구 웃기도 하고, 서로 흉내를 내며 장난치기도 하고, 큰 애들은 작은 애들을 보살피기도 하면서, 그들은 차

뒷좌석에 실타래처럼 한데 묶여 있었다. 나는 운전을 하는 동안 아이들 재잘거리는 소리를 들으며 생각했다. "우린 거기로 간다. 가면 괜찮을 거야. 함께라면 해 볼 만한 일이야."

그로부터 딱 34일 후인 2009년 1월 16일 오후 4시 45분, 이스라엘의 로켓 하나가 딸들의 침실로 날아들었고, 바로 또 하나의 로켓이 연달아 덮쳤다. 순식간에 내 사랑하는 베싼이, 예쁘고 수줍음 많은 아야가, 영리하고 생각 깊은 마야르가 숨졌고, 아이들 사촌인 누르도 목숨을 잃었다. 샤타와 사촌 가이다는 중상을 입었다. 등에 파편을 맞고 쓰러진 내 남동생 나세르는 간신히 목숨만 건졌다.

사고 직후의 참상은 이스라엘 텔레비전에 생방송으로 알려졌다. 참사가 일어나던 무렵 이스라엘 군부가 언론인과의 접촉을 금지해서 가자에서 무슨 일이 벌어지고 있는지 알고 싶어 하는 사람이 많았기 때문에, 나는 이스라엘 채널10 방송의 앵커 슐로미 엘다르와 매일 인터뷰를 해 오고 있던 터였다. 그날 오후에도 일정이 잡혀 있었다. 사고가 나고서 몇 분 뒤, 나는 거의 정신 나간 상태였지만 누구라도 빨리 구급차를 보내 줘야 한다는 생각에 방송국의 슐로미 엘다르에게 전화를 했다. 그는 뉴스 프로를 생방송으로 진행하고 있다가 내 전화를 받았다.

사고 현장 장면은 삽시간에 전 세계로 퍼져, 유튜브나 블로그를 통해 전파되었다. 이스라엘에서 카삼 로켓의 공격을 자주 받는 도시인 스데롯의 주민 노미카 지온이라는 여성은 이렇게 말했다. "이스라엘 사회의 대부분이 알고 싶어 하지 않는 팔레스타인의 고통이 목소리와 얼굴을 갖게 되었다. 안 보이던 존재가 보이게 된 것이다. 그 순간 그것은 적이 아니었다. 너무 쉽게 증오할 수 있던 엄청난 검은 마귀가 아니었다. 대신에 한 사람이, 한 이야기가, 한 비극이, 그리고 엄청난 고통이 있었다."

이것은 나에게, 내 딸들에게, 그리고 가자에게 일어난 일이다. 그리고 나의 이야기다.

(왼쪽부터) 마야르, 조카인 에티마드, 베싼, 샤타, 압둘라, 아야, 라파, 달랄

난민 캠프와
어린 시절

어린 시절부터 날 졸졸 따라다니던 의문은 더 넓은 세상으로 나갈 때까지도 떠나지 않았다. 왜 팔레스타인 아이는 이스라엘 아이처럼 살지 못하는가? 왜 팔레스타인 아이는 학교를 그만두지 않으려면 온갖 고달픈 노동에 시달려야 하는가? 왜 우리는 아플 때 이스라엘 아이는 당연시하는 의료의 도움을 받을 수 없는가? 아울러 나는 이스라엘 사람과 팔레스타인 사람 사이의 격차에 대해, 왜 그런 격차가 해소되지 않는지에 대해 계속 의문을 품게 되었다. 우리는 서로 다르기보다는 비슷한 데가 더 많은 두 민족이었던 것이다. 나는 아직 어리고 무지했지만, 이스라엘에서 일해 본 경험을 통해 기도 주문 같은 자부심을 품고 있었다. "나는 가자 지구의 자발리아 난민 캠프에서 온 팔레스타인인이며, 당신과 똑같은 사람입니다."

　　나의 지난날을 이야기하자면 팔레스타인과 이스라엘과 중동의 현대사와 격동의 정치사를 말하지 않을 수 없다. 나는 독자들이 그런 과거사를 읽으면서, 인간이 인간으로 살도록 해 주지 않는 시스템의 터무니없는 부조리를 알게 되기를 바란다.

　나는 이스라엘에서 일할 수 있는 허가증을 받은 극소수의 팔레스타인인 가운데 하나이다. 집이 가자에 있기 때문에 나는 매주 두 번씩 에레즈에 있는 접경을 건너다녀야 한다. 경계가 닫혀 있지 않으면 일요일에 이스라엘로 넘어가고, 아니면 월요일에 갔다가 목요일에 돌아오는 생활을 한다. 그 생활이 어떠냐고 묻는다면, 나와 함께 다니며 직접 체험해 보시라고 말하고 싶다. 가자 지구 북쪽에 있는 에레즈는 우리 집에서 차로 10분 거리이며, 가자 주민이 이스라엘로 걸어서 출입할 수 있는 유일한 건널목 노릇을 한다. 다른 건널목은 동쪽의 카르니와 남쪽의 라파인데, 카르니는 열려 있으면 화물용이고 라파는 이집트 국경으로 대개 닫혀 있다.

　그런 출입구에서는 문명 세계의 사람이라면 믿기 어려운 일들이 벌어진다. 굴욕과 공포와 육체적 고난을 겪게 되고, 이유 없이 억류되거나 거부당하지 않을까 불안에 떨게 된다. 잘못되면 아주 중요한 회의를 놓칠 수도 있고, 가족은 내가 체포되었을지도 모른다며 걱정하게 된다. 누구든 마찬가지다. 그런 곳을 드나드는 일은 언제나 예사롭지 않으며, 언제 무슨 일이 있을지 몰라 매번 불안하고 피로하다. 나는 그런 곳을 여러 해 동안 매주 두 번씩 넘나들어야 했다.

목요일마다 이스라엘에서 병원 일을 마치고 주말을 보내기 위해 집으로 돌아올 때면, 나는 먼저 접경에서 5킬로미터쯤 떨어진 곳에 있는 쇼핑센터부터 들른다. 이곳은 이스라엘로 드나들 수 있는 운 좋은 팔레스타인인이 갖은 생필품을 비축하기 위해 꼭 들르는 장소이다. 자동차 브레이크 오일에서부터(차가 너무 낡아서 몇 주마다 새 부품이 필요하다.) 가자에서는 언제나 공급이 부족한 식품이나 코카콜라, 합성수지 신발(가죽은 시중에서 구하기가 매우 어렵다.), 평면 텔레비전에 이르기까지 온갖 것이 있는 곳이다. 모든 게 닫혀 있고 멈춰 있고 차단돼 있는 봉쇄된 땅으로 돌아가야 하는 우리 같은 사람에게는 쇼핑의 디즈니월드 같은 곳이다.

접경에 다다르면 가방이며 짐 꾸러미며 장 본 봉지를 들고 첫 번째 검문소로 가서 부스 앞에 줄을 선 다음, 차례가 오면 여권과 각종 서류를 제출하고 수색에 몸을 내맡긴다. 이스라엘 수비대 장교들은 가방이며 호주머니며 일일이 다 뒤지는 때도 있고, 사람과 짐을 흘끗 보고 마는 때도 있다. 어떤 대우를 받게 될지 얼마나 오래 지체될지 알 도리가 없기에, 언제 집에 도착할지 가늠할 방법도 없다. 첫 번째 검문소를 통과하게 되더라도 어떤 교통수단도 없이 그다음 검문소까지 가진 짐을 다

들고 가야 한다. 그다음 장소는 공항과 감옥을 섞어 놓은 듯한 매끈한 스테인리스 건물로, 이스라엘 측에서 테러리스트라 부르는 대상을 가려내기 위해 2004년에 지었다. 거기까지는 약간 오르막이기 때문에 무거운 짐을 든 사람에게는 버거운 길이다. 엑스레이 기기다, 모니터 장비다, 특수 컨베이어 벨트다, 비디오카메라다 해서 온갖 것을 갖추느라 10억 달러 이상이 든 이 건물은 하루에 2만 명 이상을 처리할 수 있게 설계되었다. 이스라엘에 일자리가 있어서 드나드는 사람이 수천 명, 가자를 취재하러 오는 언론인이 수십 명, 다수의 구호 단체 활동가들이 꽤 되었던 것이다. 내가 묘사하고 있는 이날에는, 특별한 예외자 말고는 더 이상 출입이 허락되지 않아 거의 비어 있는 셈이어서, 인상 찌푸리는 직원들, 가자에서 급히 실려 나오는 구급환자들, 따분해 보이는 구호활동가 한두 명만 눈에 띌 뿐이었다. 이럴 때 이곳은 한쪽의 이스라엘 수비대와 다른 한쪽의 하마스 당원들에게 억지로 일자리를 주기 위해 만든 거대 시설 같다.

이 건물에는 가자에서 실려 나온 응급 환자를 걸러 내는 역할을 하는 신설 외래 병동도 있는데, 역시나 상황에 따라 텅 빌 때도 있다. 시간당 30명의 환자를 치료할 수 있는 이 최첨단 시설은 중환자실과 구급 의료진, 그리고 환자를 이스라엘 병원으로 수송하는 구급차 서비스를 갖추고 있다. 이 시설은 사람들을 갈라놓는 비타협성을 기념하는 상징물처럼 서 있다. 이 병동은 내 딸들이 죽고서 불과 이틀 만에 호들갑스레 열렸다. 하지만 팔레스타인인은 국경을 넘어갈 자격이 없으니 여기서 치료받을 수 없다는 것을 누구나 알았으며, 이 시설은 개방 직후에 다시 폐쇄되었다.

검문 터미널 안으로 들어가면 해당 카운터로 가라는 지시를 받는다. 남자와 여자가, 외국인과 내국인이 별도의 카운터로 가게 된다. 그곳에 가면 더 질문을 받는다. 통과를 거부당하지 않을 경우, 여권과 서류에 스탬프를 받고서는 짐이 많은 이들에게는 상당히 복잡하고 당혹스러우며 분별 있는 사람이라면 누구나 앞길이 험난하다는 것을 직감할 수 있는 그런 복도를 연이어 지나야 한다. 실제로 대개 고생을 하게 된다. 돈을 주면 성미 고약한 짐꾼들이 짐수레에 가방을 실어 주기는 하는데, 요금이 수시로 변할뿐더러 터미널을 벗어나면 다시 직접 짐을 들고 이동해야 한다. 이유는 알 수 없지만 여기서부터 울퉁불퉁한 비포장 길을 1.5킬로미터 정도 걸어서 가자 쪽 접경으로 가야 한다. 역시 이유도 모른 채 비포장 길이 끝나는 지점에서 200미터 정도를 가면 다시 짐꾼들이 나타나 짐을 실어 준다. 그들에게 짐 하나당 10셰켈(2.60달러)을 주면 가자로 들어서게 된다.

거기 가서는 하마스 수비대가 짜증스럽게 노려보는 가운데 부러질 듯한 테이블에 짐을 올려놓고서 또 한 번 닦달을 기다려야 한다. 대원들은 서류를 뒤적여 가며 짐을 풀어헤쳐 놓고, 내용물을 다시 쑤셔 넣는다. 턱을 까딱하면 가도 좋다는 신호이다. 데리고 온 아이가 있는 사람은 과속으로 오가는 차에 아이가 치이지 않도록 단속해 가며 짐을 다시 들고 가야 한다.

에레즈의 메시지는 분명하다. 가자에 살지도 말고 가지도 말라는 것이다. 지구 상에서 가장 종잡을 수 없고 가장 격렬하게 대치 중인 국경의 어느 편에도 당신을 도와줄 이는 없다는 뜻이다.

허나 포위되어 봉쇄당해 버린 한 지역 주민의 실상을 무엇보다 잘 말해 주는 것은 이스라엘 쪽으로 넘어가는 경우이다. 정확히 스무 개의 출입구마다 각각 검문소가 있으며, 엑스레이 기기와 카메라가 윙윙 소리를 내는 방이 따로 있다. 그런 데를 다 지나가자면 적대적인 감정이 섞여 있든 그렇지 않든 대체로 거리낌 없이 내뱉는 지시를 받게 되는데, 예를 들자면 이런 식이다. "다리를 벌리고, 지정된 자리에 발을 디디고, 팔을 머리 위로 드시오." 2006년 봉쇄가 시작된 뒤로 이스라엘로 건너가는 사람 대부분은 병원 예약이 있어서 특별히 외출 허가를 받은 환자들이다. 그들은 두고 올 수 없는 어린애를 데리고 가거나 아파서 잘 걷지를 못해 지팡이나 휠체어에 의지해야 하는 경우가 많다. 그런 환자들이 검문소에서 몇 시간이고 마냥 기다려야 한다. 별 이유도 없어 보이는데도 설명을 기대할 수도 없다.

가자 쪽에서 이스라엘로 가는 길은 눈을 부라리는 하마스 경찰이 서류 처리를 하는 동안 땡볕에서 몇 시간이고 대기하는 데서부터 시작된다. 무얼 따져 보는지 알 수 없는 그들의 조사를 통과하고 나면, 까딱하는 고갯짓에 따라 출구를 지나 무인 지대로 들어서게 된다. 그리고 탁 트인 지대를 건너 시멘트 포장도로를 따라 마침내 스테인리스로 지은 건물로 들어가게 된다. 멈추거나 가라는 빨강 또는 초록 불빛의 지시대로 이동해야 하며, 더 많은 출발 또는 정지 신호가 있는 좁은 방을 연이어 통과해야 한다. 확성기에서는 주인을 알 수 없는 목소리가 호령해 댄다. 이 모든 절차를 이해하는 사람은 팔레스타인인이든 이스라엘인이든 외국인이든 단 한 명도 없는 것 같다. 그러니 우리 모두 어서 저쪽 편에 도착하기만을 바라며 신호가 무슨 뜻인지 알아차리고 요구에 반응하려고 애쓸 뿐이다. 이날 나와 같은 길을 가는 사람들 가운데는 피타 빵이 든 비닐봉지와 수프를 담은 스티로폼 용기를 들고 가는 할머니들이 있었다. 이스라엘의 병원에 있는 친척에게 가져가는 것인데, 아마 집 떠나서 치료를 받는 동안 굶기에 딱 십상인 그들을 돕기 위해서일 터였다. 어린아이들도 있었는데, 그 가운데는 병을 앓고 있지만 다른 사람들과 마찬가지로 초록 불이 들어오기만을 하염없이 기다려야 하는 아이들도 있었다. 초록 불이 들어오면 수비대원이 작게 내뱉듯 "라크Lakh"라고 말한다. 가라는 뜻이다.

내가 묘사하고 있는 이날, 터미널 건물 반대편 끝에서 내 여행 가방은 정밀 조사의 대상이 된다. 건너오는 도중에 벌써 두 번이나 열려서 엑스레이 검사를 받았지만, 나는 다년간 길러 온 인내심을 갖고서 다시 가방을 열어 보인다. 가방 안에는 내가 일하는 이스라엘 병원에 입원한 팔레스타인 아이들을 위한 어린이 책이 꽉 차 있다. 보안 요원은 200권 남짓한 책을 일일이 다 뒤진다. 책을 펼치자 스프링 달린 기린과 원숭이가 불쑥 튀어나오는 바람에 깜짝 놀라면서도 그녀는 빙긋 한 번 웃을 줄 모른다. 옆줄에서 엄마 손을 잡고 있던 꼬마는 고개를 내밀고 보다가 자기도 모르게 미소를 짓는다. 그림책 책장이 빠르게 넘어가다가 동물 그림이 쑥 튀어나오곤 하는 모습을 본 것이다.

이따금 보안 요원들은 그 모든 것이 다 보안과 안전을 위한 일이지 괴롭히려고 하는 짓이 아니라고 장황하게 설명하기도 한다. 요원이 어린이 책 200권을 한 쪽도 남김없이 다 들추어 보면서 최신 스캐너가 어떠니 하며 중얼거리는 동안 시곗바늘이 돌아가는 모습을 보고 있노라면, 그것은 다 참고 들어 주기 힘든 이야기다. 1990년대 중반에 처음으로 매주 국경을 넘나들기 시작했을 때에는 군인들이 전부 무례하고 거만했지만, 오랜 세월 참을성 있게 대하자 그들도 내 존재를 받아들이기 시작했다. 그래서 이제는 나를 보면 여자 친구에게 줄 피임약을 구해 달라고 하거나 의료 상담을 청하기도 한다. 최근에 한 여성 요원은 내 서류 문제가 아니라 매우 사적인 그녀의 문제를 의논하기 위해 나를 지체시켰다. 그녀는 그다음 토요일에 결혼하는데 결혼식 이틀 전부터 생리 때일 것 같다며, 시작을 늦출 방법이 없겠느냐고 물었다. 나는 그녀가 필요로 하는 조언을 해 주는 데 기꺼이 몇 분의 시간을 할애했다.

전에는 가자에서 예루살렘까지 차로 한 시간이면 갔는데, 지금은 운이 좋아도 한나절이 걸린다. 통행증이 있고, 국경이 갑자기 봉쇄되지 않은 상태로 개방되어 있고, 버스가 제때 도착하고, 교통이 뒤엉키지 않고, 보안 요원이 인내심을 시험하는 설교를 하지 않아야 그 정도인 것이다. 팔레스타인인으로서 에레즈를 넘나들다 보면 자연히 아량과 타협의 정신이 길러진다. 완고한 가자나 이스라엘에서는 기르기 어려운 정신을 말이다.

에레즈를 벗어나 이스라엘로 차를 몰고 가다 보면, 다시는 되찾을 수 없을 것만 같은 지난 삶의 흔적을 자주 보게 된다. 이스라엘 남부의 들판에는 팔레스타인 농민들이 돌로 지은 낡은 집과 헛간이 버려져 있는 경우가 많다. 창이 있던 자리에 입을 쩍 벌린 구멍에는 잡초가 무성히 자라 있고, 난로는 빈 채로 차갑게 식어 있다. 옛 팔레스타인을 떠올리게 해 주는 것은 무생물만이 아니다. 사브라sabra라고 하는 선인장과의 식물도 여전한데, 수천 년 동안 팔레스타인 농가의 산울타리 노릇을 하던 생물이다. 가시 돋친 외피 안에는 달콤한 열매가 있고, 고무 같은 잎

은 독특한 멋이 있으며 뭉툭한 발가락 같은 것이 달려 있다. 이런 흔적
이 남아 있는 땅이 지난 60년 동안 불도저로 밀리고 다른 이들의 손에
넘어가 개발되었다. 마치 이곳에서 살았고 일했고 번성했던 팔레스타인
인의 자취를 다 지워 버리려는 듯 말이다. 하지만 사브라 선인장은 불굴
의 보초병처럼 남아 무언의 메시지를 보내고 있다. "우리는 여기에도 저
기에도 있었다. 저 아래 강가에도 저기 저 숲가에도 저 들판 너머에도
있었다. 여기는 우리가 살던 땅이다."

우연의 일치인지 이 식물은 아랍어로 "인내와 끈기"라는 뜻이다. 추방
의 삽날을 견뎌 낸 불굴의 사브라 뿌리처럼, 가자인은 정착촌에 파고들
어 생존을 도모해야 했다.

나는 어린 시절을 약속의 그늘 아래서 보냈다. 어쩌면 2주 뒤에, 아니
면 조금 더 뒤에, 어쨌든 곧 돌아가리라는 약속의 연속이었다. 우리는
언젠가 이 가혹한 곳을 떠나 우리 선조의 땅으로, 우리의 것이던 땅으
로 돌아가리라는 약속 말이다.

나의 아버지와 그 아버지와 그들 이전의 아버지들이 살던 마을은 후
그라는 곳으로, 이스라엘 남부 스데롯 부근에 있다. 마을에서 우리 집
안 땅 주변은 다 농촌이고, 가까이 마을 묘지가 있으며, 양들은 안 보일
정도로 먼 곳까지 가서 풀을 뜯었다. 적어도 나는 그렇게 알고 있다. 그
옛날 우리가 살았던 이야기를 어릴 적부터 계속해서 들었던 것이다. 나
무라고는 보기 어려운 임시 난민 캠프에 갇혀 살면서, 나는 할아버지
무스타파 아부엘아이시가 마을의 수장인 '무쿠타르'였으며, 우리 집안
이 팔레스타인 남부에서 가장 명문가 중 하나였다는 것을 알게 되었다.

아부엘아이시 일가는 너그럽기로 유명했다. 아부엘아이시Abuelaish라는 이름 자체가 누구든 오면 먹을 것을 얻는다는 뜻으로, 밀과 옥수수와 무화과와 포도가 자라고 젖과 치즈를 얻기 위해 양을 기르는 기름진 땅에서의 환대를 상징한다. '엘 아이시'는 '빵'이라는 뜻이며, '아부'는 손님에게 빵과 환대와 보살핌을 베푸는 사람을 가리킨다.

나는 난민 캠프에서 나고 자라면서 집안사람들로부터 옛날 생활에 관한 이야기를 워낙 생생하게 들어서 어릴 적 내내 꿈속에서도 그 모습이 뇌리를 떠나지 않았다. 직접 본 모습도 아니었고, 우리가 그 생활로 돌아간 것도 아니었지만 말이다. 나는 아버지가 물려받은 땅을 떠난 지 7년 뒤에 태어났다. 아버지는 남들처럼 1948년의 팔레스타인 분할과 이스라엘 건국으로 '나크바'('대재앙'이라는 뜻이다.)가 시작된 뒤에 쫓겨난 것이 아니었다. 우리 집안은 다른 사람들처럼 이 일대에서 일어난 대학살의 피해를 입지도 않았다. 나의 할아버지는 끔찍한 갈등이 해결될 때까지 한동안 집안 전체가 떠나 있는 것이 좋겠다는 판단을 내렸다. 그로서는 가문의 위신과 명예를 지키는 게 중요했던 것이다. 1948년의 파국 때에는 고려할 점이 많았다. 마을에서 멀지 않은 곳에서 대학살이 일어났다는 소문도 있었고, 이웃이 학살되는 것을 보고 살던 곳을 떠나온 사람들이 들려준 무시무시한 이야기도 있었다. 그는 소문이 사실인지 알 수 없었지만, 집안의 안전을 위해 행동을 취해야 했다.

가자는 후그에서 근거리였다. 일가가 다 갈 수 있고, 팔레스타인인의 거주 장소로 지정되었던 구역 가운데 가장 가까우면서 안전한 곳이었다. 다른 피신처로는 요르단 강 서안인 웨스트뱅크가 있었지만 우리 집안에게는 멀고 낯선 곳이었다. 그래서 우리 집안사람들은 가자로 갔다.

그렇지만 가자로 간 뒤에도 후그 시절 음악은 어린 시절 내내 주제곡처럼 울려 퍼졌다. 우리에게는 아부엘아이시 가문이라는 자부심이 언제나 있었다. 남들을 보살피고 손님에게 베풀던 집안으로서, 돌아가기로 언약되어 있는 땅이 있다는 생각을 늘 했다. 지금 후그의 땅은 샤론 농장으로 알려져 있고 땅 주인이 아리엘 샤론*으로 등재되어 있지만, 양도 증서와 납세고지서는 나에게 있다. 무슨 국제조약을 통해 집안 땅을 되찾겠다고 그것들을 보관하고 있는 것은 아니다. 땅임자가 바뀐 전후 사정을 알지 못한다는 것은 다 끼워 맞추지 못한 퍼즐 조각을 잃어버리는 것과도 같은 일이기에 그것들을 보관하고 있는 것이다.

　나는 우리 아이들에게 가자가 본래부터 특정 거주 구역이나 감옥이었던 곳은 아니라고 설명하고는 한다. 1948년 이전의 가자는 다양한 굴곡을 겪었는데, 그 어느 때에도 평화롭지만은 않았으며 거의 늘 주목받는 곳이었다. 가자에 관한 가장 오래된 기록은 이집트의 고문서에서 발견되며, 가자가 가나안 땅의 주요 도시로서 아시아와 아프리카를 잇는 유일한 육상 통로이던 시절의 이집트 왕 투트모세 3세의 치세를 언급하고 있다. 가자 역사의 상당 부분은 코란이나 성경, 유대 율법인 토라에서 언급되는 고대의 이야기에서 비롯한다. 이를테면, 가자가 항구 도시로 유명해진 것은 기원전 1180년경 필리스틴** 사람들이 가나안에 오면서부터였다. 성경에서 악명 높은 인물인 델릴라가 필리스틴 사람으로, 그녀가 삼손을 배반해서 힘을 못 쓰게 만들어 버린 곳이 바로 가자였

---

* Ariel Sharon(1928~), 이스라엘의 장군 출신 정치인으로, 2001년부터 2006년까지 총리를 지냈다.

** 개신교 성경에서는 '블레셋', 가톨릭 성경에서는 '필리스티아'라 부른다.

다. 팔레스타인Palestine이라는 이름은 당시 그 지역을 지배하던 필리스틴Philistine 사람들에서 비롯되었다.

오늘날의 가자는 길이가 40킬로미터인 좁고 긴 땅이다. 폭은 가장 좁은 데가 6킬로미터이고 가장 넓은 데는 그 두 배쯤이다. 하늘이고 땅이고 바다고 모두 이스라엘의 지배를 받는다. 팔레스타인계 미국인 변호사인 그레고리 칼릴은 2005년에 이렇게 말한 바 있다. "이스라엘은 여전히 모든 사람과 상업 행위를, 심지어 가자 지구로 흘러들고 거기서 흘러나오는 물 한 방울까지도 다 통제한다. 군대는 주둔시키지 않을 수도 있으나 …… 팔레스타인 자치 정부의 통제력을 제한할 수 있다." 이런 엄혹한 상황에 대한 그의 판단은 대부분의 인권 단체가 인정하는 바이다.

역사를 살펴보면 외부에서 가자에 눈독을 들인 경우는 모두 정복을 염두에 둘 때였다. 알렉산더 대왕은 가자를 지배하려고 했고, 이스라엘 왕 다윗은 이집트인과 아시리아인과 바빌로니아인과 페르시아인과 그리스인이 그러했듯이 가자를 한동안 지배했다. 나폴레옹도, 오토만 제국도, 영국도 그랬다. 가자를 역사책에 등장시켰던 전사 출신의 왕이나 유명한 장군은 모두 가자를 차지하려고 덤벼들었던 것으로 보인다.

오늘을 사는 모든 팔레스타인인의 운명을 결정한 역사적 사건은 물론 1948년의 나크바였다. 제1차 세계대전이 끝나자, 유대 국가를 건설한다는 소문이 돌기 시작했고 팔레스타인에 대한 영국의 위임 통치가 제1차 세계대전 후 국제연맹의 결정에 따라 이루어졌다. 영국은 종전 전에 있었던 '밸푸어 선언'을 이행할 권한을 부여받았는데, 이 선언은 팔레스타인 지역을 유대 민족의 건국 본거지로 수립하겠다는 의지였다. 1917년 11월 2일에 이루어진 이 합의는 그 이후의 역사에서 워낙 중요하기에 그 전문을 인용하고 싶다.

1917년 11월 2일

영국 외무부 발신

로스차일드 남작[*]께

내각에 제출되어 승인받은 유대 시오니즘 운동의 염원에 공감하는 다음의 선언문을 폐하의 정부를 대표하여 경께 전달하게 된 것을 대단히 기쁘게 생각합니다.

"폐하의 정부는 팔레스타인에 유대 민족의 건국 본거지를 수립하는 것을 호의적으로 보고 있으며, 그러한 목적을 달성하는 일이 용이하도록 최선을 다할 것이다. 아울러 팔레스타인에 이미 살고 있는 비유대 사회의 민권 및 종교적 권리를 침해하거나, 다른 나라에서 유대인들이 향유하는 권리와 정치적 위상을 침해하는 일이 있어서는 아니 될 것으로 아는 바이다."

경께서 이 선언을 시오니스트 연맹에 통지해 주시면 감사하겠습니다.

아서 제임스 밸푸어 올림

---

[*] Walter Rothschild(1868~1937). 유럽의 금융 재벌 로스차일드 가문의 영국인 은행가이자 정치가이다.

말썽은 이 편지에서 시작되었다. 팔레스타인 지역에서 유대인은 소수자였다. 유대인보다 아랍계 기독교인과 무슬림의 인구가 더 많았던 것이다. 그런데 이 지역에 살던 모든 비유대인은 집과 농토에서 쫓겨남으로써 권리를 침해당했다. 팔레스타인에 대한 영국의 위임 통치는 1948년 5월 14일에 끝났고, 같은 날 이스라엘인은 독립선언을 하고 유대 국가의 탄생을 알렸다. 유엔의 1947년 팔레스타인 분할 방안에 따르면 가자는 독립 아랍 국가의 일부가 되어야 했지만, 팔레스타인인은 고향 땅을 떠나라는 조건을 받아들일 수 없었다. 분할 방안을 받아들일 수 없었던 것은 주변의 아랍 국가도 마찬가지였다. 그래서 이스라엘이 독립선언을 하자 이집트가 나머지 지역을 대표하여 행동을 개시했다. 이집트의 침공으로 1948년 아랍-이스라엘 전쟁(제1차 중동 전쟁)이 발발한 것이다.

그 이후로 공존의 실패를 나타내는 일련의 유명한 연도와 사건이 이어진다. 1956년의 시나이 전쟁(제2차 중동 전쟁), 1967년의 6일 전쟁(제3차 중동 전쟁), 1987년의 제1차 인티파다(봉기), 2000년의 제2차 인티파다. 합의와 협정과 지도자는 끝도 없이 많았다. 1993년의 오슬로 협정, 1994년 야세르 아라파트의 지도력에 따라 팔레스타인인에게 자치권을 부여하는 팔레스타인 자치 정부, 1996년의 팔레스타인 총선, 그리고 2006년의 하마스 집권.

1948년에 팔레스타인인은 이스라엘인을 바다로 처넣으려 한다고 비난받았다. 이스라엘을 건국한 다비드 벤구리온은 당시에 땅을 잃고 쫓겨난 팔레스타인인을 어떻게 할 것이냐는 질문을 받고서 이렇게 대답했다. "노인들은 죽을 것이고 새로운 세대는 잊어버릴 것입니다." 하지만 오늘의 실정을 보라. 누구도 이스라엘인을 바다로 처넣지 않았고, 팔레스타인인의 새로운 세대는 과거를 잊지 않았다. 60년이 지난 지금, 이 지역에서 거둔 가장 큰 수확은 오해와 증오이니, 과거를 잊는 것만이 능사는 아니라고 할 수 있을 것이다. 이제 우리는 함께 나아갈 길을 찾아야 한다.

나는 1955년 2월 3일 가자 지구에서 난민으로 태어났다. 나의 생은 출발부터 매우 불리함을 안고 시작했다. 집안이 살던 땅에서 쫓겨나 살림이 어려운 데다가, 나의 어머니는 아버지의 둘째 부인이었다. 설명이 좀 필요할 것 같다. 아버지는 사촌과 결혼하여 두 아들을 두고서 후그 마을 인근의 농가에 살고 있었다. 아버지가 강제 추방을 피하려고 일가를 거느리고 가자로 온 것은 1948년의 일이었다. 나의 어머니 달랄은 에레즈에 더 가까운 데므라 마을 출신이었다. 아버지는 집안사람들을 데리고 후그를 떠나 가자로 걷다가 몇 킬로미터 북쪽에 있는 데므라를 지나게 되었는데, 그때 우리 집안사람들을 불러다 쉬게 해 준 이가 바로 나의 어머니 달랄의 할아버지였다. 아버지는 달랄을 예쁘게 보았고, 당시 어머니는 이혼한 상태였다. 아버지는 자발리아 난민 캠프에 정착한 다음 그녀에게 사람을 보냈고, 두 분은 결혼하게 되었다. 정확한 연도는 모르고 1950년 전후의 일이었다.

그 시절에는 혈연이 없는 딴 마을 사람과 결혼하는 것이 드문 일이어서 어머니는 집안사람들에게 외면당했지만, 할아버지는 그런 어머니를 받아들였다. 고약하게 군 것은 아버지의 사촌이나 삼촌이나 숙모 같은 분들이었다. 그들은 어머니를 가족 행사에 끼워 주지 않았고, 길에서 만

나도 못 본 체하고는 했다. 아버지의 첫 부인과 두 아들은 한집에 살고, 둘째 부인의 자식인 나를 포함한 우리 9남매는 그 집에서 200미터쯤 떨어진 다른 집에 살았다. 나는 아버지가 우리와 함께 살아서 첫 부인과는 헤어진 줄 알았는데 그건 아니었고, 그래서 말썽이 많았다. 이슬람 전통은 남자가 부인을 두셋씩 심지어 넷까지 두는 걸 허용한다고 알고 있는 사람들이 있는데, 물론 내가 찬성하는 바는 아니지만 그런 경우라고 해도 거기에는 분명 문화적인 필요나 규범에 따른 질서가 있었다. 결혼 생활이 순탄치 않으면 다른 아내를 얻을 수도 있었지만, 첫 부인을 내치거나 이혼할 수는 없었다. 이혼은 행복의 대안으로 받아들여지지 않았던 것이다.

아버지의 의견이 어떠했든 간에 집안에서는 첫 부인을 더 좋아해서 우리는 남과 다를 바 없는, 이방 여인이 낳은 자식 같은 대우를 받았다. 두 가정 모두 이웃해 살고 아버지가 두 가정을 다 부양했지만, 우리는 죄인 취급을 당했다. 라마단 명절 때 삼촌들과 숙모들이 첫 부인의 자식들에게는 선물과 돈을 주면서 우리에게는 아무것도 주지 않아 우리는 상처를 받고는 했다. 명절이라고 해서 특별히 입을 예복도 없었고, 집에 찾아오는 친척도 없어 우리는 별난 사람처럼 느껴졌다. 우리는 어머니를 사랑했지만 어린 시절의 그런 경험은 계속 상처로 남아 있다.

자발리아 난민 캠프의 내가 아는 많은 사람은 상실한 것을 잊지 못한다. 가자 지구의 이 캠프는 후그에서 10킬로미터 정도밖에 안 떨어져 멀지 않았기에, 우리 집안의 지난 삶과 역사는 걸어서 두어 시간밖에 안 되는 곳에 남아 있었다. 우리 일가는 1948년에 그곳을 떠날 때 곧 돌아가리라 믿었기에 많은 것을 갖고 나오지 않았다. 당시의 가자는 난민 캠프도 아니었다. 이스라엘 국가가 성립되면서 팔레스타인인이 거주할 공간으로 지정된 장소였을 뿐이다. 하지만 하루가 다르게, 달리 갈 곳이 없는 사람으로 메워지고 있었다. 1949년 팔레스타인 난민을 위한 유엔 구제사업기구가 이 지역에 세워질 무렵에는, 팔레스타인 지역의 더 많은 부분이 신생국 이스라엘의 관할에 들어가면서 추방된 팔레스타인인의 수는 기하급수적으로 늘어나고 있었다. 결국 이 유엔 기구는 가자 내에 여덟 곳의 난민 캠프를 지정했는데, 그 가운데 제일 큰 곳이 자발리아였다. 자발리아 난민 캠프는 가자 지구 북부에 자리를 잡았으며, 제1차 중동 전쟁 이후 1.4제곱킬로미터 면적에 3만 5000명의 난민을 수용했다. 지금은 그 인구가 20만 명이 넘는다. 우리 부모님은 줍디줍은 거처를 전전하면서도 고향으로 돌아가는 것은 시간문제일 뿐이라고 생각했다. 하지만 어언 60여 년이 흐르는 동안 일시적인 강제 퇴거는 영구적인 현실이 되어 버렸고, 자발리아 시티나 가자 시티 같은 캠프 밖 공간에도 인구가 급증해 버렸다. 캠프들 내에서도 세월이 흐름에 따라 부동산 거래나 상가가 흥망성쇠를 거듭했다.

나는 할아버지가 난민 캠프에 살면서 사람들의 주목을 끌던 모습을 기억한다. 후그 마을의 수장이던 무스타파 아부엘아이시의 이야기를 들으러 오는 사람들이 많았던 것이다. 할아버지는 사람들 앞에서 그날의 일들을 논하는 지도자로서, 영향력을 가진 바위 같은 존재였다. 그는 매우 존경받았으며 자기 아들이나 형제나 조카에게 본보기가 되는 인물이었다. 할아버지는 때마다 우리를 찾아오는 유일한 가족이었기에 우리에게도 본보기가 되는 분이었다. 그 시절 나는 아직 어린아이여서 어른들과 함께 둘러앉을 자격이 없었지만, 다른 사람들이 듣는 태도를 보고는 할아버지의 말씀이 중요하다는 것을 알 수 있었다. 할아버지와 그 연배의 분들은 실향의 아픔에 관해 이야기할 때가 많았다. 살던 땅을 강제로 떠나야 했던 분들이니 그럴 수밖에 없었을 것이다. 고향이란 살면서 안전하다고 느끼는 곳, 적어도 뿌리를 내리고 사는 곳이다. 그런 곳에서 강제로 떠밀려 나면 죽는 날까지 추방의 상처를 안고 살게 된다. 이제 우리 집안은 가자 지구에서 난민으로 산 지 60년이 넘어 다시는 집안 땅을 되찾을 수 없다는 것을 알지만, 나만 해도 아직 상실감에서 헤어나지 못하고 있다. 그렇지만 나는 할아버지가 표출하던 상실감이나 향수나 분노에 빠져 지내지는 않았다. 그보다는 관심을 공부와 생존 쪽으로 돌리는 법을 터득했다. 나는 더 나은 방법이 있다는 것을 알았고, 아주 어릴 때부터 그 길을 찾아 나선 것이다.

대부분의 팔레스타인 아이가 그러하듯, 나는 딱히 어린 시절이라는 것을 누리지 못했다. 내가 열 살이 되었을 때 부모님과 우리 6남 3녀까지 열한 명이던 우리 가족은 가로세로 3미터씩밖에 안 되는 방 하나에서 살았다. 전기도, 수도도, 화장실도 없었다. 지저분할 수밖에 없었고 사생활이란 것이 있을 수도 없었다. 식사는 큰 접시 하나에다 차려 놓고 다 함께 먹었다. 동네 공중변소를 쓰려면 줄을 서야 했고, 유엔에서 배급해 주는 물을 긷기 위해서도 줄을 서야 했다. 물은 하루 중 정해진 시간에, 가져온 항아리를 채울 만큼만 길을 수 있었다. 조리용 연료는 등유나 나무를 싣고 다니는 수레가 지나가면 사다 썼다. 우리는 대개 맨발에다 벼룩투성이였고 배를 곯았다.

낮에는 벽에 세워 두고 밤에는 눕히는 커다란 매트리스 하나에서 함께 잤는데, 아기만 예외였다. 9남매인 우리 집안에는 언제나 갓난아기가 있어 아기는 대야에서 잤다. 이 대야는 어머니가 설거지를 하거나 아이들을 수세미로 씻기거나 집안 청소를 할 때에 쓰던 것이었다. 우리가 잘 준비가 되면 어머니는 설거지 대야를 씻어서 요람 삼아 아기를 재웠다.

하루는 잘 때에 남동생 나세르가 말을 안 듣고 어머니를 화나게 했다. 어머니는 동생을 때려 주려 했는데 동생이 도망가자 벌떡 일어나 동생을 잡으려 했다. 그러자 동생은 잡히지 않으려고 대야 속으로 뛰어들어 아기를 깔아뭉개고 말았다. 생후 몇 주밖에 안 되는 여자 아기는 그 충격으로 죽고 말았다. 아기가 그런 식으로 죽는다는 것은 상상도 하기 어려운 일이다. 그때 나는 다섯 살이었기에 자초지종은 정확히 기억나지 않지만, 어머니가 아기를 안고서 서럽게 울던 기억은 생생하다. 나세르는 집 밖으로 달아나 자리를 피했다. 아기는 여아여서 그다지 대접을 받지 못했던 것으로 기억된다. 그때만 해도 딸을 낳으면 참 안된 일이라고 여기는 게 우리 문화였던 것이다. 이름이 누르였던 아기는 다음 날 바로 묘지에 묻혔고, 우리 가운데 누구도 그 일을 입에 담지 않았다. 내가 자라면서 겪었던 일 가운데 최악의 기억으로 남아 있는 사건이다.

복작거리는 난민 캠프에 살다 보면 사람들은 언제 끊어질지 모를 한 줄기 희망에 매달리게 된다.

아버지가 그런 삶의 조건을 어떻게 견디며 살았는지는 잘 모르겠다. 아버지는 인생의 전반부를 먹을거리 풍족하고 긍지도 넉넉히 가질 만한 집안의 농장에서 자랐다. 내가 태어날 때 서른다섯 살이었던 아버지는 보통 키였지만 힘이 좋았으며, 언제나 팔레스타인 전통 의상 차림에 머리에는 카피예를 두르고 다녔다. 아버지는 집안의 둘째 아들로서 부지런하고 능력 있는 농부였지만, 난민 캠프에서는 이런저런 허드렛일을 전전해 봐도 첫 부인에 두 아들과 우리 식구를 제대로 먹일 수 없었다. 아버지가 오렌지 과수원 경비로 일하던 때가 기억난다. 어머니는 내게 도시락 심부름을 시키고는 했는데 나로서는 그 일이 엄청나게 중요한 일이어서 어머니가 내게 도시락을 넘겨줄 때마다 뿌듯한 마음이 한껏 부풀어 오르고는 했다. 어머니가 그만큼 나를 믿어 준다는 사실이 자랑스러웠던 것이다. 아무튼 그 무렵 나는 여섯 살밖에 되지 않았지만, 가족을 잘 부양하지 못하는 가장으로서 아버지가 느끼던 불안을 이해할 수 있었다.

어머니는 키가 크고 피부가 허옇고, 아주 강인한 성격의 소유자였다. 용기와 결의가 대단한 어머니는 훌륭한 본보기가 되는 분이었다. 어머니는 누구든 앞길을 막아서면 순순히 물러나지 않았다. 어머니의 기개와 끈기는 우리가 계속되는 결핍과 궁핍을 이겨 나가는 데 도움이 되었다. 어머니는 우리를 위해 싸웠으며, 할 수만 있다면 경제적 주도권을 아버지로부터 쟁취해 내기를 주저하지 않았다. 우리 집처럼 좁은 공간에서 염소와 비둘기를 길러 얻은 염소 젖과 비둘기 알을 식탁에 내놓고 남은 것은 장에 내다 팔아 돈을 만든 것도 어머니였다. 내가 학교에 들어가자, 어머니는 자주 학교에 찾아와 내가 공부를 어떻게 하는지 선생님께 묻고는 했다. 나는 어머니가 학교에 찾아오는 것이 싫어서 친구들 앞에서 창피하게 만들지 말아 달라고 애원하고는 했다. 친구들이 "너네 엄마 또 왔더라."라며 놀렸기 때문이다. 하지만 어머니는 학교 방문을 그만두지 않았다. 내가 공부를 잘하는지 계속 확인하고 싶었던 것이다.

지금은 별로 사무치지 않지만, 취학 전 집 앞 현관 계단에 앉아서, 멋진 원복을 입고 유치원에 가는 아이들을 보는 일이 얼마나 괴로웠는지 모른다. 우리 집은 그런 원복을 해 줄 형편이 안 되니 내가 아무리 가서 배우고 싶어도 유치원에 갈 수가 없었다. 가자에는 난민이 와서 살기 오래전부터 살던 이들이 있었다고 앞에서 얘기했는데, 그들의 삶은 우리와 사뭇 달랐으며 그들은 캠프에 살지도 않았지만, 나는 그 동네 아이들이 아침마다 우리 집 앞을 지나갈 때마다 질투심을 불태우며 그 아이들만 배우러 다니는 것은 부당하다는 소리를 아무에게나 하고는 했다. 하지만 우리가 알고 지내던 사람 대부분은 같은 처지였으며, 살아남는 데 급급해 원비나 원복 구할 걱정까지는 할 여유가 없었기에 자녀를 유치원에 보낼 수 없었다.

그러다 내 나이 여섯 살이던 1961년, 나는 드디어 캠프에 있는 유엔 학교에 갈 수 있었다. 그곳은 팔레스타인 교사들이 직원으로 있는 학교였지만, 상은 언제나 옷을 가장 잘 입은 아이들에게 돌아갔다. 낡은 관습은 좀처럼 사라지지 않았다. 국제기구에서 운영하는 학교였는데도 지역의 규칙이 굳건했던 것이다. 선생님들은 "청결 상"이라고 불렀지만, 우리는 그 상이 가장 좋은 옷을 입은 아이들 차지라는 것을 다 알았다. 나는 물려받아서 꿰매고 또 꿰맨 옷을 입고 다녔는데, 원래 실 자국보다 기운 자국이 더 많을 정도였다. 나는 상이란 성적이 가장 좋은 학생들에게 줘야 한다고 생각했다. 하지만 제도가 바뀌어 성적이 좋은 학생이 교사의 주목을 받게 되기까지는 여러 해가 걸렸다. 그러한 변화는 나에게 구원과도 같았다.

유엔 학교에 입학한 첫날 아침, 나는 첫날에 느껴지는 긴장 이상의 것들 때문에 불안해하고 있었다. 어머니가 나로서는 처음 보는 멜빵바지를 구해 왔던 것이다. 우리가 입던 옷이 대부분 그랬듯, 그 멜빵바지 역시 다른 사람이 기증한 것이었으며, 외국에서 온 것도 있었다. 나는 화장실에 가게 되면 이 멜빵바지를 어떻게 벗나 걱정하고 있었다. 다행히 그날 하루는 무사히 넘길 수 있었고 저녁에 집에 돌아와서야 그 옷을 어떻게 벗고 입는지를 알게 되었는데, 그 기억은 지금까지도 생생하다.

걱정거리는 멜빵바지만이 아니었다. 가 보니 학교는 초만원이었다. 그래서 첫날부터 학생들 가운데 일부는 다른 학교로 가야 한다고 했는데, 나도 거기에 포함되어 우리 집에서 더 먼 학교로 옮겨야 했다. 그렇게 옮겨야 하는 다른 아이들은 우리 동네 아이도 아니었고 친척도 아니어서 나는 함께 가는 것이 싫었다. 하지만 부모님이 오지 않았기에 그런 이야기를 해 줄 사람이 없었다. 집 가까운 학교에 남아 동네 친구들과 한 반이 되어야 한다고 말이다. 결국 나는 딴 학교로 옮기는 수밖에 없었다. 하지만 그때 나는 옮겨 간 학교의 한 선생님께서 내 평생의 가장 중요한 스승이 되리라는 것을 몰랐다. 그는 나를 아들처럼 대해 주었다. 그 경험을 통해 나는 잘 모르는 일을 두고 증오해서는 안 된다는 것을 배웠다. 처음에는 모를지라도 지나 보면 자신에게 가장 큰 행운을 가져다줄 일일 수 있기 때문이다.

입학 첫해에 나는 세 분의 선생님을 만났다. 한 분은 의자에 앉은 채로 교과서를 나눠 주며 우리더러 읽으라고 했고, 또 한 분은 음악을 가르쳐 주었는데 나는 그 시간이 참 좋았다. 나머지 한 분은 나에게서 뛰어난 학생의 자질을 발견하기라도 한 듯 열의를 보인 남자 선생님이었다. 그분은 나에게 워낙 관심을 많이 쏟아 주었고, 학년 말에는 1등을 한 나에게 무엇이든 원하는 대로 배울 수 있으며 될 수 있다는 확신을 강하게 심어 주었다. 참 보기 드문 선생님이었다.

학교는 복작복작해서 한 반에 60명의 학생이 한 책상에 세 명씩 앉아 수업했다. 그래도 나는 아침마다 학교에 어서 가고 싶어 안달이었다. 나는 학교에 있는 것 자체를 아주 좋아했고 새로운 것 배우기를 즐겼다. 선생님께서 질문하면 대답하려고 손을 들 때 에너지가 솟구쳤다. 새로운 지식은 나에게 선물 같은 것이었다. 학교는 내가 무엇을 할 수 있는지를 알아낼 수 있는 장소이기도 했다.

일곱 살이 되었을 때, 나는 맏이로서 가족의 돈벌이에 도움이 되어야 했다. 여기저기서 푼돈이나마 벌어 이런저런 구멍을 메워야 했던 것이다. 이를테면, 유엔에서 날마다 각 가정에 주는 우유 배급표도 그 가운데 하나였다. 배급표를 제시하면 검표기로 구멍을 뚫어 확인하고서 우유를 주었는데, 모두가 우유를 원하는 것은 아니어서 타 가지 않은 우유는 나에게 기회가 되었다. 어머니는 우유를 안 타 먹어도 되는 사람들의 배급표를 구해 와서, 새벽 3시면 나를 깨웠다. 6시에 배급소가 열면 제일 먼저 우유를 타 오기 위해서였다. 나는 가져간 배급표만큼 우유를 다 타 와서는 아주머니들에게 내가 받을 수 있는 최고가에 팔았다. 아주머니들은 우유로 요구르트나 치즈 같은 것들을 만들어 가자 시티에 내다 팔았다. 그 아주머니들은 어서 우유를 구해야 이것저것 만들거나 내다 팔 수 있었기에, 빠르고 열의도 있고 진취적인 소년이라면 그들에게 우유를 팔아 아침 일찍 꽤 많은 돈을 벌고도 학교에 늦지 않을 수 있었다.

내가 구해 오는 것은 무엇이든 가족에게 도움이 되었다. 그래서 나는 무언가를 내 힘으로 구하게 되면 그것을 애지중지했다. 학교에서는 모든 학생에게 공책과 연필과 지우개를 나누어 주었는데, 나는 그것들을 보물처럼 여기고서 모두 '책가방'(그래 봐야 낡은 밀가루 포대 윗부분을 끈으로 꿴 것이었다.)에 잘 모시고 다녔다. 그 가운데서도 지우개는 매우 특별한 물건이었다. 아주 작아서였을 수도 있고, 어머니가 처음 보는 물건이어서 그랬을 수도 있다. 아무튼 나는 지우개를 잃어버려서는 안 된다는 마음이 강했고, 어머니는 지우개에 구멍을 뚫어 실로 꿰어서는 내 목에 걸어 주었다. 하지만 나도 아이는 아이였다. 그토록 소중한 지우개였건만 어느새 장난감이 되어, 나는 그것을 목에 걸지 않고 공중에 높이 더 높이 돌려 비행접시처럼 빙빙 도는 모습을 즐겼다. 그러다 하루는 손가락에서 실이 풀리면서 지우개가 날아가 길거리 인파 속으로 사라져 버렸다. 나는 곧바로 기어 다니며 그 일대를 샅샅이 뒤졌지만, 지우개를 찾지 못했다. 나는 어머니께 지우개를 잃어버렸다는 말을 할 수 없어서(그랬다면 분명히 매를 맞았을 것이다.) 학교로 달려가 선생님께 눈물로 하소연했다. 선생님께서는 원래 것과 똑같은 지우개를 주면서 앞으로는 조심하라고 엄히 타일렀다. 사실 나는 지우개를 잃어버리고서 너무 마음고생을 했기 때문에 선생님께서 굳이 그런 말씀을 하실 필요도 없었다.

동네에서는 아이들에게 코란을 가르쳤는데, 암송 대회를 대비해서 외우는 연습을 시켰다. 내가 처음으로 대회에서 1등을 한 것은 열 살 되던 해 라마단 명절 때였다. 상은 가자 지구의 이집트인 총독* 아흐메드 알아즈루디가 수여했다. 주최 측에서 내 이름을 부르며 단상 위로 올라와

* 가자 지구는 아랍연맹의 관할이다가 1959년에 이집트의 직할령이 되었고, 1967년 6일 전쟁 이후 이스라엘에 점령되었다.

그 높은 사람이 주는 상을 받으라고 했을 때 나는 그 엄청난 행운이 도저히 믿기지가 않았다. 총독은 우리 가족이 2주 동안 먹을 식량에 해당하는 돈을 상금으로 주었던 것이다. 국가 공무원의 월급이 8파운드 정도일 때였으니, 누더기를 기워 입은 극빈자 소년이 자발리아 난민 캠프에 있는 모스크의 단상에 서서 받게 된 2.5 이집트 파운드(미화 1달러 남짓)는 꽤 큰돈이었다. 그 무렵 우리 가족은 지역 공동 기금에 회비를 내고 있었는데, 매주 이집트 돈 50피아스터(0.5 이집트 파운드)를 내면 기름과 버터와 쌀과 수프를 원가에 구할 수 있었다. 그런데 내가 코란 암송 대회에서 받은 상금은 한 달 어치 회비를 내고도 남는 액수였던 것이다.

한번은 어머니 심부름으로 식료품을 사러 간 적이 있는데, 줄을 서서 기다리다가 내 차례가 와서 호주머니에 손을 넣었더니 경악스럽게도 돈이 없는 게 아닌가. 하도 많이 꿰매서 동전을 지탱할 힘이 없는 주머니에 구멍이 나면서 새어 버린 걸까? 누가 훔쳐 간 걸까? 알 수 있는 것은 돈이 없어져 버렸다는 점과 어머니가 몹시 화를 낼 것이라는 점뿐이었다. 그 일을 어머니에게 말하기가 몹시 두려웠지만, 집으로 가는 수밖에 없었다. 나는 어머니를 사랑하는 것만큼이나 무서워했는데 그날은 얼마나 많이 맞았던지, 그렇게 때린다고 내 몸에서 50피아스터가 마술처럼 나오리라 생각하느냐며 속으로 원망할 정도였다. 다 때린 다음에 어머니는 왔던 길을 전부 되짚어 보라며 나를 내보냈다. 나는 테이블 밑이며 계산대 뒤까지 다 기어 다니며 뒤져 보았다. 그래 봐야 소용없다는 것은 알았지만, 돈을 못 찾고 집에 돌아가기가 너무 두려웠던 것이다. 소년 시절에는 어머니가 대체 내게 왜 그러는지 의아할 뿐이었다. 하지만 이제는 이해한다. 어른들이 자식을 제대로 먹이지 못할 때 얼마나 좌절하게 되는지, 혹독한 고난을 계속 겪게 되고 아무리 열심히 일하고 정성을 다해도 노력이 헛수고로 돌아갈 때 그 심정이 어떠한지 말이다. 어머니가 그토록 화를 낸 것은 그런 절박감 때문이었으며, 어머니가 그런 절박감을 표현할 상대가 자신이 지키려고 애쓰던 사람들뿐인 경우가 이따금 있었다.

삶이 증오스러울 때도 있었다. 우리가 겪는 고난이, 불결함과 궁핍이, 깊이 잠든 새벽 3시에 억지로 일어나 일하러 나가야 하는 현실이 지긋지긋할 때도 있었다. 내가 아무리 애쓴다 한들 상황이 나아지는 것도 아닐 텐데 계속 그렇게 살아야 한다는 것이 너무 싫기도 했다. 내가 자란 문화에서 맏아들이 떠안는 책임은 막중하다. 내 경우에는 여러 명의 어린 남동생과 여동생에다 부모에 대한 책임도 있었다. 그래서 늘 나를 위해서가 아니라 남을 위해 사는 것 같다는 생각도 했다. 나는 자라면서 당했던 숱한 부당한 일에 대해 푸념도 많이 했지만, 지금 와서 보면 그런 어려움을 다 헤쳐 나올 수 있었다는 데 감사하게 된다. 특히 나에게서 더 밝은 미래를 발견한 선생님들께 감사한다. 내게는 도움의 손길을 뻗어 주는 선생님이 많았으니 나는 참 운이 좋았다. 선생님들께서는 내게 용기를 북돋워 주고 자신감을 가지라고 격려해 주었다. 내게 문을 열어 주고, 우리가 사는 지긋지긋한 가난과는 전혀 다른 미래가 있다고 알려 준 것도 선생님들이었다.

사람들이 내가 바글바글한 난민 캠프에서 자랐다는 것을 알게 되면 자주 묻는 질문이 있다. 아무리 박탈과 불안에 시달리더라도 아이들은 아이들 아니냐는 것이다. 우리가 어떻게 놀았는지, 무슨 재미로 살았는지 궁금한 것이다. 뭐, 우리도 이따금 장난 삼아 친구를 공중변소에 가두기도 하면서 개구쟁이 짓을 하고 놀았다. 40도의 더위에 골목의 수도관을 건드려 친구들은 물론이고 멋모르는 행인에게도 물을 끼얹는 장난을 치기도 했다. 하지만 우리가 하던 놀이는 위험한 경우가 많았다. 한번은 내가 수도관을 잘못 밟아 맨발이 찢어지는 사고를 당했다. 어머니는 모든 것을 팽개치고 나를 유엔 보건소로 데려가 상처를 꿰매게 했는데, 물론 나는 오가는 내내 꾸지람을 들었다.

사실 자발리아 캠프에서 보낸 소년 시절의 기억 가운데 가장 강하게 남아 있는 것은 주로 공중변소의 악취, 언제나 떠나지 않았던 허기, 누군가에게는 몇 푼밖에 안 되지만 우리 가족에게는 너무나 소중한 돈을 벌기 위해 꼭두새벽에 우유를 팔면서 느끼던 피로감, 학교에 늦지 않으려고 서두르며 느끼던 불안 같은 것들이다. 어린 나이에 관절염까지 앓게 되어 피곤할 때는 다리가 너무 아팠다. 그러니 재미있는 일이 있어도 그다지 재미를 느끼지 못할 때가 많았다. 하늘은 언제나 푸르렀지만, 석양을 보며 경탄하거나 일출을 가만히 바라보았던 기억은 없다. 생존은 시적인 성찰의 짬을 허락하지 않는다. 그 시절 나는 한 가지에만 마음이 쏠려 있었다. 교육을 잘 받아서 여기를 벗어나자는 것 말이다.

학교 공부는 우리가 처한 여건을 벗어나는 유일한 길이었다. 나는 만아들로서, 성공해 동생들을 이끌어 주어야 한다는 책임감도 들었다. 하지만 힘든 일이었다. 방 하나뿐인 집에서 동생들이 우당탕거리며 놀고 있더라도 등유 램프 옆에 앉아 숙제를 해야 했다. 소음은 무시하고 공부에 집중할 수 있었으나, 집중만으로는 충분하지 않은 때도 있었다. 하루는 비 오는 저녁에 숙제 문제의 답을 정성 들여 적고 있는데(선생님께서 깨끗한 글씨를 아주 중요하게 여겼다.) 갑자기 공책에 물이 뚝뚝 떨어지는 것이 아닌가. 물은 금세 글씨를 흐린 얼룩으로 만들어 버리며 공책 위로 흘렀다. 지붕이 새면서 빗물이 내 숙제를 다 망쳐 버렸기에 나는 숙제를 다시 해야 했다.

내가 자라던 곳에서는 여름 캠프나 팀 스포츠, 비디오 따위는 없었다. 그런 것을 즐길 수도 없으니 더욱 공부에만 전념하려 했고, 수업을 듣거나 자습을 할 때 말고는 학비를 벌어야 했다.

어머니는 우리를 보호할 때는 암사자 같았지만, 요구하는 것도 많았다. 어머니는 형편을 개선하기 위해 애쓰는 만큼 나에게 기대하는 바도 많았으며, 내가 기대만큼 못하면 매를 내리셨다. 팔레스타인의 어머니들은 팔레스타인인의 생존 신화를 창조하는 작가이다. 어머니는 성공의 숨은 주역이었다. 당신이 먹기 전에 식구들부터 먹였고, 무슨 일이든 포기하지 않았으며, 자식들을 가로막는 벽이 있으면 가서 부딪쳤다. 어머니에게는 무엇보다 가족의 생존이 중요했다. 학교도 중요했지만 먹고 살기 위한 일만큼의 가치는 없었다. 돈을 벌 수 있는 일이 있으면, 어머니는 수업을 빠지고 그 일부터 할 것을 권했다.

내 기억 속에 알 듯 모를 듯한 일로 남아 있다가 어른이 되어서야 제대로 이해하게 된 사건이 하나 있다. 1966년, 그러니까 6일 전쟁으로 가자에 대한 이집트의 관리가 끝나고 이스라엘의 지배가 시작되기 한 해 전의 일이다. 한 외사촌에게서 이집트에 함께 가자는 제안을 받고서 당시 열한 살이던 나는 황홀해졌다. 어머니는 그 조카가 무역업자이며, 가자의 물건을 국경 너머 이집트로 가져가 판다고 했다. 나는 카이로까지 가서 보게 될 것들을 상상하며 얼마나 들떴는지 모른다. 피라미드, 청

(위) 어머니 달랄은 나를 보호할 때는 어미 사자와도 같았지만 나에게 부담도 많이 주셨다.
(아래) 아버지(가운데) 왼쪽이 나, 뒤로는 동생 셰하브와 나세르, 아버지 오른쪽은 내 이복
형인 아흐마드

찬이 자자한 나세르 대통령의 수에즈 운하 국유화 연례 기념행사, 그리고 너무나 가 보고 싶던 동물원! 나는 가자 시티에 하루 가 본 것 말고는 자발리아 캠프를 떠나 본 적이 없었다. 동물원이나 피라미드는 사진이나 그림으로만 봤을 뿐이었다. 나세르 대통령에 대해서는 늘 이야기를 듣고 있었다. 다들 나세르에 관해 이런저런 얘기를 하고 있었던 것이다. 모두가 칭송하는 인물을 직접 볼 수 있다니 얼마나 설레는 일인가.

사촌은 내게 국경 넘어갈 준비를 단단히 시켰다. 어머니는 내게 특별한 재킷을 입혔는데, 속에 주머니를 별도로 몇 개나 더 꿰어 단 옷이었다. 그리고 아직 어린 나에게는 커도 너무 큰 어른 신발을 신겼다. 사촌은 갖다 팔려는 양말을 내 재킷 안주머니는 물론이고 너무 큰 신발에까지 꽉꽉 채워 넣었다. 나는 그가 무얼 하려는 건지는 전혀 감을 잡지 못하고, 한 사람이 많은 물건을 가져가기에 영리한 방법이라고 여길 뿐이었다. 나는 가자가 면세 구역이며, 내 사촌이 이문을 더 남기기 위해 이집트로 건너갈 때 세금을 물지 않을 방법을 썼다는 점은 몰랐다. 나는 실제로 그렇기도 하거니와 그에게 도움이 될 적임자로 선택됐다는 생각에 어른이 된 기분이었다.

사촌은 동업자 한 사람과 함께 차로 떠나서는, 다른 동업자를 시켜 나와 함께 기차를 타고 국경을 넘어가게 했다. 국경에 다다르니 세관원이 기차에 올라와 승객과 짐을 검사했는데, 나에게 신고할 만한 것을 가져가느냐고 묻자 나는 자신 있게 "아니요!"라고 대답했다. 실은 그가 무슨 말을 하는지도 몰랐지만 말이다. 세관원은 내 말을 믿지 않고 내 재킷을 뒤져 양말을 다 찾아내더니 귀싸대기를 갈겼다. 나는 그가 내 귀를 잡아 흔들며 소리를 질러도 영문을 알지 못했다. 무서워 죽을 지경이었다. 같은 칸에 평화 유지군으로 와 있는 인도 출신 군인이 있었는데, 그가 나를 딱하게 여기고서 세관원에게 "아이는 좀 봐줍시다."라고 했고, 사촌의 동업자가 가세해서 돈을 좀 쥐어 주자 세관원은 나를 놓아 주었다. 나는 카이로에 도착할 때까지 계속 덜덜 떨었다.

카이로에 도착해서 밖으로 나와 보니 내 눈을 의심하지 않을 수 없었다. 자발리아 캠프에는 전기도 없는데 카이로는 빛의 축제 같았던 것이다. 이 세상의 수도에 온 듯한 기분이었다. 지하에 있다가 달 바로 앞까지 올라온 것 같기도 했다. 화려하고 떠들썩한 것이 아이의 눈에는 황홀했다. 하지만 나는 이 대단한 도시를 즐길 시간이 없다는 것을 곧 알게 되었다. 사촌의 동업자는 싸구려 호텔로 나를 데려갔는데, 무역업자들이 그곳 업자들과 거래하는 그 호텔에서 사촌을 만날 수 있었다. 나는 체류 기간 내내 그곳에 머무르면서 손님들이 오가는 것을 지켜보거나 사촌이 거래하는 주위를 서성이기만 했다.

그러니까 나는 처음으로 가자를 벗어난 여행에서, 사촌을 위해 밀수를 했던 것이다. 더구나 사촌은 알면서도 나를 위험에 몰아넣었고, 나는 인도 군인의 부탁과 사촌 동업자의 뇌물 덕분에 가까스로 세관원에게서 풀려날 수 있었다. 그 대가로 내가 받은 것은 무엇일까? 수에즈 운하 지역의 주도인 이스마일리아의 특산물인 수박 한 덩이를 받아 식구들에게 주었을 뿐이다. 내가 겪은 이야기를 들은 어머니는 내가 운반책으로 이용될 것임을 다 알고 있었다는 듯 크게 웃었다.

나는 이 유감스런 여행을 다녀오고 나서도 계속해서 생존을 위한 일상을 이어 나갔다. 새벽에는 몇 푼 벌기 위해 우유를 판 뒤 학교에 가고, 방과 후에는 아이스크림과 씨앗과 제라늄 꽃을 팔았다. 무슨 일이든 닥치는 대로 했으며, 달콤한 여름방학을 즐겨 본 적은 없었다. 한동안은 벽돌 공장에서 일했는데, 벽돌을 줄지어 놓은 다음 물을 뿌려 말린 뒤 받침대로 가져가 쌓는 일이었다. 벽돌을 그런 식으로 100개 쌓으면 2피아스터를 받았는데 매일 오후 방과 후부터 공장이 닫을 때까지 일했다. 이집트 돈 1파운드가 100피아스터이며 2.5 이집트 파운드가 미화 1달러였다고 하면 내가 번 돈의 가치를 짐작할 수 있을 것이다. 벽돌 공장 일을 해 봐야 얼마 벌지는 못했지만 힘닿는 데까지 벌었고, 때로는 주저하기도 했지만(어떤 아이가 제가 번 돈을 조금이니마 갖고 싶지 않으랴.) 매번 어머니에게 번 돈을 다 주었다.

내가 보상을 받은 것은 학교에서였다. 6학년이던 1967년, 나는 학교 방송인으로 뽑혔는데 전교 회장에 버금가는 자리였다. 선생님께서 그날의 뉴스를 정리해 주면, 그것을 나는 교내 방송 마이크 앞에서 읽었다. 나는 한 학기 내내 한 그 일을 좋아했다. 나는 학교에서 하는 일은 거의 다 좋아했다. 공부만 열심히 하면 무엇이든 될 수 있다고 많은 선생님께서 북돋워 주었기 때문이다. 나는 선생님들의 그런 칭찬과 최상의 성적을 얻기 위해 아주 열심히 공부했다. 그해 6월의 어느 날을 기억한다. 나는 가자 지역 6학년생 전체의 기말고사 결과를 기다리고 있었는데, 마침 발표일이 6일 전쟁이 발발한 날이었다. 처음에는 전쟁을 견디며 살아야 한다는 것보다 시험 결과를 알지 못하는 것 때문에 더 속상했다. 진짜 전쟁이 시작되는 것이 어떤 의미인지 잘 몰라서 그랬을 텐데, 이내 진짜 전쟁이 무엇인지 배우게 되었다.

그 전쟁이 내가 태어나서 처음 겪은 전쟁은 아니었다. 하지만 1956년의 수에즈 위기 때는 난 두 돌이 안 된 아이일 뿐이었다. 1956년 10월에 영국과 프랑스와 이스라엘이 이집트를 침공하면서 벌어졌던 그 대결은 시나이 전쟁이라고도 하고 제2차 중동 전쟁이라고도 한다. 1948년에 이스라엘이 건국 선언을 한 뒤로 이집트와 이스라엘은 계속해서 충돌했다. 아버지는 내게 우리가 사는 지역 일대가 늘 긴장 상태로 대치하고 있기 때문에 늘 국경 분쟁이나 침략 위협이 있다고 말해 주었다. 그런 분위기였기에 사람들은 위기가 닥쳐도 별로 놀라지 않았다. 영국과 미국이 아스완 댐 건설에 투자하겠다는 제안을 철회하자 이집트가 수에즈 운하를 국유화하겠다고 선언하면서 촉발된 이 대결에서, 사람들은 전쟁이 어떤 모습을 띨지 향후 그들의 삶을 어떻게 바꿔 놓을지 알지 못했던 것이다. 결과적으로 이 전쟁은 대부분의 전쟁이 그러했듯이, 가자 주민의 생활을 크게 바꿔 놓을 만큼 큰 변화를 가져오지는 않았다. 이스라엘에 6개월 동안 점령당하는 엄청난 계기가 되기는 했지만 말이다. 그 뒤로 가자 지구는 공식적으로 이집트의 직할령이 되어 11년 동안 관리를 받았다. 나는 이집트의 지도자 나세르가 명성을 얻은 것이 이 전쟁 동안이었으며, 미국이 중동의 협상 대표자 입지를 확립한 것도 이때라는 것을 나중에 알게 되었다.

그런데 1967년의 6일 전쟁(제3차 중동 전쟁)은 전혀 다른 무엇이었다. 열두 살이던 나에게도 이 전쟁은 느닷없이 벌어진 재앙이었다. 나는 학교에서 6학년 기말고사 결과가 게시되기를 몹시 기다리고 있었고 내 이름이 제일 윗자리에 있는 것을 어서 보고 싶었다. 하지만 팔레스타인 선생님들은 이집트와 이스라엘 사이의 긴장이 점점 팽팽해져 가는 데 정신이 팔려서 합격 불합격 여부만 표시한 명단을 게시할 뿐이었다. 어른들은 1948년의 재앙을 복수할 기회라고 많이들 이야기했지만, 가족을 먹여 살릴 돈이나 현물을 벌 일거리를 항상 찾아다녀야만 했던 어린 학생에게 그런 소리는 뒷전의 소음에 불과했다. 하지만 점차 난민 캠프 사람들의 대화는 그저 소곤거리던 것에서 이번이야말로 이스라엘을 완전히 무찌를 기회라며 떠들썩하게 응원하는 소리로 커졌다.

그런데 그게 아니었다. 전쟁은 6월 5일에 시작되어 6월 10일에 끝났다. 불과 6일 만에 이스라엘은 이집트 전투기들이 이륙도 하기 전에 공군력을 완파해 버렸으며, 주변국인 이집트·요르단·시리아의 군대와 아랍 동맹국인 이라크·사우디아라비아·수단·튀니지·모로코·알제리의 지원군을 물리쳤던 것이다.

실은 해결되지 않고 있던 문제가 터지면서 전쟁이 일어난 것이었다. 1956년 시나이 전쟁 이후, 교전 당사자를 떼어 놓기 위해 평화 유지군이 남아 있었다. 그러다 1967년 5월, 이집트의 나세르 대통령이 이집트와 가자 지구에 있는 유엔 평화 유지군의 철수를 요구했으며, 이스라엘 국기를 달거나 전쟁에 쓰일 수 있는 물자를 실은 배가 티란 해협을 통과하는 것을 금지했다. 아랍 국가들은 이집트의 결단을 지지했다. 그러자 이스라엘이 예비군 7만 명을 소집하고 내각에서 선제공격을 하자고 결의했고 몇 주 동안 긴장이 고조되어 갔다. 결국 전면전에 돌입하고 불과 며칠 만에 이스라엘이 승리하면서 시나이 반도와 가자 지구, 웨스트뱅크, 동예루살렘, 골란 고원을 점령해 버렸다.

당시에는 몰랐지만, 우리 사회의 이 엄청난 혼란은 세계 여러 나라의 수도에서도 매우 중요하게 여기는 사건이었다. 이 전쟁의 이름이 여럿인 것이 그 증거인데, 예를 들자면 아랍어로는 '1967년 충돌'이라고 하고 히브리어로는 '6일 전쟁'이라 부르며, 나머지 세계는 양쪽으로 나뉘어

'1967년 아랍-이스라엘 전쟁'이나 '제3차 중동 전쟁' '나크사(좌절*)'라고 부르기도 한다.

6일 전쟁은 지금까지도 이 지역의 지정학에 영향을 끼치고 있다. 하지만 내 인생에서 이 전쟁이 전환점이 된 것은 그런 지정학적 효과 때문이 아니었다. 나는 겨우 열두 살이었던 것이다. 이 전쟁은 라디오에서 벌어지거나, 난민 캠프에서 으레 떠도는 풍문으로 전해지는 일이 아니었다. 바로 내 눈앞에서 벌어진 일이었으며, 세상의 종말 같았다.

이스라엘군의 탱크가 바로 우리 집 앞 골목까지 밀고 들어왔다. 캠프 전역을 쑥대밭으로 만든 포격과 총격과 화염에 나는 질겁하고 말았다. 부모가 자식을 남겨 두고 달아나기도 할 정도로 극심한 혼란과 굉음과 공포가 이어졌다. 우리 일가친척 대부분은 자발리아 캠프 북쪽에 있는 베이트 라히아의 한 과수원으로 피난했다. 우리처럼 그곳에 온 사람들이 수백 명은 되었는데, 아이를 미처 못 데려오거나 식구 여럿이 아예 못 온 가족도 있었다. 우리 집도 너무 정신없이 피난을 오다 보니 남동생들이 함께 다 오지 못했다. 아이를 다 못 데려온 부모들이 마구 울부짖으니 아비규환이 따로 없었다.

우리는 야외에서 며칠을 지냈다. 맨바닥에서 자고 과수원의 사과나 살구를 따 먹으며 돌아갈 때를 기다렸다. 집으로 조심조심 돌아오니, 피난을 떠나지 못했던 사람들이 땅을 파고 들어가 함석판을 덮고 지내는 모습이 눈에 띄었다. 이웃 가운데 죽거나 실종된 사람이 많았다. 이스라엘 방위군이 가자를 점령한 상태였고, 거리마다 탱크가 깔려 있었으

---

* 선제 공격이 실패한 것 때문에 '좌절'이라고 표현하기도 한다.

며, 군인들이 집으로 돌아가는 우리에게 총을 겨누었다. 나는 이때 이스라엘 군인을 처음 보았다. 군인들이 확성기를 들고 다니며 모든 주민에게 자발리아 캠프 한복판에 있는 광장으로 나오라고 외치자 나는 '우리 모두 죽게 되는구나!' 생각했다. 광장에는 캠프 사람들이 다 쓸 수 있는 큰 물웅덩이가 있는데, 여름이라 물이 말라 있었다. 군인들이 우리더러 빈 웅덩이 옆에 줄을 서라고 하자, 나는 우리 모두 그 속으로 떠밀려 들어가 총살당하는 줄로만 알았다.

그런데 군인들은 내가 모르는 청년 몇 명을 체포하여 감옥으로 끌고 가기만 했다. 그들은 우리더러 집으로 돌아가되 절대 규칙을 어기지 말라고 했다. 가장 중요한 규칙은 오후 6시부터 다음 날 오전 6시까지 시행되는 통행금지였다. 내가 본 6일 전쟁의 끝은 그 정도였다.

사람들은 내가 예상한 대로 행동하지 않았다. 부모는 자식을 남겨 둔 채 피난을 갔고, 우리를 죽일 것만 같던 군인들은 그렇게 하지 않았다. 나는 혼란스러워졌다. 사람들의 말과 실제 행동이 다르다는 것에 주목하게 되었다. 그러면서 나는 나를 가로막는 것이 집안의 가난만은 아님을 깨달을 수 있었으며, 차별에 관해 질문을 던지기 시작했다. 왜 이스라엘은 저렇고 우리는 이런가? 왜 우리는 이런 취급을 받는가? 결국 나는 열두 살 나이에 내가 처한 여건을 더 잘 이해하기 위해 눈을 뜨기 시작했던 것이다.

6일 전쟁이 끝나고 얼마 지나지 않아 이스라엘 사람들은 가자에서도 언제나 번창하던 곳을 다시 찾아오기 시작했다. 그곳들은 난민이 밀려오기 전부터 가자인이 살던 지역으로, 이스라엘 관광객은 그 지역의 생선과 싱싱한 과일과 채소를 유난히 좋아했다. 나는 그 기회를 빌려 돈을 좀 벌어 보기로 했다. 관광객의 쇼핑백을 들어 주기도 하고 과일 상자를 날라 주기도 했다. 나는 그런 식으로 돈을 벌기 위해 자발리아 캠프에서 가자 시티까지 6킬로미터 거리를 바구니를 걸머지고 걸었다.

1967년 9월에 새 학기가 시작되었을 때, 나는 처음으로 내 목표를 의심하게 되었다. 미래가 암울한 점령지 주민한테 학교가 무슨 소용일까? 이제 나는 어리지만은 않았기에 점령의 의미에 관해 더 알게 되었던 것이다. 학교 성적이 좋다고 해서 그런 수렁에서 빠져나올 길이 있을지 의문이 들기도 했다. 더구나 우리 식구는 내가 돈을 조금이라도 더 벌어 오기를 절실히 바라고 있었고, 나는 일거리를 곧잘 찾아냈다. 그냥 가족이 좀 더 편하게 사는 데 힘쓰는 것이 낫지 않을까? 장남으로서 가족의 생계에 더 책임을 져야 하지 않겠는가? 교육을 많이 받아 집안을 일으키겠다는 꿈은 접어야 하지 않을까?

결국 나는 7학년이 되면서부터 수업을 거르기 시작했다. 일거리가 있으면 학교에 가지 않았고, 새벽 3시까지 오렌지 궤짝을 쌓느라 녹초가 되면 출석보다는 휴식을 택했다. 부모님은 내가 결석하는 것을 알았지만, 학교에 가는 것보다 일해서 돈을 버는 것이 낫다고 생각했다. 나는 늘 동생들에게 모든 면에서 본보기가 되려고 애썼지만, 한동안은 그런 데 전혀 마음을 쓰지 않았다.

그러던 차에 영어 선생님께서 나를 따로 불렀다. 선생님께서는 내가 성실하고 총명한 학생이니 대학까지 진학해서 의사나 변호사나 엔지니어 같은 전문직 종사자가 될 수 있다면서, 학교를 자꾸 빠지면 곤란해지지 않겠냐고 간곡하게 말했다. 사실 그 무렵 나는 자퇴할 마음을 먹고 있었는데, 진심으로 걱정해 주는 선생님을 실망시키지 않기 위해 도저히 어쩔 수 없는 경우 말고는 수업에 빠지지 않기로 했다. 가족에 대한 의무는 벌겋게 달궈진 낙인처럼 나를 찍어 눌렀지만, 선생님께서는 학교를 그만두지 말라며 계속 격려해 주었다. 나는 선생님들을, 특히 영어 선생님을 기쁘게 해 주려고 최선을 다했다. 수업에 많이 빠진 학생에게는 겨울방학 2주 동안 보충 과제를 내어 주는 관행이 있었는데, 매일 빠질 수 없는 돈벌이를 해야 하는 나로서는 좋은 기회였다. 그래서 8학년 겨울방학이 시작되기도 전에 미리 과제를 제출하여 점수를 받을 수 있도록 했다. 학교를 그만두지 말라고 계속해서 격려해 준 선생님들께 감사하는 마음은 언제나 변함없을 것이다.

8학년을 마칠 즈음에는 수업을 잘 빠지지 않았지만 일은 계속해서 했다. 겨울철에는 감귤류를 따서 트럭에 싣는 일거리가 늘 있었다. 여름철에는 농장에서 거름을 두 바구니씩 지고 날라 트럭에 싣는 일을 했다. 냄새는 지독하고 여름 더위는 견디기 힘들고 거름은 나보다 무게가 더 나갈 듯한 것이 당나귀가 된 기분이었다.

농장까지 걸어가려면 두 시간이 걸렸다. 6시부터 일을 시작해야 하니 4시에는 일어나야 했다. 관절염 앓는 다리로 그렇게 걸어 다니다 보니 관절이 부어오르며 아파서 고역이었다. 그러다 하루는 쓰러졌는데 도저히 일어설 수가 없을 정도였다. 유엔 보건소에서는 그런 나를 가자 시티의 알시파 병원에 가 보도록 주선해 주었다.

그때 나는 의사와 간호사에게 관절염을 비롯한 온갖 궁금한 것을 다 물어보았다. 나 같은 증상에 아스피린을 많이 복용해야 하는 이유도 그래서 알 수 있었는데, 대답을 듣다 보니 모든 것이 너무 신기했다. 그들은 모두 나와 같은 팔레스타인인이었다. 나는 그들이 아는 것들을 알고 싶어졌고, 그들처럼 좋은 일자리에서 존경을 받으며 살고 싶어졌다. 그 의사들 가운데 한 분은 집에 수도가 있으며, 사람들이 찾아오면 맞이하는 응접실이라는 특별한 방이 있다는 것을 알게 되었다. 무엇보다 더 매력적인 것은 의술이었다. 각종 약물이나 요법으로 병의 진행을 막는 모습을 보고 감명을 받았던 것이다. 그들은 어려운 처지에 있는 사람을 실제로 도와주고 있었다. 바로 그때부터, 나는 의사가 되겠다는 꿈을 갖게 되었다. 의사가 되면 가족의 살림에도 보탬이 되면서 팔레스타인인에게 봉사도 할 수 있을 것 같았기 때문이다.

그 입원 경험은 나에게 또 다른 깊은 인상도 남겼다. 나는 한 팔레스타인 소녀와 한방을 썼는데, 그 아이의 집에서 가져오는 음식은 내 평생 처음 보는 풍성한 먹을거리였다. 바나나를 몇 다발씩 가져오고는 하는 그들은 난민이 아닌 모양이었다. 우리 집 같았으면 바나나가 하나만 있어도 어머니가 우리 남매 수만큼 조각을 내서 나누어 주었을 것이다. 내가 사는 세계에서는 바나나 다발 같은 것은 없었으며, 바나나 한 개를 혼자 먹는 호사스러운 일도 없었다. 그 소녀와 나는 병실의 붙박이장을 함께 썼는데, 나는 어느 밤 그 아이의 바나나를 하나 꺼내 먹었다. 맛이 얼마나 좋았는지 모른다. 고백하건대 나는 그 과일을 훔쳤지만, 배고플 때는 그런 행동을 인정하는 게 코란의 가르침이라며 스스로 용서했다.

또 하나 오래 인상에 남는 것은 병원에서 남녀 의사와 간호사 사이의 관계였다. 그들은 어린 소년이 보기에도 즐겁게 일하고 있었다. 그들은 서로 존중하고 열심히 일하며 서로 도왔다. 병원 문화는 남녀가 서로 대하는 방식에서 내가 집에서 겪던 것과는 많이 달랐다. 이를테면, 간호사와 의사가 친밀한 관계 속에서 농담이나 한담을 주고받았던 것이다. 내가 사는 세계에서 남녀가 그렇게 함께 일하거나 농담을 주고받는 경우라고는 전혀 없었다. 의료계 종사자 사이에서는 연인 사이인 듯한 남녀가 눈에 띄고는 했는데 나는 그게 자연스러워 보였다. 집으로 돌아와 보니 내가 사는 난민 캠프, 우리 동네나 골목에서는 그런 모습이 도저히 자연스러워 보일 수 없을 듯했다.

열다섯 살 때에는 여름에 이스라엘로 건너가 아슈켈론 시 인근에 있는 호다이아 협동농장(모샤브)에서 일하게 되었다. 농장은 마드무니 가문의 소유로, 나는 이 유대인 농가에서 40일 동안 생활했다. 아침 6시부터 저녁 8시까지 농장의 갖은 일을 다 해야 했으니 노동량이 꽤 많았다. 카이로 여행 때 말고는 집을 떠나 자 본 적이 없었기에, 그 농장에서 너무 외로웠던 기억이 지금까지도 사무친다. 하지만 세파르디(스페인 및 북아프리카 일대 출신의 유대인) 계통의 그 집안사람들은 나를 따뜻하게 대해 주었다. 내가 너무 무지한 실수를 저질러 분명히 난감했을 때에도 그랬다.

한번은 이런 일이 있었다. 나는 그 당시에도 멜빵바지를 입고 다녔는데, 가자에서 활동하는 인도주의 단체에서 나누어 준 기증품이었다. 나는 그런 옷은 모두 부자 주인이 입기 싫증 나서 버린 줄로만 알았다. 그래서 마드무니 집안의 농가 주택 바닥에 옷가지가 쌓여 있는 것을 보고서는 그것들을 어머니에게 갖다 주려고 내 배낭에 챙겨 넣었다. 그게 다 빨랫감인 줄은 전혀 몰랐던 것이다! 얼마 뒤에 그들이 내게 그런 옷을 본 적이 있느냐고 물었는데, 나는 너무 창피하지만 실토해야 했다.

그해 여름 나는 여러 면에서 강렬한 인상을 받았다. 이스라엘 농가에서 나를 고용해서 잘 대해 준 것은 나로서는 전혀 예상하지 못했던 일이다. 이 경험은 내가 가자로 돌아오고서 일주일 뒤에 겪었던 일 때문에 더 잊히지 않았다.

그 무렵 우리 집은 빼곡히 지내던 방 하나짜리 거처에서 나와 자발리아 캠프 내의 P-42 구역에 있는 방 두 개짜리 작고 초라한 집으로 옮겨와 살고 있었다. 시멘트 기와를 이은 지붕에서 역시나 비가 새는 집이었다. 화장실은 여전히 여러 집이 함께 쓰는 옥외 공중변소였다. 사람의 거처로는 마땅치 않았지만 그래도 우리 집이었다.

당시 가자 지구의 이스라엘군 사령관은 아리엘 샤론이었는데, 그에게는 난민 캠프의 도로가 탱크로 순찰을 돌기에 좁다는 것이 불만이었다. 그의 해결책은 무엇이었을까? 수백 채의 집을 불도저로 밀어 버리는 것이었다. 우리는 아무 손도 쓸 수 없었다. 너무 어처구니없는 일이라 지금까지도 기억이 생생하다.

그런 명령을 내린 이가 후그의 우리 땅을 빼앗은 아리엘 샤론이어서 우리 집안은 더 충격을 받았다. 그날 밤 그의 탱크 부대가 우리 동네로 밀고 들어올 때, 우리 가족은 무슨 일을 당할지 몰라 몸서리를 쳤다. 탱크 바퀴에 길바닥이 으스러지며 나는 무시무시한 소리에 주민들의 간은 오그라들었다. 한밤중이었다. 현관으로 몰려나온 사람들은 탱크 포탑의 기다란 포신이 자신을 겨누는 것을 보고 경악했다. 지금 와서 생각해 보면, 자다 깨어나 현관에서 엄마한테 들러붙어 눈을 비비고 있는 코흘리개들에게 무지막지한 무기를 들이대며 그때 그 군인들은 무슨 생각을 했을지 궁금하다. 당시의 나에게 그런 짓은 아무 힘없는 자들을 향한 전형적인 힘의 과시로 보였다. 골목 좌우로 늘어선 집들은 작고 초라하며 원시적이기까지 했지만, 그것은 우리가 가진 전부였다. 반면, 샤론이 보기에는 그런 집들은 넓혔으면 하는 좁은 길의 방해물일 뿐이었다.

탱크 앞에서 느낀 그 위기감은 지금도 생생하다. 어떤 집에 살든 일단 집이 있으면 집 없이 나앉아 있지 않아도 된다. 나는 39년 뒤인 2008년 12월부터 2009년 1월 사이에 이스라엘이 가자를 침공하여 곳곳이 파괴되는 모습을 목격하면서도 같은 느낌을 받았다. 집에 포탄이 떨어져 박살 나면서 길에 나앉게 된 사람들을 보면서 집 없는 자의 고통이 아직 내게 남아 있다는 사실을 깨달았던 것이다.

군인들은 골목으로 나온 사람들에게 집을 비우고 밖에서 기다리라고 명령했다. 8시간 정도가 걸렸다. 동틀 녘에 그들은 집을 비우기까지 두어 시간을 더 주겠다고 했다. 나는 생각했다. "비우라니? 집에 비울 게 있어야지?" 집 자체 말고는 건질 것이 없었다. 현관 위로 우거진 포도덩굴이 있기는 했지만, 우리는 여름철 기온이 40도로 치솟아 집 안이 너무 더울 때에 그 포도덩굴을 얼마나 고마워했는지 모른다. 온 가족이 덩굴 아래에서 잘 때도 있었다. 그랬기에 군인들이 집을 비우라고 하자, 나는 어떻게 포도덩굴을 뽑아서 다른 데로 옮기라는 말인지 의아했다.

그들은 우리더러 시나이 사막 북부에 있는 도시인 아리시로 가면 된다고 했다. 그곳에 빈집들이 있는데, 이스라엘이 그 지역을 점령할 때 거기 살던 이집트인들이 피난을 가서 비어 있다는 것이었다. 하지만 우리가 왜 그리로 간단 말인가? 우리는 팔레스타인인이었다. 우리는 자발리아 난민 캠프에서 오랫동안 살아왔고, 그그만 집이지만 우리에게는 궁전과도 같은 보금자리였다. 그런 집이 우리에게는 얼마나 중요한지 그들은 모른단 말인가? 작고 누추하지만 그 집은 겨울 추위와 비를 막아 주었고, 우리가 함께 지내며 쉬기도 하고 식사도 하는 공간이 되어 주었다.

우리는 떠나지 않기로 했다. 우리가 옮겨 가기를 거부하자 샤론은 우리에게 보상받을 권리를 인정해 주지 않았다. 어처구니없는 협박이었다. 우리가 순순히 불법적으로 내몰려 일가친척 없는 낯선 곳으로 옮겨 가 살기로 했다면 보상해 주었을지도 모른다. 결국 우리 동네에서는 다섯 가정이 순순히 이사를 갔는데, 그들은 몇 달 뒤에 돌아오고 말았다. 그날 나는 한 사람이 휘두르는 권력 앞에서 아무 힘도 못 쓴다는 것이 어떤 의미인지 쓰라린 교훈을 얻게 되었다.

불도저는 재앙과도 같은 작전을 아침 8시부터 개시했다. 불도저가 집을 무너뜨리는 동안 우리는 집을 새로 짓는 데 도움이 될 만한 무엇이든 하나라도 더 건지기 위해 앞을 다투었다. 불과 한 시간 만에 우리 집을 포함해 탱크의 통행에 방해되는 가옥 백여 채가 철거되고 말았다. 난민 캠프의 다른 구역에 있는 수많은 집도 샤론의 명령에 따라 2주간에 걸친 작전으로 허물어졌다. 우리의 삶을 무너뜨리는 작전을 마친 살벌한 이스라엘군 탱크들은 줄지어 굉음을 울리며 동네를 지나갔다. 그들은 우리의 고통을 보고 조금이나마 양심의 가책을 느꼈을까? 우리를 희생자로 여기기나 했을까? 아니면 우리는 그냥 그들의 통행에 방해되는 이름도 얼굴도 없는 인간들일 뿐이었을까?

그날부터 며칠 밤을 우리는 삼촌 집의 한방에서 잤다. 부모님과 내 동생들은 맨바닥에 울타리 말뚝처럼 나란히 누워 잤고, 나는 그들 발치에 가로누워 잤다. 얼마 안 되는 살림붙이는 방에 둘 데가 없어서 밖에 있는 상자에 쌓아 두고 썼다. 나는 더 이상 어린애가 아니었다. 나라 밖까지 나가 내 힘으로 돈을 벌기도 했으니까. 그런데 아무리 가족이라지만 모두의 발치에 누워 자야 하는 상황을 맞닥뜨리니, 나나 우리 가족의 신세가 참으로 한심스러웠다.

하지만 방법이 있었다. 나는 그 여름 마드무니 농가에서 일한 대가로 400리라(미화 140달러)를 벌었다. 거기다 어머니가 모아 두었던 이집트 돈 몇 파운드를 합치면 집 한 채를 살 정도가 되었던 것이다. 내가 이스라엘에 가 있는 동안 아버지는 아팠는데, 그런 아버지가 가족의 유일한 거처가 파괴되는 모습을 보고만 있어야 하는 현실이 나는 안타까웠다. 하지만 아버지는 아들이 그런 엄청난 문제를 해결할 만큼 많은 돈을 벌어 온 사실을 알면 기뻐하고 대견스러워할 것이었다. 남동생들에게도 인상 깊은 일이었는지, 지금까지도 내가 열다섯 살 되던 해 겨울에 가족이 살 집을 마련했다고 사람들에게 말하고는 한다.

새집은 옛집보다 별로 나은 것이 없었다. 하지만 나는 새로 지은 집에서 내 인생의 두 번째 전환점에 관해 성찰할 수 있었다. 그 여름 나를 써주었던 이스라엘 가정의 따뜻한 환대와 샤론의 이스라엘 군인들이 휘둘렀던 폭력이 너무나 대조적이었기 때문에, 그 두 간극 사이에서 평화의 가교 역할을 찾기 위해 내가 할 수 있는 일을 해야 한다고 생각하게 되었다.

나는 우리 집이 강제로 허물어지는 것을 보았고 지금까지도 그 모습이 생생하지만, 증오심에 빠져 지내 본 적은 없다. 그 당시의 정치에 관해서도 마찬가지다. 물론 나는 파타와 팔레스타인해방기구PLO에 관해 알았으나 정치 운동에 본격적으로 참여하지는 않았으며, 그 때문에 비난을 받은 적도 없다. 그 무렵 나 역시 학기 중에 남동생들이나 친구들과 함께 PLO 지지 시위에 참여하고는 했으나 끝나면 늘 학교로 돌아왔다. 나는 우리 같은 사람들의 수난을 잘 알고 있었지만, 인권을 위해 싸우고 모든 팔레스타인인을 돕기 위해 나에게 필요한 무기는 돌멩이나 총이 아니라 교육이라 믿었다. 파타나 PLO에서 조직한 시가행진에 이따금 참여하기는 했어도, 정치적 시위가 내 청소년기 일상생활의 큰 부분을 차지하지는 않았다. 내 동생들도 막내 남동생인 누르를 제외하고는 정치에 그다지 관심이 없었다. 점령에 저항해야 한다는 얘기를 집에서 하기는 했어도 부모님이 정치에 관여하지는 않았다. 내가 자랄 때는 정치에 참여하지 않는 사람도 많았고 정치를 썩 중요하게 여기는 분위기도 아니었나. 길에서 이런저런 소문을 듣기는 했고, 잘 참여하지 않았다고 해서 비난받거나 하지는 않았다.

가자에서의 삶을 잘 이해하기 위해서는 파타와 PLO에 대한 이해가 필요하다. 1948년에 이스라엘은 나라를 세웠지만, 팔레스타인인은 여전히 나라 없는 민족이었다. 이스라엘이 나라를 세울 수 있도록 팔레스타인인이 양보해 주어야 한다는 이야기가 수십 년 동안 있기는 했어도 대부분의 팔레스타인인은 그런 일이 정말 일어나리라고는 생각하지 못했을 것이다. 팔레스타인 민족평의회(요르단, 웨스트뱅크, 가자 지구, 시리아, 레바논, 쿠웨이트, 이라크, 이집트, 카타르, 리비아, 알제리의 팔레스타인 공동체들의 대표 회의)가 1964년 5월 29일 예루살렘에서 처음 열리고 며칠 뒤인 6월 2일에 팔레스타인해방기구인 PLO가 세워졌다. PLO의 임무는 무력 투쟁을 통해 팔레스타인을 해방시키는 것이었다. 최초의 PLO 헌장은 영국 위임 통치 때의 팔레스타인 지역과 그 경계를 영토로 인정해 주라고 요구했다. 나아가 PLO는 이스라엘에 의해 강제로 밀려난 난민이 귀향할 권리와 팔레스타인인의 자결권을 요구했다. 이집트 대통령 나세르는 아랍인이 한 나라에 살아야 한다는 주장을 오랫동안 해 왔는데, 아랍 각국의 지도자가 다 동의한 것은 아니었다. 1960년대 중반에 있었던 여러 회의에서 팔레스타인 국가의 국경선에 대한 제안이 있었고, 이는 다가올 사태를 일찌감치 경고하는 신호와도 같았다. 이를테면 요르단 강 서안은 요르단 왕국의 통제를 받고, 가자 지구는 이집트의 관리를 받는 일이 벌어졌던 것이다. 요컨대 팔레스타인 지역 주변의 아랍 각국은 영토를 넓히고자 했고, 팔레스타인인은 이스라엘보다는 요르단이나 이집트의 지배를 받는 것이 낫다고 생각했다.

물론 학교나 길거리나 집에서 들은 바가 있어 팔레스타인 지도자의 이름 정도는 알고 있었다. 아흐마드 슈케이리는 PLO를 1964년 6월부터 1967년 6월 전쟁 직후까지 이끌었고, 그 뒤를 야흐야 함무다가 1967년 12월 24일부터 1969년 2월 2일까지 이었다. 그다음은 야세르 아라파트가 이어받아 2004년 11월 11일에 사망할 때까지 집권했고, 이어서 마흐무드 압바스가 의장이 되었다.

파타는 1954년에 팔레스타인 난민이 세운 조직이다. 파타라는 이름은 '팔레스타인 민족 해방 조직'이라는 뜻의 아랍어 머리글자를 딴 것으로, 그 자체로 '시작'이나 '극복' 혹은 '승리'라는 뜻이며, 팔레스타인 해방이라는 조직 이념을 반영하고 있다. 당시 팔레스타인 학생 총연합의 의장이던 야세르 아라파트는 파타 창건의 주역 가운데 하나였으며, 두 조직에서의 입지 덕분에 그는 나중에 PLO 의장에까지 오르게 되었다.

6일 전쟁 이후에 파타는 팔레스타인 정치의 주도 세력이 되었다. 파타는 1967년에 PLO와 세력을 규합했으며, 그 결과 지금까지도 PLO의 다수파를 형성하며 평의회에 가장 강력한 영향력을 행사하고 있다. 나는 그런 사실들을 청소년 시절에도 알고 있었지만 크게 관심을 두지는 않았다. 우리 집에는 라디오도 텔레비전도 없었다. 길에서 사람들이 새 지도자에 관해 하는 얘기를 듣고는 했지만, 말이나 행동을 조심하고 살아야 했다. 이를테면, 팔레스타인 깃발을 내거는 것은 불법이었으며, PLO를 지지하거나 매일 저녁 한 시간씩 방송되는 파타 라디오를 듣다가 발각되면 체포될 수 있었던 것이다.

가자에는 늘 서열이 있었다. 1948년 난민이 몰려들기 전에 이 지역에 이미 살고 있던 팔레스타인인이 있었는데, 난민이 금세 더 많아지기는 했어도 원주민들은 난민에게는 없는 뿌리를 갖고 있었다. 그들은 처음에는 우리를 가자인으로 치지도 않았기에 우리는 그들에게 일자리를 기대할 수 없었다.

1948년부터 1967년까지는 이집트가 가자 지구를 관리했다. 유엔은 1949년에 처음 와서 기초 의료와 초등 교육과 사회 지원(식량, 식용유, 기증 의복 배급)을 제공했다. 나머지, 즉 고등 교육과 전문 의료와 경찰, 안보, 출입국, 일반 행정 같은 것들은 전부 이집트의 관리를 받았다. 6일 전쟁 이후로는 이집트 대신 이스라엘이 사실상의 정부 노릇을 했다. 내가 다닌 고등학교는 처음에는 이집트인이 운영하다가 이스라엘 군부의 관리를 받았지만, 선생님은 언제나 팔레스타인인이었다. 그래서 가자에서는 여러 그룹 사이에 계속해서 새로운 제휴가 이루어졌다. 나는 그런 사실에는 별 관심이 없었지만, 특별히 대해야 하는 부류가 있는가 하면 아무 연줄도 없는 부류도 있다는 사실을 남들처럼 어린 나이에 알게 되었다.

엘팔로자 고등학교에서 나는 다시 진지한 학생이 되었으며 왕성한 독서가가 되었다. 주변에 책이 있으면 닥치는 대로 읽었다. 정치 관련 책보다는 소설을 좋아했는데 재미보다는 아랍어 실력을 향상하고 싶기 때문이었다. 그러면서 독서는 나의 열정이 되었다.

일거리는 무슨 일이든 구해지는 대로 계속해서 열심히 했다. 나이가 들수록 벌이도 나아졌다. 예컨대 전에 오렌지를 씻어 궤짝에 넣은 다음 실어 가기 좋게 쌓는 일을 하던 곳에서 오렌지를 크기대로 분류하는 일을 하게 되었는데, 분류 작업을 하니 벌이도 더 좋고 가외의 수입도 생겼다. 쌓아 둔 오렌지 궤짝이 쓰러져서 망가지면, 분류 작업이 한가할 때 그 궤짝을 고쳐서 돈을 더 벌었던 것이다. 이스라엘 당국이 통행금지를 시행한 뒤로는 공장 일을 마치고 집에 돌아가기에는 늦어서 공장에서 다른 소년들과 합숙을 하고는 했다. 우리는 아침에 공장 뒤뜰에서 들통에 받은 물로 세수하고서 학교에 갔다. 학교에서는 학생들에게 간단한 아침 식사와 우유와 비타민을 제공해 주었다. 그래도 배가 많이 고팠고 늘 피곤했다.

하루는 오전 수업 때 선생님께서 시키는 대로 줄을 섰는데 현기증이 몹시 났다. 바로 서려고 애써 봤지만 사방이 빙빙 도는 느낌 속에 나는 그만 쓰러지고 말았고, 선생님의 도움 덕분에 깨어날 수 있었다. 선생님들은 내가 일을 많이 한다는 사실을 알았고, 집에 먹을거리가 충분하지 않다는 것도 알았다. 선생님들의 도움이 없었다면 도저히 학교를 미칠 수 없었을 것이다.

내가 해 본 갖은 힘든 일 가운데 정말 싫어하는 것이 하나 있었다. 나이를 더 먹자 나는 가자에서 가까운 이스라엘 도시 아슈켈론에서 건설 일을 할 수 있게 되었는데, 그다지 내키지는 않았다. 땡볕에서 일하니 등에 물집이 잡히고, 무거운 짐을 계속 들고, 쉴 새 없이 재촉당하며 일해야 했다. 하지만 십대가 구할 수 있는 벌이치고는 꽤 괜찮았기에 해야만 하는 일이었다. 아슈켈론 남부의 아파트 건설 현장이었고, 나는 열여섯 되던 해 내내 금요일 및 주말 동안 붙박이 현장 인부로 일했다.

가자에서 살아 보지 않고는 우리의 삶이 어떠했는지 이해하기 어려울 것이다. 우리는 '난민'이라는 단어가 뜻하는 모든 것이었다. 생존권을 박탈당하고, 무시당하고, 주변으로 밀려나고, 고난받는 존재였던 것이다.

어머니는 우리가 성공하기를 몹시도 바라셨다. 나는 기대해 본들 무슨 소용이 있겠느냐며 어머니께 불평하기도 했다. 오후부터 저녁까지 일만 하고 새벽에도 일하느라 공부할 틈이 없는데 무슨 수로 성공한단 말인가? 콘크리트 바닥에 앉아 등유 램프 불에 숙제를 하면서, 지붕에서 새는 빗물 때문에 숙제를 다 망쳐서 다시 하는 일이 없기를 바라는 처지인데. 어머니는 내 불평 따위는 들은 체도 하지 않았고, 내가 1등을 놓치기라도 하면 나무랐다. 가자의 부모들은 대부분 그랬다. 살기가 힘들다 보니 자식들 대하는 방식도 거칠었던 것이다. 한번은 수학 시험에서 1등 자리를 놓치고서 엉엉 울었던 적이 있다. 그때는 왜 그렇게 울었는지 모르겠다. 1등이 아니면 꼴등이나 마찬가지여서 지긋지긋한 가난을 벗어나지 못할까 봐 두려웠던 것일까? 자존심이 너무 강해서 그랬던 것일까? 아니면 공부 말고는 자랑하거나 자부심을 느낄 만한 것을 생각해 낼 수 없어서였을까? 지금 생각해 보면 잘 이해할 수 없는 눈물이다. 돌이켜보면, 어떤 장애물을 만나더라도 성공해야 한다고 독려하던 어머니가 있었고, 내게 무엇이든 될 수 있다며 울지 말라고 하던 최고의 선생님 아흐메드 알 할라비가 있었다. 나는 두 분을 통해 내가 바른길을 가고 있음을 알 수 있었고, 두 분을 떠올리며 늘 감사하게 된다.

어머니 슬하의 우리 9남매 가운데서 여덟 명은 고등학교를 졸업했다. 그 가운데 넷은 대학을 졸업하고 각각 의사, 홍보 전문가, 교사, 의사가 되었다. 어머니가 어쩔 수 없이 교육보다는 당장 먹고사는 문제를 더 중시하기는 했어도, 우리가 이 정도로 자랄 수 있었던 것은 어머니 덕분이다. 실업과 빈곤이 만연했기에 자식 기르는 일이 정상적일 수 없었을 것이다. 아무튼 어머니가 우리를 먹여 살렸기 때문에 우리는 나름 일가를 이룰 수 있었다.

나는 1975년에 고등학교를 졸업했고, 신청해 두었던 장학금이 결국 카이로 대학교에서 받아들여져 학업을 계속할 수 있었다. 내가 카이로로 떠나기 전 집안사람이 다 모였는데, 아버지 첫 부인의 식구와 둘째 부인의 식구가 의미 있게 한자리에 모인 것은 그때가 처음이라는 사실을 그제야 알게 되었다. 나는 아부엘아이시 집안에서 처음으로 대학 교육을 받게 된 자손이었다. 내가 카이로로 떠난다는 소식은 내 형제자매뿐만이 아니라 온 집안, 고향 후그 출신자 모두에게도 일대 사건이었다. 자발리아 난민 캠프에서 의학 공부를 할 수 있게 입학이 허가된 학생은 네 명뿐이었던 것이다.

집안사람 모두가, 심지어 이복형들까지도 외서 작별인사를 했다. 이복형 가운데 한 명은 그날 행사에 참석하기 위해 멀리 사우디아라비아에서 찾아왔다. 그 형들은 내게 필요한 것이 있는지 묻기도 하고, 내가 자랑스럽다며 행운을 빈다고 말하기도 했다. 이러한 가족 화합으로 나는 깨달은 바가 있었다. 자꾸만 과거를 돌아보기보다는 앞을 보는 것이, 미래로 나아가는 것이 나을 때가 있다는 깨우침 말이다. 실제로 앞을 보고 살펴야 할 것이 많기도 했다.

허나 어린 시절부터 날 졸졸 따라다니던 의문은 더 넓은 세상으로 나갈 때까지도 떠나지 않았다. 왜 팔레스타인 아이는 이스라엘 아이처럼 살지 못하는가? 왜 팔레스타인 아이는 학교를 그만두지 않으려면 온갖 고달픈 노동에 시달려야 하는가? 왜 우리는 아플 때 이스라엘 아이는 당연시하는 의료의 도움을 받을 수 없는가? 아울러 나는 이스라엘 사람과 팔레스타인 사람 사이의 격차에 대해, 왜 그런 격차가 해소되지 않는지에 대해 계속 의문을 품게 되었다. 우리는 서로 다르기보다는 비슷한 데가 더 많은 두 민족이었던 것이다. 나는 아직 어리고 무지했지만, 이스라엘에서 일해 본 경험을 통해 기도 주문 같은 자부심을 품고 있었다. "나는 가자 지구의 자발리아 난민 캠프에서 온 팔레스타인인이며, 당신과 똑같은 사람입니다."

나만의 길

가자의 동료 가운데는 내가 하는 일들의 동기를 의심하는 이도 있었다. "유대인 여자들의 출산을 왜 돕는 거죠? 그 아기들이 자라서 우리한테 폭탄과 총탄을 퍼부을 텐데요." 이를 악물며 이런 말을 하는 경우도 있었다. "당신이 그런 일을 한다니 너무 화가 나는군요." 어떤 이들은 내가 새로운 점령군 세대의 탄생을 돕고 있다고 했다. …… 나에게 모든 환자는 내 친척과도 같다. 나는 환자를 차별하지 않는다. 유대인이든 팔레스타인인이든 아랍계 이스라엘인이든 이민자든 다 똑같다. 나의 임무는 어떤 아이든 건강하게 태어날 권리를 보장하는 것이다. 하지만 아무 죄 없는 그 아이들이 자라나서는 어떤 일이 벌어지는가? 누가 그들에게 친구보다는 적이 되라고 얘기하는 것인가?

　　1975년, 나는 카이로 대학교에서 장학금을 받으며 공부하기 위해 가자를 떠났다. 의과대 학위를 받기 위한 기나긴 여정이 시작된 것이다. 이 모험으로 나는 우리 가족을 옥죄고 있던 가난을 탈출하려는 꿈에 한 걸음 더 다가가게 될 터였다. 나는 인생의 새로운 단계가 시작된다는 기대감에 들떴다. 앞으로의 인생 여정에서 장학금은 새로운 세상으로 가는 출구였으며, 배움을 위한 티켓이었다. 어릴 적부터 기도해 오던 여행이 막 시작되는 것 같았다.

　　장학금은 고등학교 졸업반 때 신청해 두었다. 카이로 대학교는 매년 20개 학부에서 팔레스타인 학생을 200명씩 뽑았다. 나는 성적이 1등급이었기 때문에 의과대학에 들어가기를 바라고 있었지만, 만일을 대비해 공학부, 약학부, 교육학부, 법학부 등에도 두루 지원했다. 하지만 장학생 선발 여부는 신청하고서 고교를 졸업한 지 꼬박 1년 뒤에야 알 수 있었기에, 나는 카이로에서의 생활비를 벌기 위해 1년 내내 매일 이스라엘로 건너가 일을 했다.

　　당시에는 가자와 이스라엘 사이의 국경이 개방되어 있어서 매일 이스

92

라엘을 넘나들기가 수월했다. 검문소에서 신분증을 제시하기만 하면 이스라엘 관리가 통과하라고 손짓을 했던 것이다. 덕분에 나는 방을 따로 구하지 않아도 되어 방값을 절약할 수 있었지만, 대신 매일 새벽같이 집을 나서야 아슈켈론 시내 광장 인력 시장에서 줄을 서서 일꾼으로 선택받는 것이 가능했다. 나는 십대 후반인 나를 써 줄지도 모를 사람들에게 자신만만한 척 자기 홍보를 했다. 힘도 좋고 아는 것도 많고 일도 열심히 한다며 스스로 추켜세웠던 것이다. 실제로 나는 그들이 시키는 무슨 일이든 다 했다. 공장 일은 물론이고 땡볕에서 줄줄 땀 흘리는 것 때문에 내키지 않던 농장 일이나 건설 일도 가리지 않았다. 그렇게 내 노동력을 팔기 위해 아무리 애써도 일이 없어 빈손으로 귀가하는 날도 있었다. 일을 못하면 가족을 도울 수 없고 대학 생활비도 모을 수 없으니 그런 날은 마음이 몹시 상했다.

하지만 나는 좋은 일이 나쁜 일에서 비롯되는 경우가 있다는 것도 알게 되었다. 하루는 어떤 사람이 닭장 만드는 일을 할 일꾼 두 사람을 구하고 있었다. 이틀 걸리는 일이었다. 그는 나와 다른 한 사내를 택했다. 그런데 둘째 날, 이유는 잘 기억나지 않지만 어쨌든 인력 시장에 늦게 도착하고 말았다. 일터로 가는 차를 타는 장소로 가슴이 터져라 달려갔지만, 전날 나하고 함께 일하던 사내가 나 대신 자기 사촌과 함께 일하러 가는 광경을 보고만 있어야 했던 기억이 지금도 생생하다. 나는 그에게 어떻게 나 대신 다른 사람을 데리고 갈 수 있느냐며 소리를 질렀다. 그날 일거리를 날려 버린 상실감은 컸다. 그런데 내가 당한 일을 지켜보던 한 이스라엘인이 내게 이렇게 말하는 것이었다. "그 일은 잊어버리고, 와서 내 일을 해 주게. 나도 닭장을 지어야 하는데 이틀 일거리는 더 될 거야." 결국 나는 그 이스라엘인의 일을 거의 8개월 동안 했다. 그는 그 일대 전역에서 의뢰를 받아 닭장을 지어 주는 업자였다. 그는 내게 닭장 철조망을 엮는 방법을 가르쳐 주었을 뿐만 아니라, 전기 배선과 수도관 을 연결하는 법, 녹 방지제를 칠하는 법까지 일러 주었다. 나는 우리 동 네 소년들을 데려가 함께 일하면서 그들에게 나만큼 돈을 벌게 해 주었 다. 우리는 정해진 급여를 받는 방식이 아니라 일한 만큼 받는 방식으 로 일했는데, 그렇게 하니 모두 돈을 더 벌기 위해 더 열심히 일을 많이 했다. 나는 카이로로 떠나는 전날까지 그 이스라엘인의 일을 했고, 그 는 내게 작별 선물을 주기도 했다.

가자를 떠나 카이로로 가던 때의 기억은 어제 일처럼 생생하다. 나는 꿈꾸던 대로 의과대학에 입학하게 되었으니, 그날은 우리 모두에게 감 동적이고 자랑스러운 날이었다. 내가 의료 분야에서 일하기를 간절히 바랐던 만큼이나 어머니도 의사 아들을 두기를 바라셨다. 나는 사람이 자기 이름에 대해 느끼는 친밀감 못지않게 의사라는 직업에도 강한 친 밀감을 느꼈다. 가슴이 마구 두근거렸다. 파란색 비닐 가방에는 옷이 빼 곡했고, 배낭에는 올리브와 비누와 빨간 고추에다 어머니가 만들어 주 신 빵과 떡이 가득했다. 나는 가족들에게 손을 흔들었다. 그들은 시나 이 반도를 거쳐 이집트로 나를 데려다 줄 이스라엘 버스 계단 앞에 몰 려서서 눈물을 흘리고 있었다. 감동의 눈물이었다.

버스 창은 칠해져 있어서 밖을 내다볼 수 없었다. 시나이 반도를 점령 한 이스라엘의 군사 시설을 유학생인 우리가 보지 못하게 하려는 것이 었다. 이집트 국경에 다다르자 적십자 측에서 이집트 버스로 갈아타게 해 주었고, 우리는 검역소로 옮겨졌다. 검역소에서는 우리가 이집트로 전염병을 옮기지 못하게 예방접종 증서를 확인하고 개별검사도 하느라 며칠이 걸렸다. 검역을 마치자 우리는 마침내 카이로에 있는 학생 기숙사로 가게 되었다.

카이로에 학생 신분으로 온다는 것은 너무나 설레는 일이었다. 가자에는 카이로의 가게나 카페 같은 것이 없었으며, 스피커에서 쾅쾅 울려 나오는 음악 같은 것도 없었다. 나는 당장 온갖 것을 다 구경하고 해 보고 싶었다. 그런데 나는 카이로에 도착하자마자 그곳을 떠나야 했다. 내가 배정된 캠퍼스는 100킬로미터나 떨어진 곳에 있었던 것이다. 너무 실망했지만, 성적을 잘 받으면 학년 말에 카이로 캠퍼스로 옮길 수 있다는 얘기를 듣고 안도할 수 있었다. 학교에서 나는 다른 두 학생과 한 아파트에서 생활하며 수업을 듣기 시작했고, 우수한 성적을 거두겠다는 결의가 단단했다.

같은 반에는 나에게 추파를 던지는 팔레스타인 여학생이 있었다. 나도 그녀를 좋아했다. 아주 예쁜 그녀를 위해 나는 매번 내 옆자리를 맡아 두고는 했다. 하지만 그녀의 행동이 내게 부담을 준 것도 사실이다. 나는 그녀가 정확히 무얼 원하는지 알 수 없었다. '이집트에 와서 연애를 한다?' 그 생각이 들자 나는 겁이 덜컥 나서 파티에도, 극장에도 가지 않기로 했다. 당시 나로서는 밤낮없이 공부에 매달려서 목표를 이루어야 했던 것이다. 그 여학생은 나에게 몇 번 더 접근했고, 나는 다정하게 대하기는 했지만 반 친구 이상의 관계로 발전하게 될까 봐 걱정했다. 나는 아직 어렸던 것이다.

좋은 성적을 거둔 덕분에 이듬해 나는 카이로 캠퍼스로 옮겨 갈 수 있었고, 거대한 국제도시에서의 생활을 향유하게 되었다. 카이로에 관해서 무엇이든 다 알고 싶었다. 그래서 마음이 풀어져 친구들과 클럽에 출입하기도 했는데, 지금도 그렇지만 그때도 술은 입에 대지 않았다. 다른 여러 아랍 국가 출신 학생과 사귀기도 하고, 외국인 학생 클럽에 가입하기도 하고, 친구들과 밤늦도록 정치나 여자 이야기를 하기도 하고, 내가 나고 자란 좁은 난민 캠프 바깥의 넓은 세상으로 눈을 떠 갔다. 여자 친구는 없었지만, 남학생끼리 파티를 전전하며 새벽까지 흥청대고는 했는데 지금까지도 그 얘기를 하며 놀리는 친구들이 있다.

그래도 나의 최우선 관심사는 학과 공부였다. 소아과, 내과, 외과 등 다양한 진료 과목을 다 배워야 했지만, 그 가운데서도 산부인과 공부를 할 때에는 희박한 공기를 마시듯 가슴이 벅차올랐다. 처음으로 신생아 출산을 도왔을 때에 나는 완전히 매료되고 말았다. 내 손끝에서 한 생명이 시작된다는 사실이, 분만대 위의 여성이 9개월 동안의 임신 기간을 마치며 사랑과 기쁨과 긍지 가득한 미소를 짓는 모습이 내게는 기적 같았다. 그 뒤부터 나에게 임신은 식사를 하거나 물을 마시는 것처럼 자연스러운 과정으로 여겨졌고, 나중에 카이로에서 수련의 과정을 밟는 동안에는 산부인과를 전공하겠다는 확신을 하게 되었다. 출산을 돕는 일은 황홀한 경험이었다. 분만 중에 산모는 마구 소리를 지르며 다시는 이런 일을 겪지 않겠다고 맹세하지만, 끝나고 나면 "일이 년 뒤에는 또 선생님을 뵙게 되겠죠."라고 말하고는 했던 것이다. 한번은 유산하며 출혈을 심하게 하던 산모를 치료한 적이 있다. 그녀는 거의 죽음 직전까지 갔는데 가까스로 출혈을 막아 생명을 구할 수 있었다. 의술을 배워 사람의 목숨을 구하거나 환자의 고통을 덜어 주거나 신생아를 받는 일은 바로 내가 원하던 직업이었다.

카이로 유학 시절의 일로 또 하나 기억에 남는 것은 학생들끼리 라마단 명절을 쇠던 일이다. 친구들 여남은 명이 순번이 된 사람의 숙소에 모여 음식을 나누고는, 밤에 카이로 시내로 나가 클럽에서 밤이 새도록 노래도 하고 얘기도 나누며 즐기고는 했다. 그처럼 자유롭고 귀한 시간은 그 전에도 이후에도 가져 본 적이 없다.

예과 1년에 의과대 5년을 마치고 카이로 대학병원에서 수련의 과정 1년을 밟고 난 1983년, 나는 의사 면허증을 따서 개업할 수 있게 되었다. 젊고 열정적이던 나는 당장 일할 준비가 되어 있었다. 그런데 가자에서 나고 자란 사람으로서는 내가 난민 캠프의 실상을 바깥세상에 알리는 전달자 역할도 할 수 있겠다고 생각하게 되었다. 팔레스타인인은 적절한 의료나 교육의 혜택도, 충분한 먹을거리도 누리지 못하고 있었다. 그런 이들과 내 가족에게 필요한 것은 너무나 많았으며, 내가 일을 통해 이루고 싶은 것도 많았다. 우리 문화에서는 자기 발전만을 위해 공부하지 않는다. 우리는 형제자매의 생활 수준을 높이기 위해서도 공부를 하는 것이다. 우리 가족은 나를 롤 모델로 삼았다. 그러면서 우리는 팔레스타인 전체의 삶의 질을 높여야 한다는 점에 관해서도 공감하고 있었다.

1983년은 남동생 누르가 실종된 해이기도 하다. 그해 이후로 우리 가족은 누르의 소식을 들어 본 적이 없다. 누르가 열여덟 살 때 이스라엘 당국이 그 아이가 파타를 위해 일했다며 붙잡아 수감한 적이 있었다. 그런데 사실 내가 보기에 누르가 체포된 것은 나쁜 친구들과 어울린 결카이로에서 의학 공부에 열중하고 있는 나.

과였다. 그 때문에 체포된 적은 없었지만, 누르는 현실에 낙담하고 자존감을 잃으면서 대마초를 거래하기 시작했다. 아무튼 누르는 감옥에서 나오면서, 가자로 되돌아오거나 레바논에서 새 출발을 하겠다고 했다. 마지막으로 봤을 때 누르는 이렇게 말했다. "형을 애먹이고 싶지 않으니까 날 그냥 내버려 둬." 나는 그럴 수 없으며, 동생인 너를 언제나 사랑하고 책임지겠다고 했다. 하지만 누르는 떠나 버렸다. 다른 사람은 누르가 어디서 죽었는데 아무도 시신을 발견하지 못한 것이라고 여길 수도 있겠지만, 우리 가족은 누구도 그렇게 생각하지 않았다. 무슨 일이 있었는지 정확히 모르는 한 아직 희망이 있는 것이다. 나는 누르가 살아 있다면 우리에게 연락했을 거라 생각은 하지만, 그걸 입에 담아 본 적은 없다. 나 자신과 우리 집안을 위해, 언젠가 그를 다시 보게 되리라는 희망을 간직하고 싶은 것이다.

집에 돌아와 보니 좋기만 한 것은 아니었다. 카이로에서 산부인과 전공의 과정 제의를 받았지만 거절한 것은, 거기 머무를 형편이 되지 않았을 뿐만 아니라 부모님이 내가 집으로 돌아오기를 원했기 때문이었다. 아버지는 간 질환이 위중했는데도 의사가 된 아들을 다시 보기 위해 버티고 있는 중이었다. 허나 병세는 나날이 악화되고 있었다. 아버지의 건강은 내 의과대학 졸업식에 올 수 없을 정도로 위중했기에 다른 가족들도 집을 떠날 수 없었다. 나는 아무도 못 오는 졸업식에 혼자 가느니 집에 돌아오는 쪽을 택했다.

가자에 돌아와서 나는 충격을 받았다. 나고 자란 곳에서, 의술의 도움이 그토록 필요하던 곳에서, 의사가 되어 사람들을 돕겠노라 맹세했던 바로 그 고장에서 일자리를 구할 수 없었던 것이다. 1967년 이스라엘이 가자를 점령했고, 어느새 1985년이었다. 어디를 가나 이스라엘의 영향이 역력했고, 일자리를 얻으려면 정부 관리 같은 중요 인사나 이스라엘과 끈이 있는 영향력 있는 인물, 아니면 백만장자나 이스라엘 부역자의 아들이어야 했다.

결국 나는 자발리아 캠프에서 35킬로미터 거리에 있는 칸유니스라는 도시의 나세르 병원 산부인과에서 일해 보자는 제안을 받았다. 가자 지구에서 살면서 출퇴근이 가능한 병원 가운데서 가장 먼 곳이었다. 박봉의 자리였기에, 당장에는 제의를 수락하면서도 곧 다른 자리를 구해야 한다고 생각했다.

아버지는 내가 집에 돌아온 지 8개월 만에 돌아가셨다. 아버지는 살아생전에는 자신이 뿌린 것을 제대로 누리지 못하고 고통만 겪다 간 분이었다. 성공한 농부이자 존경받는 지주의 아들이었지만, 집과 땅을 잃고 난민 캠프에 들어와 살아야만 했다. 그것도 경비원 일을 하면서 늘 벌이가 신통찮아 자식 키우기가 너무 힘들었으니, 굴욕적인 삶이었다. 나는 그런 아버지의 근심 걱정을 소년 시절 내내 느낄 수 있었다. 카이로에서 의과대학을 다니면서 내 인생이 피어나기 시작할 무렵, 나는 아버지가 자식들에게, 즉 나와 동생들에게 롤 모델이 되지 못한 데 대해 가책을 느끼고는 했다.

아버지의 마지막 나날은 참으로 고통스러웠다. 간 기능이 상실되는 간부전 상태여서 아무것도 잘 먹지 못하고 토하기 일쑤였으며, 사랑하는 가족이 지켜보고 있다는 것도 잘 의식하지 못했다. 아버지가 혼수상태로 빠져들자, 우리는 병원에서 더 할 게 없는 아버지를 집으로 모셔왔다. 나는 의사로서 무기력감을 느꼈다. 아픈 사람을 도와야 할 의사가 정작 자기 아버지도 구할 수 없었기 때문이다. 나는 의과대학을 졸업하면서 우리 가족이 더 나은 집을 얻고, 충분히 먹고, 아버지가 나를 키운 보람을 느끼게 하겠노라 맹세를 했다. 아버지 당신은 거부당했던 모든 것을 나는 얻게 되는 모습을 보게 하리라 다짐했다. 그 약속을 막 지키려고 하는데 아버지가 돌아가신 것이다. 아버지를 그렇게 잃은 슬픔은 아직도 내 가슴에 남아 있다. 그래서 나는 무슬림이 망자에게 하는 것 세 가지를 늘 하려고 한다. 아버지의 덕과 지혜를 다른 이들과 나누고, 아버지를 위해 기도하고, 아버지의 이름으로 자선을 베푸는 일이 그것이다.

그사이 내 일자리는 칸유니스의 나세르 병원에서 가자 시티의 알시파 병원으로 바뀌었는데, 이 병원 역시 실력보다는 연줄 있는 사람들에 의해 좌우되었다. 내 의과대 동창 하나는 가자 지구 보건국장의 아들이었고, 어머니가 알시파 병원 산부인과 과장이었다. 그 친구는 대학 시절 플레이보이였고 성적이 나빴다. 그런데 병원을 옮기고 보니 그런 친구가 내 윗사람 행세를 하며 계속 명령을 내리는 것이었다.

나는 그 병원을 그만두고 사우디아라비아 보건부에 지원서를 냈다. 이 역시 결과적으로는 전화위복이 되었다. 새로 자리를 얻은 곳은 400킬로미터 떨어진 제다에 있었다. 나로서는 거의 모르는 곳이었지만 삼촌은 내게 이렇게 말했다. "카이로 의과대학에서 고생한 만큼 다 보상받을 게다." 그런 말을 들어도 그 자리에 가는 것이 잘하는 일인지 알 수 없었다. 생각해 보니, 의과대학에서 친하게 지내던 사우디아라비아 출신 친구가 한 명 있었다. 그래서 그에게 전화해 제다에서의 근무와 생활이 얼마나 힘들지 알아보았다. 그 친구는 대사의 아들이었으니 나 역시 연줄이 있는 셈이었고, 덕분에 나는 알아지지야 산과병동에서 팔레스타인 임산부를 돌보는 일을 맡게 되었다. 가자는 아니어도 팔레스타인인을 보살피는 일이었으며, 의과대학에서 산부인과 공부를 할 때부터 쌓아 온 기량을 테스트할 기회이기도 했다.

일 자체가 마음에 든 것은 말할 나위도 없지만, 또 하나 좋았던 것은 이때 처음으로 여유로운 사회생활과 경제생활을 누릴 수 있었다는 점이다. 또한 자발리아에 있는 우리 집을 수리하는 데 도움을 줄 수도 있었다. 나는 남동생 아타가 필리핀에 가서 의학을 공부하는 데 도움을 주기도 했고(아타는 나중에 가자로 돌아와 약학으로 전공을 바꾸기는 했다.) 다른 남동생 셰하브의 결혼 자금을 보태 주기도 했다. 내 이복형이 제다에 살고 있어서 둘이 서로의 집에서 모이고는 했는데, 나는 그런 내왕이 있는 것이 좋았다. 자발리아 캠프에서는 일밖에 몰랐지만, 여기에서는 서로의 집에서 환영받으며 얘기도 하고 함께 식사도 하며 시간을 보낼 수도 있었던 것이다. 그렇게 2년을 지내다 보니 가자로 돌아가 결혼할 수 있을 만큼 돈이 모이기도 했다.

나디아와 나는 1987년에 자발리아 캠프에서 결혼했다. 식을 올리고서 불과 며칠 만에 나는 혼자 사우디아라비아로 들어가야 했는데, 그녀는 비자가 없고 결혼해야 비자를 받을 수 있었기 때문이다. 그래서 한 달 뒤에야 그녀와 나는 함께할 수 있었다. 우리는 셋집에 살았고 각자의 집안과 멀리 떨어져 지내는 것이 싫었으나 다행히 제다에 이복형이 있었다. 가까이 피붙이가 있으니 참 좋았다. 그만큼 우리 문화는 일가친척이 가까이 사는 것을 중요하게 여긴다.

우리가 결혼한 지 두 달 뒤에 제1차 인티파다가 일어났다. 많은 희생자를 낸 이 항거 운동은 자발리아의 바로 우리 동네에서 일어나 가자 전역으로 빠르게 확산되어 웨스트뱅크와 동예루살렘으로 퍼져 나갔다. 그 발단은 1987년 12월 8일에 있었던 사건이라고들 한다. 이스라엘군 탱크가 자발리아 주민인 팔레스타인인 한 무리를 치어서 네 명이 죽고 일곱 명이 부상을 당했던 것이다. 그보다 며칠 전에 이스라엘 상인 하나가 가자에서 칼에 찔려 죽었는데, 그래서 많은 팔레스타인인은 탱크 사고가 실은 복수극이었다고 생각했다. 다른 사건에 대한 보복일 수도 있었다. 인티파다가 일어나기 일주일 전에 레바논의 이스라엘 방어군 캠프에 침입해 병사 여섯 명을 살해한 혐의를 받고 있는 팔레스타인인들이 있었기 때문이다. 점령당한 난민이 겪는 수모로 긴장이 팽팽했기 때문에 실제든 아니든 작은 사건 하나도 원인이 될 수 있었다. 예를 들어, 팔레스타인인은 이스라엘 군인의 강요로 당나귀처럼 걷는 굴욕을 당하고는 했다. 내가 보기에 사태의 가장 큰 원인은 팔레스타인인이 처한 상황을 개선할 만한 조치가 전혀 이루어지고 있지 않다는 사실이었다. 팔레스타인 국가가 건설될 조짐은 보이지 않았고, 그 문제에 관한 아랍 여러 나라의 지도력은 흔들리고 있었다. 팔레스타인인은 이스라엘이 가자를 점령한 뒤로 20년이라는 세월 동안 위협과 학대에서 벗어나게 해 줄 변화가 있기를 참고 기다려 왔다. 그러니 길거리에서 폭력이 분출되는 것은 놀랄 일이 아니었다.

처음에는 타이어를 모아 놓고 태우거나 이스라엘군에게 돌을 던지는 정도였다. 그런데 이스라엘군이 과잉대응을 했다. 돌을 던지는 아이들에게 M16 소총으로 응사했던 것이다. 내 남동생 레젝은 뚜렷한 이유도 없이 구금당했고, 여동생은 이 사태로 인한 스트레스 때문인지 유산하고 말았다. 사우디에서 우리가 보던 신문에는 매일같이 사람들이 공격당해 죽거나 다쳤다는 기사가 넘쳐났다. 사람들의 적대감은 나날이 커졌다. 이스라엘 상품 불매 운동이 일어나고, 바리케이드를 치고, 파업을하고, 급기야 화염병이나 수류탄을 던지는 사태가 벌어졌다.

당시 나디아와 나는 고국을 떠나 있어 마음이 편치 않았다. 친지들 주변에 무슨 일이라도 날까 봐 늘 걱정이었다. 다른 한편으로는 나디아가출산을 앞두고 있어서, 우리의 마음속에서는 고국의 정치 상황에 대한우려와 개인적인 기쁨이 엎치락뒤치락하고 있었다. 그러던 1988년 우리의 첫딸 베싼이 태어났다.

우리 가정이라는 울타리 안에서만 보자면 삶은 아주 만족스러웠다. 나는 바라던 진료 경험을 쌓고 있었고, 살림은 점점 늘어 갔다. 가뜩이나 어지러운 시절이었기에, 어머니는 집안의 가장인 내가 가자로 돌아와 함께 살기를 바라셨으나, 나는 한동안 사우디아라비아에 남기로 했다. 가장 큰 이유는 산부인과를 전공할 기회가 다시 찾아왔고, 이번에는 꿈을 이루고 싶었기 때문이었다. 1988년 3월 초, 나는 런던 대학교산부인과 학위 과정을 지원해 주는 장학금을 사우디아라비아 보건부로부터 받게 되었다. 그 무렵 나는 불임 치료에 관해 아주 관심이 많았다. 자발리아 캠프에는 불임으로 고통받는 사람들이 많았던 것이다. 팔레스타인인은 자식을 많이 낳는데도 불임이 많다고 하면 이상하게 들리겠지만, 출산율이 높으면 거꾸로 불임률도 높아지는 역설이 있다. 나는 불임에 관한 학위 논문을 쓰기로 했다. 대부분의 수업은 사우디아라비아의 수도인 리야드에서 받았고, 런던에서는 몇 개월 과정만 밟으면되었다.

내가 가진 팔레스타인 여권은 영국으로 가는 데 아무 지장이 없었다. 생전 처음 비행기를 타면서 얼마나 들떴는지 모른다. 영어는 이미 말할 줄 알았기 때문에 언어 장벽 때문에 고생하지는 않았다. 런던은 대단한 곳이었다. 비가 잦아 흐리고 추운 날이 많았지만, 활력과 매력이 넘치고 매우 국제적인 런던은 가자와 전혀 달랐다. 영국과 아일랜드공화국군 IRA 사이에 갈등이 있다는 사실은 알았지만, 인종과 종교가 다른 온 세계 사람이 어울려 사는 모습이 신기했다. 한 가지 아주 거슬리는 것은 영국 본토박이들이 타지 출신들을 깔보는 일이었다. 나는 그런 거만한 태도를 거리나 가게나 지역 센터 같은 곳에서 자주 목격했다. 다행히 교실에서는 그런 불쾌한 일이 없어서 런던에서 공부를 하는 데 문제를 겪지는 않았다.

연구하다 보니 내가 이 분야에서 할 수 있는 매력적인 일들이 보여서, 완전히 빠져들고 말았다. 나는 불임으로 고통받는 여성을 많이 보아 왔다. 내가 자란 곳처럼 남성 중심의 사회에서는 불임 문제를 여성의 탓으로만 보는 경향이 있고, 심지어 아들 못 낳는 것을 여성 탓으로만 보기도 했다. 남아의 성별을 결정하는 Y염색체는 임신 과정에서 전적으로 남성에게 달려 있는데도 말이다. 나는 남성이 그런 사실을 제대로 알고서 여성 탓을 그만하기를, 여성에게 불임이라는 딱지가 붙어 비난받는 일이 없기를 바라고 있었다. 우리 문화에서는 "열매 못 맺는 나무는 베어야 한다."라는 무시무시한 말이 있다. 나는 사람들이 어떤 여성에게도 그런 소리를 하지 못하도록 교육 활동을 하고 싶었다.

불임 문제로 고민하는 커플을 대하다 보면, 그 일이 그들에게 얼마나 힘든 문제인지, 임신이 안 되어서 그들이 달마다 얼마나 낙담하는지 알게 된다. 특히 더 괴로운 것은 여성 쪽이어서, 나는 그런 현실을 바꾸는 데 나의 연구를 집중하기로 했다. 불임에 관한 연구가 진전을 보이고 런던과 제다에서의 임상 결과가 탁월한 효과를 보이기 시작하자, 나는 불임 치료를 전문적으로 다루기로 했다.

1989년에 런던에서의 과정이 끝나자 나는 사우디아라비아로 돌아가 알아지지야 산과 병동에서 다시 일하기 시작했다. 그때까지 나디아는 제다에서 베싼과 둘째 딸인 달랄을 혼자 키우며 지내고 있었는데(달랄은 내가 런던에 가 있는 동안 태어났다.) 이제는 가사로 돌아가고 싶다 했다. 사우디아라비아는 가자보다 훨씬 보수적인 곳이었다. 사우디아라비아는 아랍 형제국이지만 팔레스타인인인 우리가 아주 이방인처럼 느껴지는 나라였다. 내가 바라던 만큼 활동이 자유롭지 않았으며, 외국인이라는 제약 때문에 더 나아가지 못할까 걱정이 되었다. 사회규범도 꽤 달라서, 이런저런 규제가 부담스러웠다. 그래서 결국 우리는 떠나기로 했다. 하지만 차에 짐을 싣고 떠나 버리면 그만인 그런 간단한 문제가 아니었다. 사우디아라비아 보건부로부터 장학금을 받은 대가로 3년간 사우디아라비아 병원에서 일해야 했던 것이다. 그 의무 기간을 다 채워야 우리는 귀국할 수 있었다.

그러던 차에 중동에 늘 도사리고 있는 정치와 전쟁이라는 두 괴물 때문에 우리 삶은 더 복잡해졌다. 걸프 전쟁 발발 무렵의 어수선한 분위기는 페르시아 만 연안 국가에 사는 팔레스타인인을 힘들게 했다. 1990년 8월에 야세르 아라파트가 사담 후세인의 쿠웨이트 침공을 찬성하는 듯한 발언을 하는 바람에 팔레스타인인은 갑자기 외교상의 기피 인물(환영받지 못하는 사람 personae non gratae)처럼 되어 버렸다. 팔레스타인인을 규탄하는 험한 말이 벽에 쓰여 있기도 하고, 많은 팔레스타인인이 사우디아라비아에서 해고되기도 했다. 다행히 1990년 11월에 내 고용주들이 제다의 병원에 대한 나의 의무가 완수되었다고 판단해서, 나는 짐을 꾸려 처자식과 함께 버스를 타고 귀국길에 오를 수 있었다. 미군의 공격이 시작된 1991년 1월, 나와 내 가족은 가자에 돌아와 있었다.

우리가 귀국할 무렵 인티파다는 한창이었다. 곳곳에 이스라엘군의 총포와 탱크가 눈에 띄었다. 갈등은 결국 동족상잔으로도 이어졌다. 약 1000명에 달하는 팔레스타인인이 이스라엘에 협력했다는 혐의로 동족에게 처형되었으며, 대부분 뚜렷한 부역의 증거도 없는 경우였다. 오슬로 협정으로 제1차 인티파다가 종결된 1993년 8월 20일까지 2100명의 팔레스타인인이 목숨을 잃었는데, 이스라엘군에게 죽임을 당한 사람이 1100명이고 나머지 1000명은 같은 민족에게 학살당했다. 팔레스타인인에게 목숨을 잃은 이스라엘인은 160명이었다.

인티파다의 여파를 다 헤아리기는 어렵다. 분명한 것은 인티파다의 결과로 세계가 팔레스타인을 주목하기 시작했다는 사실이다. 이스라엘은 팔레스타인인을 학대했다는 비난을 받게 되었다. 미국이 PLO를 팔레스타인인의 정당한 대표로 인정한 것도 성과였다. 하지만 인티파다가 계속되는 동안 자살 폭탄이라는 재앙적인 테러 무기가 개발되었다는 사실은 안타까운 일이다. 1993년 4월 16일 요르단 접경의 고속도로 휴게소인 메홀라 나들목의 주차장에서 한 팔레스타인 사람이 폭탄 실은 차를 몰고 버스 두 대 사이로 돌진하여 자폭했다. 폭발이 옆으로 퍼지지 않고 위로 치솟는 바람에 대부분 목숨을 건지기는 했다. 사망한 사람은 이 휴게소에서 일하던 한 팔레스타인인과 운전자 자신이었고, 스무 명의 이스라엘 군인과 민간인이 부상당했다. 이 끔찍한 사건 이후 끔찍한 일련의 자살 폭탄 테러가 이어지면서 무고한 사람이 목숨을 잃었고, 중동 여러 지역이 마비되다시피 했다. 이런 비인간적인 작전의 결과로 가자와 웨스트뱅크와 이스라엘 주민의 삶이 더 나아질 리는 없었다. 대부분의 전쟁이나 봉기가 그러하듯, 인티파다와 자살 폭탄으로 인한 인명 살상의 대가는 모두에게 너무 컸던 것이다.

나는 사우디아라비아 병원에서 일하며 모은 돈으로 가자에 저녁 진료를 하는 개인병원을 열었다. 병원을 연 것은 내가 사는 지역의 가난한 사람을 진료하기 위해서였는데, 그 병원에서는 진료받을 형편이 안 되는 사람들을 돌보는 데 전념할 수 있어 좋았다. 아울러 유엔구제사업기구의 현장 산부인과 의사 직책도 맡아서 했다.

런던 대학교에서 공부할 때 불임 치료 논문을 쓰면서 참고한 자료는 대부분 이스라엘 교수들의 것이었다. 그래서 나는 불임에 관한 식견을 넓히고 아이디어를 나누기 위해 용기를 내어 이스라엘 의료계와 연락을 취하기 시작했다. 인티파다가 한창일 때였지만, 나는 아랑곳하지 않고 접촉을 시도하여 결국 이스라엘 의료진을 만나게 되었다. 불임에 관한 중요한 교과서의 두 저자가 이스라엘 베르셰바에 있는 벤구리온 대학교의 의학교수 브루노 루넨펠드와 바클라브 인슬러였는데, 나는 두 교수에게 전화를 걸어 내가 누구이며 무엇을 바라는지 설명을 했다. 뜻밖에도 그들은 적극적으로 나를 만나서 내 환자 진료에 도움을 주려고 했다. 얼마 뒤 나는 루넨펠드 교수의 진료실에 팔레스타인 환자들을 데려가기 시작했다. 그들 가운데는 복강경 수술이 필요한 경우가 있었는데, 루넨펠드 교수는 그런 환자들을 마렉 글레저만에게 가 보도록 주선해 주었다. 그는 역시 베르셰바에 있는 소로카 병원의 산부인과 과장이었다. 그 뒤로 나는 글레저만 박사와 깊고 의미 있는 관계를 지속했다. 그래서 나는 실례를 무릅쓰고 이제부터 그를 그냥 마렉이라 부르려고 한다. 마렉과의 만남은 내 의료 경험과 인생에서 전환점이었다. 그는 나를 당장 그의 진료팀에 합류시킬 필요가 있다고 보고는 방법을 찾기 시작했다. 그는 내가 소로카 병원 의사들과 함께 일해 본 적이 없으니 일단 병원의 자원봉사자로 참여하여 이스라엘 의료 시스템을 익히고 그곳 의사들이 산부인과 진료나 불임 치료 분야에 어떻게 접근하는지 알아 가면 어떻겠냐고 제안했다.

바야흐로 생식 기술reproductive technology이 새로운 시대로 접어드는 때여서 나는 최첨단에 서고 싶었다. 더 배워서 지식을 넓히고 싶은 마음이 간절했다. 정식으로 산부인과 전공의 과정을 밟아 보면 좋겠다는 꿈을 꾼 지 오래였지만, 4년이라는 시간을 투자해야 하고 비용도 만만치 않아서 실현 가능성이 별로 없다고 여기던 차였다.

그렇게 가자에서의 유엔 관련 일과 소로카 병원에서의 자원봉사 일을 하며 오가던 1994년, 나는 예루살렘에서 열린 분만 관련 세계학술대회에 초청받았다. 예루살렘에 가 있는 동안 나는 십대 때 내게 일자리를 준 유대인 가정을 찾아가 보기로 마음먹었다. 오래전부터 생각은 해 왔지만 찾아가 볼 마음은 먹지 못하다가, 마침 학회를 마치고 예루살렘에서 소로카로 차를 몰고 돌아와야 했기에 드디어 그 농가를 찾아가 볼 기회가 왔다고 생각한 것이다. 그 유대인 가정은 중동의 우리 두 민족 사이에 실은 차이가 얼마나 적은지 볼 수 있게 해 준 이들이었다. 나는 한때 자기 집에서 일하던 팔레스타인 소년이 이제 의사가 되어 잘 살고 있다는 사실을 그들에게 알려주고 싶은 마음이 간절했다. 아주 오 래전부터 상상해 오던 재회였다. 그 집이 있던 곳이 예루살렘에서 베르 셰바로 오는 길 어디쯤의 호다이아 마을이라는 것은 알고 있었다. 하지 만 정확한 위치가 어디였던가? 다시 찾아갈 수 있을까? 그 일대는 많이 변했고, 내가 십대 때 이미 손자를 본 부부는 지금쯤 팔십대일 텐데 살 아 있기나 한지 모를 일이었다.

마침내 그 농가를 찾아가 보니, 문을 열어 주는 이는 내가 그해 여름 일을 그만두기 며칠 전에 태어난 손녀였다. 그녀가 "무슨 일로 오셨나 요?"라고 묻자 나는 답했다. "아버님을 뵈러 왔습니다." 나는 그녀의 할 아버지를 위해 일하기도 했지만 가장 잘 아는 사람은 그녀의 아버지였 다.

그는 창가의 소파에 앉아 있었다. 내가 그 집 진입로로 차를 몰고 올 때 아랍 번호판을 보고서 아랍 상인이 무얼 팔러 온 줄 알았던 모양이 었다. 그는 처음에 나를 알아보지 못했다. "저를 모르시겠습니까?" 내가 물었다. "누군지 말씀드리죠. 이젤딘입니다. 여기서 일했지요." 그 말에 그는 소파에서 벌떡 일어나서 다가오더니 내게 키스를 하고 포옹을 했 다. 그의 부인도 나를 보자 껴안더니 자기 아들을 안은 느낌이라며 말 했다. "이젤딘, 기억하지, 그럼. 닭장 일을 하면서 냄새가 너무 심하다며 늘 코를 잡고 일하던 아이. 그때 난 어린애가 할 일이 아닌데 딱하다는 생각을 하곤 했단다."

그 집을 다시 찾아 다들 건강히 지내는 모습을 보니 참 좋았다. 그들에게 내가 그해 여름 농장에서 일한 것이 얼마나 큰 도움이 되었으며, 덕분에 유대인과 팔레스타인인이 한 식구처럼 지낼 수 있다는 것을 알게 되었다는 말을 할 수 있어서 기쁘기도 했다. 그들은 내게 자발리아 난민 캠프 같은 곳에서 의사가 나올 줄은 몰랐다고 했다. 싸움과 미움뿐인 곳인 줄 알았던 것이다. 나는 그들에게 정을 느꼈고 그런 마음을 표현하려고 했다. 서로의 꿈을 가로막는 벽을 허물면 얼마나 많은 것을 이룰 수 있는지 알 수 있었다.

소로카 병원의 이스라엘 동료들은 내게 산부인과 전공의 과정을 밟으라고 계속 권유했다. 하지만 방법을 찾을 수 없었다. 나는 가자에서 개인병원을 운영하여 가족의 생계비를 벌고, 소로카 병원에 정기적으로 와서 새로운 동료들과 협의하면서 배우는 생활을 하고 있었으니까 말이다.

그러자 마렉 글레저만은 자기 과 최초의 팔레스타인인 전공의가 되어 보면 어떻겠느냐며 내게 맞는 프로그램을 짜 주었다. 허나 그는 그 일을 다 마무리 짓지 못하고 다른 병원으로 자리를 옮기게 되었다. 후임으로 온 과장인 모셰 마조르도 마렉의 아이디어를 지지했지만, 쉬운 일이 아니었다. 예를 들어, 내가 병원에서 전공의로 일하려면 증명만 네 가지나 준비해야 했다. 1년 동안 유효한 특별 신분증과 늘 지니고 다녀야 하는 특별 신분증을 받아야 했으며, 가자로 돌아갈 수 없을 때 이스라엘에서 숙박할 수 있는 허가증과 내 차로 국경을 넘나들 수 있는 허가증도 있어야 했다. 벤구리온 대학교 의과대학 교수 시몬 글릭과 마가리스 카르미의 도움은 결정적이었다. 맥아더 재단을 설득해서 내 급여를 충당해 줄 보조금을 타 주었던 것이다.

그 무렵 소로카 병원 원장이 되었던 숄로모 유세프의 도움도 컸다. 그는 이런 말을 했다. "이젤딘은 이스라엘과 팔레스타인의 갈등에 관해 균형 잡힌 시각을 가진 특별한 분입니다. …… 그는 양 민족의 갈등을 양면성을 가진 충돌로 보며, 두 진영 사이의 가교 역할을 하고자 합니다. 게다가 그는 자기 분야의 새로운 경지에 도달하려는 열의를 갖고 있었습니다. 그래서 저는 그에게 수련의 기회를 주어야 한다고 생각했습니다. 그러기 위해 우리는 갖은 문제를 처리해야 했습니다. 그가 참여할 과정, 필요한 재정, 우리 정부와 그쪽 정부에서 발급해 줄 허가증들을 다 해결해야 했던 겁니다. 저는 이젤딘이 얼마나 열심히 배워 나갈지 알 수 있었습니다. 그래서 소로카 병원에서 전공의 과정을 밟을 수 있도록 돕고 싶었던 것이지요. 나머지는 그가 알아서 해냈습니다."

내가 전공의 과정을 시작한 것은 1997년으로, 첫아들 모하메드가 태어난 지 딱 1년쯤 되었을 때였다. 나디아는 집에서 혼자 아들과 다섯 딸을 키워야 했기에 힘들었다. 나는 주중은 물론이고 주말에도 순번이 되면 병원에 있어야 했기 때문에 집을 떠나 있었다. 가자와 이스라엘을 오가는 일은 워낙 예측할 수 없는 경우가 많아 직장에 제때 갈 수 있을지 도무지 알 수가 없었다. 그래서 나는 베르셰바에 작은 아파트를 빌려, 월급 2000달러 가운데 일부를 경비로 써야 했다. 안 그러면 수업에 늦거나, 교대해 주기를 기다리는 다른 전공의나 나만 믿고 있는 환자에게 폐를 끼칠까 봐 걱정되어 힘들었기 때문이다. 검문소에서는 많은 군인이 나를 알고 있어서 번거롭게 하지는 않았지만, 새로 왔거나 나를 모르는 군인들 때문에 고달팠던 적도 꽤 됐다. 그들은 이스라엘로 넘어오는 다른 팔레스타인인과 똑같이 나를 대했다. 물론 나는 병원에서 배우고 있는 것이 맞았다. 하지만 나는 이스라엘 환자들을 돌보기도 했는데 그들은 그런 사정을 고려하지 않았다. 이래저래 쉽지 않은 상황이었다.

한번은 검문소에서 군인들이 내 차 밑을 검사해야 하니 바닥이 깊이 팬 곳 위에 차를 대라고 했다. 나는 차를 대고 서류 가방을 들고 나와 곁에 앉아 참을성 있게 과정을 지켜보았다. 검사가 끝나 차를 몰고 나왔는데, 병원에 도착해서야 서류 가방을 차 옆에 있던 자리에 두고 왔다는 사실을 알게 되었다. 가방에는 내 허가증이며 여권이며 온갖 중요한 서류와 문서가 다 들어 있었다. 검문소에 전화했더니 아무도 받지 않았다. 그래서 나는 44킬로미터 거리를 다시 차를 몰고 가서 군인들에게 내 딱한 사정을 말했다. 하지만 책임자는 내 하소연을 들으면서 쳐다보지도 않고는 이렇게 말했다. "의심스러운 물건일지도 몰라서 폭파해 버렸소."

보안상의 문제는 나도 이해한다. 보안은 이스라엘인뿐만 아니라 팔레스타인인에게도 중요한 문제이다. 하지만 그 군인들은 오랫동안 나를 봐와서 알고 있었는데도, 아는 팔레스타인인이자 한 인간으로 대하지 않았던 것이다. 나는 그저 서류 가방을 깜빡하고 두고 온 사람일 뿐이었다. 사실 이스라엘인 못지않게 평화를 갈망하는 팔레스타인인은 많았다. 최소한 그런 사람들은 검문소를 통과하는 그 누구와도 똑같은 대접을 받아야 하지 않을까? 어쨌든 이스라엘의 검문을 거쳐 병원에 가야 하는 나는 그런 수모를 참아야만 했다. 소로카 병원에서의 값진 배움의 기회를 날려 버릴 수는 없는 노릇이었다.

나는 소로카 병원의 임신 촉진 부서에서 연구했다. 그 부서에서 주로 보게 되는 환자는 임신에 어려움을 겪는 이스라엘인, 팔레스타인인, 아랍계 이스라엘인 커플이었는데, 우리 부서에 찾아오는 환자라고 해서 특별한 사람은 아니었다. 하지만 누구나 사는 게 다 힘들다 해도, 불임으로 고통받는 그들이 겪는 어려움만큼은 아니었다. 거기에 더해 그들은 실의와 자기 회의라는 부담까지 안고 사는 사람들이었다. 나는 그런 고통을 늘 공감하고 있었다. 의술을 처음 배울 때부터, 부모가 되고 싶지만 임신이 안 되는 남녀의 근원적인 고통을 덜어 주는 데 기여하고 싶었던 것이다. 내가 이 분야 일을 계속하고 있는 것도 같은 이유에서이다.

하지만 평화로운 공존으로 가는 길을 찾는 데에는 이런저런 도전이 많기도 했다. 한번은 위독한 여성이 가자에서부터 이송되어 온 적이 있었다. 가자에 계속 있었다면 목숨을 잃을 뻔했던 여성이었다. 그녀는 열 살배기 아이를 둔 엄마로, 급성신부전으로 가자의 병원에서 2주 동안 입원 중에 심부정맥 혈전증 진단을 받고 다리가 붓는 증세를 보이다가 고열과 더불어 몇 가지 합병증이 나타나 소로카 병원으로 이송되기에 이르렀다. 환자를 국경 너머로 옮기는 것은 쉬운 일이 아니었다. 먼저 환자를 팔레스타인 구급차로 에레즈 출입사무소에 데려오면, 소로카 병원에서 온 구급차가 상대편 의료진으로부터 환자를 넘겨받아야 했다. 이스라엘로 들어가기 위한 허가증을 받는 일도 어려웠고(지금도 마찬가지다.) 팔레스타인 자치 정부로부터 미리 의료비 지급 승인도 받아야 했다. 지금도 그렇지만 당시 팔레스타인과 이스라엘 사이의 불신이 컸던 까닭에, 양측 모두 불필요한 고생과 희생이 많았다. 그녀는 그런 어려운 과정을 다 겪고서 소로카 병원까지 옮겨진 것이었다. 내가 그녀를 만나게 된 것은 그녀의 고열이 산부인과학과 관련이 있는지 의논할 필요가 있기 때문이었다. 그녀에게 아랍어로 내가 자발리아 캠프 출신의 팔레스타인인이라고 말하자, 그녀는 내 손을 꼭 잡고서 놓을 줄을 몰랐다. 이스라엘에 와 본 적이 없어서 무슨 불이익이라도 당할까 봐 두려웠던 것이다.

하지만 그녀의 생명을 구한 것은 이스라엘 의사들이었다. 내가 나의 일을 사랑하는 것은 병원이 사람을 인종과 무관하게 동등하게 대하는 보편적 인류애가 살아 있는 곳이기 때문이다. 우리는 의과대학 졸업 때, 의료의 형제·자매애에 의거하여 환자를 동등하게 대하겠다는 선서를 한다. 병원 안에서는 어떠한 차별도 없도록 하는 것이 원칙이다. 모두가 다 그렇다고 말할 수는 없겠지만 적어도 내 경험으로 미루어 보면, 내가 함께 일해 본 이스라엘 의료진은 국적이나 인종보다는 환자 자체를 우선시했다.

소로카 병원에서 겪었던 일 가운데 또 하나 소개할 만한 것이 있다. 나는 히브리어를 배우려고 노력했는데, 내가 진료 기록을 못 읽거나 증상을 이해하지 못한다는 인상을 환자가 받는 일이 없도록 하기 위해서였다. 내 히브리어 실력이 모자라서 환자가 내 진료 능력을 불신하게 되지 않기를 바랐던 것이다. 그래서 나는 히브리어 문법에 틀린 말을 하지 않으려고 상당히 애썼다. 한번은 임신 중 고혈압이 심한 베두인족 여성이 입원하게 되었는데, 그녀는 병원에 있으려고 하지를 않았다. 나는 퇴원 요약지를 작성하면서 그녀가 의사의 권고를 거부한다는 사실을 기재해야 했다. 히브리어로 '거부'라는 단어를 써야 하는데 그 가운데 한

글자를 어떻게 써야 하는지 헷갈렸다. 나는 그 베두인족 여성과 남편이 '어떻게 의사가 철자법도 모르냐?'고 생각할까 걱정이 되었다. 그렇다고 환자 앞에서 간호사에게 철자법을 물어볼 수도 없는 노릇이었다. 믿기지 않는 일일 테지만 나는 순전히 그런 이유 때문에, 환자에게 병원에 있는 것이 좋다고 설득을 했다. 그런데 그녀는 듣지 않았다. 결국 나는 그녀에게 남편과 함께 차에 가서 신분증을 가지고 오라고 했다. 간호사에게 히브리어를 바로 쓰는 법을 배울 시간을 벌기 위해서였다. 그런데 돌아온 부부에게 퇴원 서류에 서명하라고 했더니 두 사람 다 자기 이름을 쓸 줄 모른다고 하는 것이 아닌가!

나는 늘 그곳 사람들 앞에서 실수하지는 않을지 몹시 걱정했다. 의술이든 언어든 대인관계든, 어느 면에서나 부족하다는 인상을 주지 않으려고 늘 신경 썼다. 나는 소로카 병원에서 전공의를 할 수 있는 소중한 기회를 얻었고, 또한 이스라엘인 동료의 눈에 매우 중요한 선례가 될 것이며 내가 어떻게 하느냐에 따라 다른 팔레스타인 의사의 미래가 얼마나 더 열릴지 결정될 것임을 잘 알았다. 내가 실패하면 그만큼 문호가 닫혀 버릴 수 있을 테니 말이다.

대부분 유대계 이스라엘인은 나를 아랍계 이스라엘인으로 착각했는데* 그러면 나는 곧바로 가자 지구에서 온 팔레스타인인이라고 말했다. 나는 팔레스타인 이름이 적힌 이름표를 달고 다녔고 억양이 남다른 히브리어를 구사했지만 그래서 반감을 주는 경우는 없어 보였다. 병은 국

---

* 이스라엘 인구는 현재 800만 가까이 되는데 그중 75퍼센트가 유대인이고 20퍼센트는 아랍계 소수 민족이며, 베두인족도 그중 하나이다.

경을 초월하기 때문이다. 반면, 정치와 편견은 늘 영향력을 행사하려 했다. 병원에서는 일만 하고 정치는 출입사무소에 맡겨 두고 싶었지만, 응급센터에까지 나를 따라다니는 정치를 어찌할 수는 없었다. 한번은 오후 4시에 응급센터 부인과에 있는데 한 여성이 고통을 호소하며 찾아왔다. 임신 초기인데 출혈이 있어 찾아온 경우였다. 나는 그녀를 검진하고 초음파 검사를 한 다음, 일단은 괜찮지만 유산할 위험도 있다는 판단을 내렸다. 치료법은 쉬면서 안정을 취하는 것뿐이었다. 나는 그녀에게 유산하지 않을 가능성이 반밖에 되지 않는다고 말했다.

그녀는 집으로 돌아갔다가 한밤중에 다시 왔는데 출혈이 더 심한 상태였다. 모로코 출신 유대인 남편은 내게 마구 소리를 지르면서 내가 아기를 죽였다며 나도 그렇게 만들어 주겠다고 협박했다. 나는 환자인 아내를 응급처치하느라 정신이 없었다. 그가 계속 협박하자 간호사가 안전요원을 불렀다. 내가 이스라엘 의사였다면 그런 식으로 대하지 않았을 것이다. 그가 아내의 상태에 대해 내 탓을 한 것은 무엇보다 내가 아랍인이기 때문이었다. 그는 병원장에게까지 항의했는데, 병원장은 그를 원장실로 데려가 의학 서적이 가득한 서가를 가리키며 말했다. "닥터 아부엘아이시가 한 처방은 여기 있는 이 교과서들에 나오는 그대로입니다." 원장이 나를 전폭적으로 옹호하자 그제야 환자의 남편은 진정했다.

그 당시에도 나는 지역의 비공식 평화 사절 노릇을 하며 공존을 가로막는 한계를 넘어서 보려고 나름의 노력을 하고 있었다. 그 가운데 하나로, 나는 매달 한 번씩 주말에 우리 집이나 친구 집에 이스라엘 사람들을 초대했다. 우리는 자발리아 난민 캠프와 가자 시티를 다니며 그들에게 우리가 어떤 여건에서 살고 있는지 보여 주었다. 그렇게 다니면서 그들은 사람들과 오랫동안 얘기도 나누어 보고 이런저런 질문도 해 보고 서는 나름의 결론을 내렸다. 투어가 끝나면 우리는 함께 다과를 나누며 토론을 했다. 그렇게 함께하는 시간을 가지면 가질수록 나는 우리 두 민족이 사람을 대하고 사귀는 면에서 얼마나 비슷한지 절실히 느끼게 되었다. 팔레스타인인도 유대인도 감정을 잘 드러내는 민족인 것이다. 큰 소리로 말하고, 대화가 깊어질수록 소리가 커지며, 재미가 있으면 소리가 더 커진다. 언성을 마구 높이며 언쟁하다가도 헤어질 때는 대부분 전화번호를 교환하며 친해진다.

그러다 이러한 민간 차원의 평화 교류가 갑자기 끊어지는 일이 생기고 말았다. 자극적인 사건이 연이어 터지다 결국 2000년 9월에 제2차 인티파다가 일어난 것이다. 아리엘 샤론은 이슬람 3대 성지인 예루살렘 구도심의 성전 산Temple Mount을 방문함으로써 "막을 수 있으면 막아 봐라!" 식의 태도를 보였다. 같은 해 7월 미국 클린턴 대통령의 중재로 열렸던 캠프 데이비드 평화 회담은 결렬되었고, 양측의 갖은 충돌로 사람들이 목숨을 잃었다. 돌팔매와 화염병, 최루탄이 날아들기 시작했고, 곳곳에서 소요가 일어났다. 결국 국경이 폐쇄되면서, 우리 같은 민간 차원의 평화 교류도 끊어지게 되었다.

그래도 나는 계속해서 일주일에 하루 가자의 내 개인병원에서 무료 진료를 했다. 하지만 몇 주 동안 이스라엘로 건너갈 수 없었으며, 나뿐만 아니라 이스라엘에 일자리가 있는 가자인 10만 명이 일터에 나가지 못했다. 팔레스타인인은 살지도 말라는 것만 같았다. 일을 못해 돈을 못 벌면 먹지도 쓰지도 못할 터였으니까 말이다. 나중에 상황이 더 악화되자 많은 팔레스타인인은 이미 자신에게는 미래가 없다고 생각했다. 살아 봤자 뭐하겠느냐는 사람들이 많아졌다. 그러다 누가 이성을 잃고 자살 폭탄이 되려 하면 주변 사람들이 그를 말리는 것이 아니라 오히려 영웅 대접을 했다. 사태는 그런 식으로 악화되어 갔다.

나는 다시 이스라엘로 가서 일하고 싶어서 많은 팔레스타인 지인에게 그래도 되겠느냐고 물어보았다. 내 행동이 정당한지 알고 싶었던 것이다. 사람들의 반응은 대체로 일치했다. "이젤딘, 일하러 가세요. 그게 당신에게도, 우리에게도, 이스라엘인에게도 이로운 일이에요." 나에게는 여전히 이스라엘로 건너갈 수 있는 서류가 있었다. 국경에 가 보니 인티파다가 한창인데도 검문 절차는 평상시와 다를 바 없었다.

병원에 다시 갔을 때도 이스라엘인 동료들과 친구들은 나를 오래 집을 비웠다가 돌아온 아들처럼 맞아 주었고, 다들 내 생각을 많이 했다고 했다. 소로카 병원의 한 친구는 이런 말까지 했다. "이젤딘, 돌아오기 두려워했다는 말을 들었어요. 당신에게 이런 말을 하고 싶네요. 여기서 누가 당신에게 해를 끼치려고 한다면 당신의 안전을 위해 내 목숨을 바칠 각오가 되어 있다고요."

이보다 더 고마운 말이 있을까?

가자의 동료 가운데는 내가 하는 일들의 동기를 의심하는 이도 있었다. "유대인 여자들의 출산을 왜 돕는 거죠? 그 아기들이 자라서 우리한테 폭탄과 총탄을 퍼부을 텐데요." 이를 악물며 이런 말을 하는 이도 있었다. "당신이 그런 일을 한다니 너무 화가 나는군요." 어떤 이들은 내가 새로운 점령군 세대의 탄생을 돕고 있다고 했다. 나는 그런 말을 하는 이들에게 이렇게 이야기했다. 그 이스라엘 아기들이 자라서 의사가 될 수도 있다고.

　나는 우리가 하던 교류가 평화에 아주 가까이 다가가는 일이라 느끼고 있었으며, 함께 교류하던 많은 사람과 마찬가지로 희망에 차 있었다. 이스라엘인이 가자를 둘러보는 투어를 조직하고 이스라엘 의사들의 도움으로 가자에 진료소를 여러 군데 열기도 했다. 그런데 그 모든 것이 다 중단되고 만 것이다. 양측이 평화협정에 거의 다 이르렀다가 관계가 그토록 급속히 악화되다니 어이가 없었다. 제2차 인티파다가 발발할 때, 양측은 각자의 어려움을 강조하며 상대를 비난하기만 하고 있었다. 조화를 이루며 평화롭게 살기 위해서는 양측의 권리를 다 인정해야 한다는 것을 깨닫지 못한 결과는 전쟁과 불신뿐이었다. 나는 제2차 인티파다가 시작되기 전에 우리가 민간 교류를 하며 대화를 하던 시절로 돌아갈 수 있다면 얼마나 좋을까 생각했다.

　서로 걸핏하면 화부터 내는 양 진영 사이에 내 나름으로 다리를 놓아보려는 시도는 쉬운 일이 아니었다. 하지만 나는 더 많은 팔레스타인 의사가 이스라엘의 여러 병원에 와서 전공의 과정을 밟는다면 평화를 염원하는 이스라엘인을 많이 만나게 되고, 이스라엘인도 팔레스타인인의 인간적인 면을 볼 수 있게 되리라 생각했다. 정치 말고 우리 두 민족 간의 평화를 이루는 최선의 수단은 보건의료라고 나는 믿는다. 나에게 모든 환자는 내 친척과도 같다. 나는 환자를 차별하지 않는다. 유대인이든 팔레스타인인이든 아랍계 이스라엘인이든 이민자든 다 똑같다. 나의 임무는 어떤 아이든 건강하게 태어날 권리를 보장하는 것이다. 하지만 아무 죄 없는 그 아이들이 자라나서는 어떤 일이 벌어지는가? 누가 그들에게 친구보다는 적이 되라고 얘기하는 것인가?

제2차 인티파다는 결과적으로 우리 팔레스타인인과 이스라엘인이 실은 긴밀히 얽혀 있으며 그래서 함께 사는 길을 찾아야 한다는 것을 입증해 주었다. 평화 회담의 결렬은 양측 모두에게 파탄을 가져왔다. 우리는 평화로 가는 길에 한데 얽혀 있었기에, 긴장 완화의 실패는 결국 또 한 번의 인티파다로 이어졌다.

충돌이 계속 빚어지고 있는 와중이었지만, 나는 남동생들과 함께 새로 집을 짓기로 했다. 5층 집을 지어 1층은 어머니께 드리고, 나머지 층은 각자 한 층씩 쓰기로 한 것이다. 내가 대부분을 부담하기는 했지만 우리는 돈을 모아서 캠프 외곽의 자발리아 시티에 집을 지었다. 남동생 셰하브는 가까이 따로 집을 얻었고, 세 여동생은 시댁 식구와 함께 자발리아 캠프나 가자 시티에 살고 있었다. 살다 보면 무슨 일이든 그렇듯이, 새집은 새로운 문제를 낳았다. 내가 아는 가장 강한 여성인 어머니가 새집으로 이사하지 않겠다고 하셨다. 어머니는 아들 누르가 집으로 돌아오기를 아직도 기다리고 계셨던 것이다. 그 오랜 세월 동안 어머니는 아들이 현관으로 불쑥 들어오기를 기대하며 늘 아들의 셔츠를 걸어 두고 바지를 다려 놓으셨다. 그러고는 아들이 오는 것은 아닌지 언제나 살피고는 하셨다. 어머니는 내가 열다섯 살 때 번 돈으로 산 난민 캠프의 작은 집을 떠날 수 없었다. 누르가 돌아올 때 우리를 찾지 못할까 봐 걱정이었기 때문이다. 물론 주변 사람들은 우리가 어디 있는지 다 알기 때문에 혹시 누르가 찾아온다면 우리 있는 곳을 누르에게 알려 줄 터였다. 하지만 어머니가 완강히 버티셨기에, 우리 형제는 돌아가며 어머니 곁에 있기로 했다. 남동생 가운데 하나는 딸 이름을 누르로 지었고, 또

한 동생은 아들 이름을 누르로 짓기도 했다. 그런 식으로 우리는 누르를 계속 가족과 함께 있도록 했다. 우리가 할 수 있는 것은 그뿐이었다. 어머니는 떠나간 지 19년이 된 아들이 집으로 돌아오는 꿈을 수시로 꾸고는 하셨다.

2001년 9월에 우리가 근사하게 지은 새집으로 이사할 때, 어머니는 집에 발도 들여놓으려 하시지 않았다. 그때까지도 실종된 아들을 기다리고 계셨던 것이다. 내가 아무리 함께 가자고 부탁을 해도 어머니는 꿈쩍도 않으셨다. 지금도 나는 어머니가 왜 그러셔야만 했는지 다 이해하지 못한다. 하지만 우리는 어머니 마음을 편히 해 드리기 위해 원하시는 곳에 지내도록 돕는 수밖에 없었다.

2001년 9월 11일, 나는 소로카 병원 산부인과 응급실에서 당직을 서고 있었다. 그날 밤에는 환자들 때문에 너무 바빠 머리 긁을 시간도 없을 정도였다. 그러다 자정 즈음에 청소부 한 분이 이런 말을 했다. "미국에서 빌딩이 막 무너지고 있네요." 나는 텔레비전이 있는 방으로 가서 무슨 일이 벌어지고 있는지 목격하게 되었다. 세계무역센터의 빌딩 하나가 무너져 내리고 있었다. 미국에서 그런 테러가 일어나리라고 생각한 사람은 아무도 없었다. 그런데 그런 일이 실제로 벌어졌다.

팔레스타인인으로서 나는 테러에 관해 아는 바가 조금은 있었다. 인생의 상당 부분을 테러와 함께 살아왔다고 해도 과언이 아니었으니까 말이다. 9·11 테러가 일어난 직후, 나는 '소로카 의료센터의 미국 친구들'이라는 단체가 뉴욕 시에서 개최하는 토론회의 패널로 참석해 달라는 초대를 받았다. 토론회의 제목은 '테러 공격 이후: 치유의 대화'였다.

다른 패널리스트로는 워싱턴 근동 정책 연구소의 선임연구원인 저널리스트 데이비드 머코브스키, 가자에서 자살 폭탄 테러에 희생된 앨리사 플래토의 아버지인 변호사 스티븐 플래토, 뉴욕 대학교 의료센터 사회사업학과장 에스더 차치키스 같은 이들이 있었다. 나는 이내 그 초청을 받아들였다. 그 주제에 관해 청중에게 하고 싶은 말이 있었기 때문이다. 하지만 소로카 병원의 5년지기이자 동료이며 행사 조직자인 모나 아브람슨에게서 패널 한 사람이 내 이름을 빼기를 바란다는 말을 들었다.

내 이름을 빼라고 한 사람은 스티븐 플래토였다. 그가 모나에게 이렇게 말했다고 한다. "왜 가자에 사는 팔레스타인인이 이 토론회에 와야 하죠? 내 딸은 가자에서 목숨을 잃었단 말이에요." 하지만 모나는 이런 말로 그를 설득했다고 한다. "고정하세요. 아시고 나면 생각이 달라질 거예요." 모나가 나에 대해 저항감이 있는 사람이 있는데도 패널로 참석하겠느냐고 묻자 나는 언제든 준비가 되어 있노라고, 이런 기회에 관해서는 두 번 생각할 필요도 없노라고 답했다. 치유가 필요한 사람에게 다가갈 더없이 좋은 기회로 보였던 것이다. 나는 내 말 한마디 한마디가 의미심장하게 들릴 수 있도록, 전할 말을 가다듬고 또 가다듬었다. 그다지 긴장이 되지는 않았지만 속이 상했다. 그들이 자기 입장만 생각하고 내 입장이나 내 말을 이해할 마음이 없으리라는 것을 알 수 있었기 때문이다.

나는 나의 신념을 전하기 위해 뉴욕으로 날아가면서, 유대인 패널 사이의 유일한 팔레스타인 대변자로서 걱정이 들기도 했다. 도착하고 보니 청중 대부분이 유대인인 것이 분명했다. 토론회가 시작되기도 전에 어떤 사람은 지나가는 나에게 도발적인 언사를 내뱉기도 했다. "당신은 우리를 증오할 아이들을 키우고 있어." 나는 그들에게 팔레스타인인의 삶이 정말 어떠한지 알려 주고 싶었으며 이번이 그들의 눈을 뜨게 해 줄 좋은 기회였기에 상당한 부담을 느꼈다. 내가 팔레스타인에 관한 그들의 견해에 변화를 주려면 미국에서 야구팬들이 말하듯 "장외 홈런" 같은 연설을 해야 했던 것이다. 내 앞에 있는 청중을 보며 나에게 주어진 임무가 얼마나 막중한지 알 수 있었다. 사람들이 마음을 닫고 있는지 아닌지는 보면 알 수 있다. 그들은 의자에 완전히 기댄 채 나와 시선을 맞추지 않으려 했고, 내 얘기는 그저 의무적으로 들을 뿐이라는 태도를 보였다. 아마도 그들은 나 아닌 다른 토론자들을 보러 왔을 터였다. 그럴 수 있는 일이지만, 꼭 그대로만 되라는 법도 없었다. 나는 그들이 모르는 사실과 이야기를 알고 있으니 하기 나름일 수도 있었다. 내 차례가 오기 전부터 나는 미소를 잃지 말아야 한다고 스스로 주문했다. 나는 세 번째로 발표했다. 내가 연단에 오르기 전에 발표한 사람은 스티븐 플래토였다.

처음에 나는 그들이 최근에 겪은 테러가 너무 엄청난 비극이었기 때문에 '내 얘기가 그들의 귀에 들리기나 할까?' 생각했다. 이제 막 공격을 당했는데 남의 고통에 관해 생각해 볼 여유가 있을까? 나는 그들에게 지난 4주 동안 중동의 상황에 관해, 이스라엘과 팔레스타인 사이의 극도의 긴장에 관해 얘기해 주고 싶었다. "누구에게나 저마다의 오사마 빈 라덴이 있고, 우리에게는 야세르 아라파트가 그렇다."라는 발언을 한 아리엘 샤론에 관해, 아무 잘못도 없이 목숨을 잃은 팔레스타인 아이들에 관해 말하고 싶었다. 무자비한 복수극에 희생된 양측의 수많은 사람에 관해, 이스라엘 군인들이 라말라에서 행했던 폭력과 나사렛에서 저지른 학살에 관해 들려주고 싶었다. 9·11 테러는 우리가 사는 지역에도 희생을 초래했다. 테러는 그런 식으로 씨를 퍼트리는 법이다. 권리를 박탈당하고 교육받지 못하고 불만 가득한 사람들 사이에 자리를 잡고서 공포와 불신과 불관용의 싹을 틔우는 것이다.

밸푸어 선언이나 평화 협정이나 유대인의 정착이나 가자와 이집트 사이의 밀수 터널 같은 것에 관해서는 말하고 싶지 않았다. 늘 그런 얘기만 하는 사람들이 있기는 하다. 하지만 나는 사람들에 관해, 신뢰와 존중과 관용에 관해 이야기하고 싶었다. 이스라엘인과 팔레스타인인에 관해 내가 아는 바를, 우리가 얼마나 비슷한 민족인지를 들려주고 싶었다.

어떤 나라, 지역, 문화에서든 악한 사람들이 있다는 사실을 이해해야 한다. 그런가 하면 나처럼 서로의 견해와 관심에 귀를 기울임으로써 두 사회가 화합할 수 있다고 믿는, 잘 드러나지는 않지만 차분한 쪽에 속하는 사람들도 어느 나라에든 있다. 화해의 비결은 실은 그렇게 간단한 것이다. 나는 성년이 된 뒤로는 대부분 그렇게 살아왔기에 그런 방식에 대해서는 좀 안다고 할 수 있다. 중동을 보라. 만신창이가 된 성지를, 증오와 학살의 수렁에 빠진 세대를 보라. 그런 비극에서 벗어나는 길은 대화와 이해뿐이다. 오늘날 중동에서 신뢰는 희박한 공기처럼 드물고 귀한 것이다. 한쪽에는 고개를 숙이라고, 다른 쪽에만 유리한 해법에 의지하라고 해 놓고서 서로 공존하라고 요구할 수는 없는 노릇이다. 그렇다면 우리가 할 수 있는 일은 무엇일까? 서로에 대한 비방을 그만두고 한 번에 한 사람씩 대화를 나누려고 애써 보는 것이다. 폭력이 폭력을 낳고 더 많은 증오를 부른다는 것을 누구나 안다. 우리는 함께 길을 찾아야 한다. 나를 대변한다는 많은 이들의 말만을 믿고 있을 수는 없다. 나에게는 맞지 않는 말을 그들은 언제든지 할 수 있기 때문이다. 그래서 나는 유대인이든 아랍인이든 내 환자에게, 내 이웃과 동료에게 나의 이야기를 하는 것이며, 그러면 그들도 나처럼 느끼고 있음을 알게 된다. 우리는 다른 면보다는 비슷한 면이 더 많으며, 폭력이 진저리나도록 싫은 것이다.

이스라엘과 가자에서 의사로 활동하는 나로서는, 교육과 친선이 그랬듯이 의료가 우리 사이를 이어 주는 다리가 될 수 있다고 본다. 우리 모두 무엇을 하면 되는지 알고 있는데, 누가 우리를 막겠는가? 누가 우리 사이에 벽을 쌓겠는가? 우리는 불관용보다는 관용의 메시지를, 증오보다는 치유의 메시지를 보내 서로에게 다가갈 필요가 있다.

나는 그런 말을 하면서 유대계 미국인 청중을 바라보았다. 그들은 내가 들려주는 가자의 실상을 받아들이고 있었다. 내 말이 끝나기만을 기다리며 뒤로 완전히 기대앉아 있는 것이 아니었다. 양식 있는 사람들이라면 어디에서나 다 그러하듯, 그들은 내가 하는 말에 충격을 받았으며 내 메시지가 의외로 간명해서 좀 놀라는 것 같았다. 나는 나의 참석을 반대했던 스티븐 플래토가 일어나 이런 말을 하는 것을 보고 발표가 성공을 거두었음을 알 수 있었다. "내일 저희 집 안식일 점심 식사에 와 주시겠습니까?" 다음 날 그는 내게 리무진을 보내 주었다. 그의 어머니도 함께해 식사를 마치고는 그가 말했다. "이젤딘, 가자인을 위해 제가 무엇을 할 수 있을까요?" 그의 말은 그날 내가 받은 최고의 선물이었다.

2002년 2월, 어머니가 돌아가셨다. 나를 위해 가장 많이 희생해 주신 분을 잃은 것이다. 어머니는 내 어린 시절 가족을 하나로 뭉치게 한 분이었다. 우리 모두 어머니의 의지력과 호통 덕분에 살아갈 힘을 얻었다. 돌아가시기 불과 며칠 전, 나는 당신 사촌의 집에 가려고 길에 나와 기다리고 있는 어머니를 차로 모셔다 드렸다. 그때까지만 해도 여느 때처럼 강하고 정정하시던 어머니였다.

이드 축일(한 달간의 라마단 뒤의 3일 축제)이 막 끝난 뒤 모인 자손들을 보며 어머니는 얼마나 기뻐하셨는지 모른다. 나는 샌프란시스코에서 열리는 회의에 병원 대표로 참석해야 했기에 짐을 챙기러 우리 집으로 돌아가야 했다. 집에 도착하자마자 걸려온 전화를 받아 보니, 남동생이 어머니가 편찮으시다고 했다. 다시 어머니 사촌의 집으로 돌아갔더니 어머니는 뇌졸중 상태였다. 나는 어머니를 차에 태워 가자에 있는 알시파 병원으로 모셔 갔다. 어머니가 중환자실에 입원한 다음, 나는 소로카 병원에 전화를 걸어 샌프란시스코 회의에 갈 수 없다고 했다. 동료들은 어머니를 소로카 병원으로 모셔 오라고 했다. 알시파 병원은 필요한 것들을 제대로 갖춘 병원이 아니었기에 나는 동료들의 권유를 고려해 보았다. 어쨌든 알시파 병원에 다시 갔더니 마침 팔레스타인 보건부 장관이 많은 수행원을 거느리고 방문하던 중이었다. 그는 중환자실에 들러 내게 인사를 했고, 그러자 의료진은 어머니 치료에 모자람이 없도록 공을 들이기 시작했다. 알시파 병원에서는 여전히 누구를 아느냐에 따라 대우가 달려졌던 것이다. 의사인 나는 우리가 할 수 있는 최선의 방법은 어머니를 편안하게 해 드리는 것뿐임을 알 수 있었다. 나는 어머니가 깨어나서 제일 편히 여기는 손녀 베싼을 찾으시면 바로 베싼을 불러올 수 있게 해 두었다. 온 가족이 밤낮으로 병상 곁을 지키는 가운데, 어머니는 사흘 뒤 세상을 떠나셨다.

어머니를 잃은 슬픔은 너무나 컸다. 나는 어머니가 고생한 만큼 편히 살 수 있도록 애써 봤지만 늘 부족하다고 느끼고 있었다. 내가 소로카 병원의 전공의 과정을 마치고 정식으로 이스라엘 병원 최초의 팔레스타인 의사가 되면 어머니는 너무 자랑스러워하셨을 텐데, 그 모습을 몇 달 남겨 두고 떠나시고 말았다. 어머니를 모셔 가는 운구 행렬은 내가 동생들과 지은 새집 앞을 지나갔다. 이때가 어머니가 새집에 가장 가까이 와 보신 때였다.

어머니가 돌아가시고 한 달 뒤, 이스라엘의 한 호텔에서 자살 폭탄 테러가 일어났다. 나는 멀리 떨어진 곳에 있었고 사건과 아무 관련이 없었는데도 이스라엘 입국이 당장 금지되어, 환자를 볼 수 없게 되었다. 금지 규정의 예외로 국경을 다시 넘기 위해서는 두 달이라는 시간과 이스라엘 병원 여러 동료의 탄원이 필요했다. 심지어 이스라엘 국회의원들의 도움까지 있어야 했다. 충동적인 행동을 참고 침착성을 유지하는 나의 인내력이 대단하다며 사람들은 감탄하고는 한다. 그러면 나는 그들에게 그 모든 것을 에레즈 출입사무소에서 줄을 서서 기다리며 배웠노라고 말한다.

이듬해에는 8남매의 막내인 둘째 아들 압둘라가 태어났다. 나는 늘 그렇듯이 국경을 넘나들면서 우리 아이들이 과연 어떤 세상에서 자라게 될지 궁금해하고는 했다.

보는 사람에 따라서, 제2차 인티파다는 야세르 아라파트가 사망한 2004년 11월에 끝났다고도 하고, 마흐무드 압바스가 폭력을 그만두는 데 합의하고 이스라엘의 샤론이 팔레스타인 포로 900명을 석방하기로 합의한 2005년 2월을 종결 시점으로 보기도 한다. 그런데 과연 언제 어떻게 끝이 난 것일까? 아니, 끝이 나기나 한 것일까? 양측이 터놓고 대화를 나누게 될 때까지는 문제가 해결되었다고 볼 수 없을 것이다.

그사이 나는 집을 오래 떠나 있었다. 전공의 과정을 마치자마자 벤구리온 대학교와 소로카 병원의 미국 친선 단체들에게 후원을 받아 밀라노의 V. 부치 병원과 벨기에 브뤼셀의 에라슴 병원에서 태아의학과 유전학 전문 과정을 이수하게 되었던 것이다. 산부인과 전문가가 되겠다는 나의 꿈은 점점 현실이 되어 가고 있었다.

그렇게 여러 나라를 돌아다닌 덕분에, 나는 더 나은 공중 보건 정책이 얼마나 절실한지 눈뜨게 되었다. 한 친구는 내게 보스턴에서 하버드 대학교 보건대학원 교무처장과의 만남을 주선해 주었다. 교무처장은 내게 "우리는 당신께 도움을 드릴 수 있고 당신도 우리에게 도움을 주실 수 있습니다."라고 했다. 나는 인구 과밀의 난민 캠프에서 공중 보건 일을 직접 해 본 경험이 있고 그는 공중 보건 정책을 만들어 내는 전문적인 능력이 있으니, 함께 혁신적인 정책을 만들어 볼 수 있을 것이라는 뜻이었다. 하지만 보스턴에서 공부하자면 다시 오랫동안 집을 떠나 있어야 했다. 나는 내가 또 한 번 일련의 시험을 치를 준비가 되어 있는지 확신이 서지 않았다. 이번에는 대학원 입학 자격시험인 GRE를 치러야 했던 것이다. 수십 년 동안 계속 시험만 치러 온 기분이었다. 의사로서의 본업에 더 집중하고 싶은 마음도 있었다. 하지만 공중 보건에 대한 아쉬움도 언제나 있었다. 그것은 내가 하고 싶었던 일에서 잃어버린 한 조각 퍼즐 같았다. 결국 나는 하버드 대학교에서 제의한 장학금을 받기로 하고, 2003년에 보건 정책 및 관리에 관한 12개월짜리 석사 과정을 밟으러 떠났다.

　결과적으로 그 경험은 더없이 귀중한 것이었다. 내게 의료 분야의 전혀 다른 영역을 열어 주었으며, 팔레스타인인의 보건을 개선할 기회가 있음을 알게 해 주었다. 가자 지구의 보건 시스템은 파편화되어 있다. 모방해 온 여러 서비스가 서로 조정되지 않아 사람들에게 필요한 도움을 제대로 주지 못하고 있다. 유엔에서 기초 의료를 제공하고 나머지는 팔레스타인 자치 정부가 담당하고 있지만, 중간에 껴서 도움을 받지 못하는 사람들이 너무 많다. 간단한 병을 앓을 때는 괜찮지만, 중병을 앓을 때에는 가자 밖으로 나가 치료를 받아야 한다. 요컨대 주민의 필요보다는 정책 주체가 바뀔 때마다 책임자에 따라 보건 시스템이 바뀌는 것이다. 나는 그런 사실을 역전시키는 방법을 찾고 싶었다. 아쉬운 점은 미국에 학생 비자로 가야 하기 때문에 방문차 돌아올 수는 없다는 사실이었다. 비자 규정이 워낙 엄격해서, 하버드에서의 긴 크리스마스 방학 때 가족 방문차 집으로 돌아오면 그 비자로 다시 가서 공부를 마칠 수가 없었다.

　사정이 그러했기에, 나는 아무리 가족이 그리워도 석사 과정 내내 보스턴에 머물면서 공부에 집중해야 했다. 많은 친구를 사귈 수 있었던 것은 좋았다. 전 세계에서 갖가지 의료 경험을 가진 친구들과 공부하니 나눌 만한 정보가 엄청나게 많았다. 사실 그전까지만 해도 나에게 미국인은 매우 오만한 사람들이라는 인상이 있었다. 그런데 실제로 그들과 함께 살아 보니, 어느 정부에 대한 불만으로 그 국민 전체를 판단해서는 안 되겠다는 생각이 들었다. 미국은 성공이라는 개념을 토대로 세워진, 개방적이고 경쟁적인 사회였다. 내가 보스턴에 살았던 경험으로 보면, 대부분의 미국인이 친절하고 괜찮은 이웃이었다. 그런 사람들을 한데 묶어 오만한 국민이라 판단해 버리는 것은 이스라엘 점령군이나 팔레스타인인을 전부 말썽꾼이라 부르는 것과 같은 일 아닐까?

해묵은 중동의 갈등은 민주주의와 인권에 관한 의식이 살아 있는 하버드의 강의실에서도 따라다녔다. 보건경제학 과목 수강 신청을 하려는데 담당 교수 둘 중 한 분이 유대인이었다. 아랍에미리트에서 온 한 반 친구는 내게 그 유대인 교수가 아랍인을 아주 싫어한다며 다른 교수의 수업을 들으라고 했다. 하지만 그는 보건경제학 분야의 권위자였다. 나는 가장 뛰어난 분에게 배우고 싶었기에 그 유대인 교수의 수업을 신청했다. 그런데 막상 수업에 들어가 보니 과연 그가 나를 무시한다는 인상을 받게 되었다. 좋지 않은 얘기를 들은 나의 피해망상 탓이었을까, 아니면 그가 정말 나를 따돌린 것일까?

나는 따로 만나서 물어보기로 했다. 면담하러 간 나는 단도직입적으로 물어보았다. "교수님은 제가 팔레스타인인인 것을 알고, 저는 교수님이 유대인이라는 것을 압니다. 저는 교수님이 저를 동등하게 대하지 않을 테니 이 수업을 듣지 말라는 얘기를 들었습니다. 그런데 정말 수업 시간에 교수님이 저를 무시하신다는 느낌을 받게 되네요. 정말 그런 것인지 여쭙고 싶습니다." 그는 소스라치게 놀랐다. 그는 내가 수업 시간에 무시당한다고 느끼는 줄은 전혀 몰랐다고 말했다. 우리는 터놓고 얘기해 보았고, 나는 내 느낌을 뒷받침할 만한 사례들을 들다가 그것들이 사소한 문제라는 것을 깨닫게 되었다. 수업을 듣지 말라고 한 친구의 말에 많이 영향을 받은 것이었다. 내가 너무 바보 같았고, 그 일로 교수님이 나를 나쁘게 보지는 않을지 걱정이 되었다. 하지만 그런 일은 없었다. 몇 주 뒤 그는 수업 시간이 끝나고서 나에게 세계은행에서 무슨 발표를 하러 나온 분이 있는데 그 사람을 만나 보지 않겠느냐는 말을 했던 것이다.

나는 2004년 6월 10일에 석사 학위를 받고 6월 12일에 가자로 돌아왔다. '가족들이 보스턴에서의 학위 수여식에 올 수 있었다면 참 좋았을 텐데' '어머니 아버지가 묘소에서 일어나 아들을 보러 올 수 있다면 얼마나 좋을까' 하는 생각을 자꾸 하게 되었다. 기자 지구의 기난한 소년이 자라서 이런 학위까지 받게 된 순간을 모든 팔레스타인인이 다 나누었으면 좋겠다는 마음까지 들었다. 하지만 불가능한 일이었다. 학위 수여식에서 교수들은 참석한 모든 졸업생의 국기를 들고 있었는데, 거기에 팔레스타인 국기도 있는 것을 보고서 나 자신과 우리 학우들 모두가 자랑스러웠다.

집에 돌아와 보니 서운한 일도 있었다. 집을 너무 오래 비웠더니 아이들이 서먹서먹해하는 것이었다. 내가 집을 떠날 때 겨우 한 살이던 아들 압둘라는 나를 알아보지도 못했다. 사촌들이 나를 삼촌이라 부르는 것을 보고 따라서 삼촌이라 부르기까지 했다. 나는 여행 가방 세 개 가득 아이들 선물을 사 왔다. 베싼의 선물로는 내가 사 본 물건 가운데 가장 비싼 검정 모직 코트를 사 왔고, 다른 딸들에게는 드레스를, 사내아이들에게는 장난감을 선물했다. 큰 딸들 셋은 집에 없었다. 베싼, 달랄, 샤타 이렇게 셋은 미국 뉴멕시코의 산타페에서 열린 평화 캠프에 가 있던 것이다. 그 아이들이 돌아오기까지 2주를 기다려야 했다. 내 남동생들과 그 가족과 이웃은 대부분 집에 있었기에, 우리는 나디아가 준비해 준 맛난 음식을 함께 먹으며 웃고 떠들 수 있었다. 그런 잔치가 2주 동안 이어졌다. 집에 돌아오니 매우 좋았다.

마음과 마음

병원 신생아실의 산소 호흡기가 고장 났는데, 교체할 부품을 구할 수 없다고 하자. 그럴 때 아기 부모들에게 부품을 실은 트럭이 국경에서 발이 묶여 있어서 아기가 죽을 거라는 말을 누가 나서서 할 수 있겠는가?

가자는 오랫동안 전쟁터였기 때문에 팔다리를 잃은 사람이 아주 많다. 팔이나 다리가 잘린 사람 수십 명이 치료를 기다리고 있다. 왜 그래야 하는가? 인공 팔다리를 수입하면 보안에 문제가 되는가? 아니면 그냥 벌을 주고 싶은 것인가? 이스라엘군의 포격을 받아 집이 무너질 때 팔다리를 잃은 다섯 살 된 아이에게, 다시 걷는 법을 배워야 하지만 일어날 수도 없는 화난 청년에게 그런 사정을 어떻게 설명한단 말인가? 가자의 병원은 낙후되어 있으며, 금수 조치가 너무 가혹하여서 수리도 할 수가 없다. 병원에서 군사를 모집하는 것도 아니고 로켓을 만드는 것도 아닌데도 그렇다.

　　팔레스타인에서 일어나는 일들 가운데는, 내가 사는 자발리아 시티의 길거리와는 아주 멀리 떨어진 곳의 결정 때문에 벌어지는 것들이 많다. 1993년에 맺어진 오슬로 협정은 가자 지구와 웨스트 뱅크를 팔레스타인 자치 정부 관할로 하자는 합의였으며, 두 지역이 연결되면 언젠가 팔레스타인 국가를 이루게 될 가능성을 열어 두었다. 두 지역의 지도자는 야세르 아라파트였고, 양대 정당인 파타와 하마스는 팔레스타인인의 열띤 지지를 얻기 위해 경쟁했다. 가자에 본부를 둔 하마스는 1987년에 셰이크 아흐메드 야신이 이집트 무슬림 형제단의 한 분파로서 창설한 단체로, 팔레스타인 민족주의와 이슬람주의와 종교적 민족주의를 설파했다. 파타와 마찬가지로, 하마스라는 이름은 단체의 아랍어 명칭인 '이슬람 저항 운동'의 머리글자를 딴 것이다. 하마스는 가자 지역의 지지를 주된 세력 기반으로 하고 있으며, 1993년 4월에 자살 폭탄 테러를 개시한 것도 하마스였다. 하마스는 2006년 4월에야 자살 폭탄 테러를 그만두었다.

　　2005년 9월에는 가자를 통치하던 이스라엘인이 철수했는데, 이는 이 지역을 팔레스타인 자치 구역으로 두겠다는 이스라엘 정부의 약속에 따른 조처였다. 이스라엘의 일방적인 행동이 있었고 국경 출입사무소들은 여전히 이스라엘이 통제했으므로 딱히 성공적이라고는 할 수 없었으나, 중요한 일보 전진이기는 했다. 적어도 나는 그렇게 보았다.

그런 사건이 세계 각지 언론의 국제정치 면을 장식하는 한편, 외국 언론에서는 잘 다루지 않지만 현지 사람들의 마음에서는 큰 자리를 차지하는 일들이 있었다. 나는 원하든 원치 않든 그런 일들과 무관하지 않은 처지에 놓이고는 했다.

이를테면, 이스라엘인이 철수하기 몇 달 전인 2005년 6월 21일, 자발리아의 한 여성이 내가 일하는 병원에 테러 공격을 시도하려 한 사건이 있었다. 이름이 와파 알비스인 21세의 이 팔레스타인 여성은 부엌일을 하다 화상을 입고서 우리 병원에 입원한 환자였다. 그녀는 퇴원한 뒤 외래환자 카드와 특별 출입증을 발급받아 이스라엘을 오가며 치료받을 수 있었다.

그 뒤에 벌어진 일을 보고 나보다 놀란 사람은 없었을 것이다. 그녀는 병원으로 오는 길에 에레즈 출입사무소에서 눈치 빠른 보안 요원에게 제지를 당했는데, 몸수색 결과 엉덩이에 폭발물을 10파운드 분량이나 두르고 있는 것이 발견되었다. 그녀는 그대로 병원에 가서 자폭할 계획이었으며, 아이고 어른이고 할 것 없이 최대한 많은 사람의 목숨을 끊을 작정이었다고 나중에 실토했다.

나는 너무 화가 나서 《예루살렘 포스트》에 공개서한을 보냈다. 6월 24일자에 실린 그 편지에서 나는 그녀의 무책임한 행동에 얼마나 넌더리가 나는지, 병원이 왜 중요한지 토로했다. 나는 내가 얼마나 경악했는지 이야기한 뒤 이렇게 썼다. "그녀가 자폭 테러를 하러 가던 바로 그 날, 가자에서는 위독한 상태의 팔레스타인인 두 사람이 소로카 병원으로 이송되어 응급치료를 받고자 대기하고 있었습니다." 그런 잔혹한 행동을 배후조종하는 몇몇 과격 분파들이 있는데, 알비스를 보낸 자들이 누구이든 그들은 결국 가자 지구와 웨스트뱅크에서 온 팔레스타인인을 치료해 주고 있는 이스라엘 사람들을 죽이려고 했던 것이다. 이런 행동의 결과로, 치료를 바라는 팔레스타인인을 이스라엘의 병원들이 당장 다 거부해 버리면 어떻게 되겠는가? 이 젊은 여성을 내몬 이들은 자기 친척이 이스라엘에서 치료를 받아야 하는데 거부당하게 된다면 그 심정이 어떨까?

나는 공개서한에 다음과 같이 토로하기도 했다. "알비스는 그녀의 동족을 대표해 평화의 사도가 되어야 했습니다. 그녀의 화상을 치료해 준 소로카 병원 의사들에게 꽃과 감사를 전하면서요. …… 병원을 상대로 한 이런 계획을 세우다니 너무 무자비한 짓입니다. 어린아이, 부녀자, 환자, 의사, 간호사가 표적이었습니다. 친절에 대한 보답이 이것입니까? 이것이 생명을 존중하고 신성시하는 종교인 이슬람을 알리는 방법일까요? 이번 일은 인간성에 위배되는 공격 행위입니다."

그녀는 세뇌를 당했을 것이다. 그렇지 않고서야 어떻게 자기를 도와준 사람들을 공격할 수 있겠는가? 내가 아는 가자인들은 내가 그런 편지를 쓴 것을 긍정적으로 받아들였다. 자신들의 입장을 잘 말해 주었다는 것이다. 일부 정치인은 내게 자신은 공개적으로 할 수 없는 발언을 해 주었다고 말했다. 와파 알비스는 지금 이스라엘의 감옥에 있으며, 조만간 석방되기는 어려울 것으로 보인다.

하버드 대학교에서 공부하던 시절, 현실 정치판에 뛰어들어 보면 어떨까 하는 생각을 조금씩 하게 되었다. 그전까지 정치는 내가 사람들에게 기여할 수 있는 분야가 아니라는 생각에, 염두에도 두지 않았던 나였다. 그러다 보건 정책을 공부하며 잘 수립된 정책이 팔레스타인인을 혼돈과 박탈에서 벗어나게 하는 데 크게 기여할 수 있다는 것을 알게 되면서부터, 불을 쫓는 나방처럼 정치에 이끌렸다. 가자에 선거철이 다가오고 있었기에, 나는 집에 돌아오자마자 공직 입후보 가능성을 타진해 보기 시작했다. 그리고 몇 달 동안 가자 지구 북부의 모든 주민 행사에 참석했다. 나의 메시지는 이런 것이었다. "여러분을 위해 일하고 싶습니다. 가자의 건강과 교육을 향상할 변화를 일으키도록 저를 도와주십시오."

총선이 아직 몇 달 남은 상태였기에, 우선 나는 팔레스타인 자치 정부가 미국국제개발처의 지원을 받아 수행하는 작은 프로그램인 '마람 프로젝트'의 생식 보건 컨설턴트 자리를 얻어 일했다. 가자 지구 전역을 다니며 해야 하는 일이었기에, 다가올 선거에 입후보할 계획을 계속해서 알릴 수 있었다. 사람들은 나를 잘 대해 주는 듯했고, 길에서 이런 소리가 들리고는 했다. "저분이 귀국했다더니 나랏일을 하게 될 모양이야." 또한 나는 소로카 병원에서 강의도 하고 집에서 사람들에게 진료 소견서를 써 주기도 했으니, 지역민과 유대를 형성하며 나의 계획을 알리기에 좋은 여건에 있었다.

나는 지역민에게, 무엇이 잘못되었는지를 알며 그것을 뜯어고치는 법도 안다고 말했다. 보건 행정은 허술한 데가 많았으며, 그 발전 여부는 사람들의 필요가 아니라 자리를 나눠 줄 권력을 누가 갖느냐에 좌우되었다. 나는 그동안 하버드 대학교뿐만 아니라 런던, 벨기에, 이탈리아 등 다양한 나라에서 연구하면서 경험을 쌓았다. 유엔에서도 일해 봤고, 가자와 이스라엘과 사우디의 여러 병원에서도 의료진으로 일한 바 있었다. 그러한 일련의 경험을 통해 훌륭한 의료 시스템이 어떻게 운영되는지 보았기에 그것을 가자에서 실현할 방법을 알았다. 더구나 세계 여러 지역의 의사와 행정가도 알고 있었고, 그들에게 도움을 구할 방법도 알고 있었다.

내가 하버드에 가 있는 동안 가자의 생활 조건은 급격히 악화되었기 때문에 정치적으로 새로운 피가 몹시 필요한 시점이었다. 지난 2년 동안 국외에 있었기에 국내에서 다시 자리를 잡아야 했지만, 내가 제시하는 변화를 사람들이 원하고 있다고 나는 믿었다.

2005년 말에는 주로 선거 운동을 하며 지냈다. 남동생들과 친구들이 도와주었고, 우리 모두 내가 이길 가능성이 크다고 보았다. 선거 운동 때문에 의사 일로 버는 수입을 포기해야 하는데 어떡하냐는 사람들이 있었지만, 돈 문제는 괜찮았다. 컨설턴트로 버는 돈으로 생활비는 댈 수 있었다. 무엇보다 내가 진정 바라는 것은 팔레스타인인을 돕는 일이었다.

선거일이 2006년 1월 25일로 확정되자 파타 당에서는 내게 10월 예비 선거에 파타 당원으로 출마해 달라고 요청했다. "우리와 함께해 주십시오. 우리는 당신 같은 고학력 전문직 후보를 찾고 있습니다." 이 무렵 하마스는 파타의 경쟁 상대로 간주되지는 않아도 가자에서는 인기가 있었는데, 그래도 파타의 우세가 예상되고 있었다. 나는 무소속으로 출마하고 싶었다. 가자의 정치는 지나치게 부족과 정당과 금력에 의해 좌우된다. 나는 우리가 그런 구습에 도전할 필요가 있으며, 일반 유권자가 자기 뜻대로 선택할 수 있는, 사람 중심의 정치 풍토를 만들어 가야 한다고 주장했다. 하지만 파타 쪽에서는 내가 그들 편에서 출마할 것으로 보고 있었고, 나는 비용이나 결과 등을 따져 보고 그들과 함께하는 것이 좋겠다는 결론을 내렸다.

나는 선거 운동 초보자였다. 그래도 알 만한 것은 아니 나름대로 해 보면 되겠지 싶었는데, 얼마 지나지 않아 무슨 말을 하고 어떤 정책을 홍보하고 질문에 어떻게 답하는지 훈수를 따라야 했다. 그러다 보니 선거에서의 당선은 내가 어떤 사람이고 무엇을 대변하느냐의 문제가 아니라, 내가 누구와 연줄이 있고 누구를 위해 일할 것이냐에 따라 좌우되는 문제가 되었다. 그래도 내가 대표하고자 하던 지역인 가자 북부 일대를 유세하며 다니는 동안, 나는 상식을 가진 새로운 목소리로 인식되었다. 그러다 예비 선거가 치러지던 날, 파타 쪽의 일부 과격파 사람들이 내 선거구의 한 투표소에 기관총을 들고 난입하는 사건이 벌어졌다. 그들은 투표함을 부수며 사람들을 죽일 듯 협박하여 공정한 선거의 기회를 망쳐 버렸고, 그 때문에 가자 북부의 선거 결과는 무효가 되었다.

내가 잘 알고 존경하는 한 어르신은 나를 한쪽으로 데려가더니 이렇게 말했다. "이런 더러운 놀이에 끼지 말게. 무소속으로 출마하게나. 내가 자네를 도와주지." 나는 그의 조언을 따라 결과가 어찌 되든 다가올 선거에 무소속으로 출마하기로 했다. 파타 쪽에서는 내가 무소속 출마를 결심한 것을 알고는 자기네와 함께하면 더 많은 것을 주겠다고 제안했다. 부총리 자리를 주거나, 선거비를 전부 대 주겠다는 것이었다. 하지만 나는 받아들이지 않았고, 남동생들과 친구들에게 3만 5000달러를 빌려 선거비를 대기로 했다.

선거일이 다가올수록 상황은 뜻밖의 방향으로 전개되었다. 내가 내건 공약은 빈곤과 실업과 질병을 타파하고, 보건과 교육을 개선하고, 여성의 지위를 향상하겠다는 것이었다. 그런데 하마스가 여성 문제를 제외하고는 나와 비슷한 공약을 내걸고서 파타의 입지에 강력하게 도전한 것이다. 그들의 선거 구호는 "개선과 변화"였다. 그런데 그들이 개선하겠다고 약속한 대상은 이스라엘의 로켓 공격뿐만 아니라 팔레스타인 자치 정부에 의해 손상된 것들도 있었다. 자치 정부에 대해서는 모두가 부실 행정과 부패와 불량한 태도의 문제점을 지적했으며, 집권의 바탕이 되는 자금을 제공해 주는 재력가들만 끌어모은다며 비난하고 있었다. 대부분 팔레스타인인은 정부의 부정부패에 분개하고 있었으며, 하마스는 그런 정부를 뜯어고치겠다고 약속했다.

하마스는 탁월한 조직력을 갖추고 있었다. 그들은 컴퓨터를 이용하여 유권자를 거주지별로 파악해서는 선거 당일에 차량을 배치해 유권자를 투표소로 실어 날랐다. 그에 비해 파타는 지나치게 방심하고 있었다. 그래도 나는 내게 투표하겠다고 말한 가자인이 많았기 때문에 가자 북부에서 승리하리라고 확신했다. 수많은 사람과 단체가 나를 지지한다며 몰려들었던 것이다. 선거 운동 마지막 날에는 내 아이들과 나디아까지 와서 이젤딘에게 한 표를 부탁한다고 호소하며 선거를 도왔다. 그런데 정작 투표가 끝나고 보니 투표자의 79퍼센트가 하마스에 표를 던진 것이 아닌가. 가자에서 무소속으로 당선된 후보는 단 한 명도 없었고, 하마스는 웨스트뱅크와 가자에서 132석 가운데 76석을 차지하며 집권했다.

나는 패배를 오래 마음에 담아 두지 않았다. 아마 내 성격이 좀 그런 듯하다. 살아오면서 몇 번 그랬듯이 이번에도 전화위복이 있었다. 새 정부에서는 출범과 거의 동시에 내부 갈등이 시작되었던 것이다. 나는 그런 곳에 몸담지 않게 된 것을 다행으로 여겼다. 내 목적은 사람들의 생활조건을 바꾸기 위해 보건과 교육과 정의와 여성 문제에 집중하는 것이었으니 말이다. 선거일 자정에 나는 지는 것이 실은 내게 더 좋은 일이라는 것을 깨닫게 되었다. 나의 때가 분명 아니었던 것이다.

그래도 과정은 흥미로웠다. 나는 출마를 통해 엄청나게 많은 것을 배웠다. 무엇보다 정치판에서는 사람들이 무얼 하겠다고 해도 그 말을 다 믿어서는 안 된다는 사실을 알게 되었다. 나를 전적으로 지원하겠다고 공언한 사람이 정작 투표장에 가서는 다른 당에 표를 던지는 경우가 적지 않았던 것이다.

선거를 치르면서 이전의 평판을 유지하는 것은 상당히 어려운 일이다. 우리 캠프에 사기꾼이 하나 있어서 그 사람 때문에 가문의 이름을 더럽힐 뻔한 일이 있었다. 선거용으로 빌린 컴퓨터나 집기 등을 돌려주기 위해 정리하다 보니 없어진 것들이 많았다. 자발리아 시티에 사는 한 사내가 우리를 돕겠다며 찾아와서 함께 숙식까지 하며 일했는데, 그가 훔쳐간 것이 분명해 보였다. 경찰이 연락을 받고서 그를 체포하고 보니 그의 집에서 도난당한 물건들이 많이 발견되었다. 물건들은 주인 손으로 돌아가고 그는 감옥에 가게 되었는데, 나로서는 참 씁쓸한 일이었다.

가자인이라면 누구나 마주해야 했던 더 큰 문제들도 있었다. 2000년부터 시작된 제2차 인티파다는 그전부터 진행되어 오던 평화협상이 결렬되면서 일어난 사태였다. 2006년 총선이 공표되기 전에, 팔레스타인 자치 정부는 아직 선거 준비가 되지 않았노라고 국제사회에 선언했다. 하지만 미국을 중심으로 하는 국제사회는 어서 선거를 치르라고 압박했고, 그 와중에 하마스가 승리를 거두었다. 하마스는 테러 조직으로 간주되었기 때문에 하마스에 대한 제재 조치는 바로 우리 모두에 대한 것이었다. 팔레스타인인은 다시 대가를 치러야 했다. 하지만 나는 그런 정치 현실에 관여할 처지가 아니었다. 나에게는 3만 5000달러의 빚과 먹여 살려야 하는 자식 8남매가 있었으니 당장 일자리부터 다시 구해야 했다. 아이들 교육을 위해 모아 둔 금붙이는 물론이고 나디아의 금장신구들도 이미 다 팔아 버린 상태였다. 이제는 갚아야 할 때였다.

선거 바로 다음 날 나는 세계보건기구WHO에 이력서를 냈다. 금세 응답이 왔고, 나를 아프가니스탄 보건부에서 파견 근무하는 WHO 보건 정책 고문으로 고용하고 싶다고 했다. 그런 일을 하자면 다시 가족과 멀리 떨어져 있어야 했지만, 우리에게는 돈이 몹시 필요했다. 내가 사는 곳이 중동이니 만큼 물론 문제는 있었다. WHO에서는 내게 카이로 사무소에 와서 계약서에 서명해야 한다고 했는데, 이스라엘과 그 후원국들은 총선에서 승리한 하마스를 테러 조직으로 보았기 때문에 국경이 굳게 차단되어 밖으로 나갈 수 없었다. 이스라엘 당국에서는 특정 행사에 참석하기 위한 초청장이 있으면 에레즈를 통해서 요르단으로 간 다음 비행기로 카이로에 갈 수 있기는 하지만, 계약서에 서명하기 위한 만남은 출국 허가증의 요건이 되지 못한다고 했다. 결국 나는 가자에 갇혀 있다가 WHO가 알렉산드리아에서 열리는 한 컨퍼런스의 초청장을 내게 보내 주고 나서야 허가증을 신청할 수 있었다. 그렇게 겨우 허가증을 받아 카이로로 가서 계약한 다음 아프가니스탄으로 떠난 것이 2006년 7월 중순이었다.

아프가니스탄은 분쟁 지역이었기 때문에 나는 6주 근무 후 10일 휴가를 보내는 조건으로 일하게 되었다. 아프가니스탄이라는 나라의 상황은 팔레스타인에서 온 내가 보기에도 충격적이었다. 인간이 인간으로 살기가 위태로운 지경이었다. 아프가니스탄 사람이 사는 모습을 보니 100년 전쯤에는 우리도 저렇게 살지 않았을까 싶었다. 가자는 정치적으로 불안정하고 없는 것도 많지만, 아프가니스탄에 비하면 훨씬 발전된 편이었다. 카불의 공항은 여기저기 삐걱거릴 정도로 너무 뒤처져 있었다. 온 나라가 내전으로 불바다가 되었던 흔적이 역력했다. 전기나 보건 같은 사회 기반이나 안전망이 마구 파괴되거나 파편화되어 제 기능을 못 하고 있었다. 가자가 열악하다면, 아프가니스탄은 거의 최악이었다. 재밌는 것은 가자인은 아프가니스탄인에게 당신들이 세상에서 제일 말썽 많은 곳에서 살고 있는 것이 아닌가 하는 식으로 물어보고, 아프가니스탄인은 가자인에게 그런 식으로 물어본다는 점이다. 병원은 낡고 장비가 부족해서 환자에게 인간다운 보살핌을 제공해 줄 수 없었다. 내 임무가 병동에서 일하는 것이 아니라 사무실에서 정책 입안 일을 하는 것이라는 점이 다행스러울 정도였다.

나는 6주마다 열흘 휴가를 받아 집으로 돌아올 수 있었다. 집에 돌아올 때마다 여행 가방에 아프가니스탄의 카펫이나 아이들 전통 의상이며 두바이 공항에서 산 옷이나 장신구를 채워 가면 나름대로 잔치가 벌어졌다. 집에 가는 데는 보통 사흘이 걸리고 카불로 돌아가는 데는 하루 반이 걸렸으니, 오가는 데만 휴가의 절반이 고스란히 날아갔다. 그래도 가족을 부양하고 선거 빚을 갚기 위해서는 그런 생활을 2007년 6월까지 해야 했다. 두 지역을 오가면서도 가자에서 벌어지는 일들을 확인할 만큼의 시간은 되었는데, 귀국할 때마다 가자의 상황은 점점 악화되어 갔다.

선거 이후로 상황은 더욱 복잡해졌다. 파타 당이 총선에서 패배했어도 마흐무드 압바스는 여전히 팔레스타인 자치 정부의 수반이었다. 양당이 공동 정부를 구성하려 했지만 애초부터 기반이 취약했기에 두 당파 간의 싸움은 갈수록 격해졌다. 형제끼리 싸우는 가운데 폭력이 더심해지고 확산되더니 결국 가자 지구 대부분이 어떤 식으로든 갈등에 결부되고 말았다. 나라가 내부적으로 붕괴할 위기에 빠지게 된 것이다.

2007년 6월 11일, 나는 카불을 마지막으로 떠나기에 앞서 집에 전화를 걸어 늘 가던 대로 이슬라마바드와 두바이와 암만을 거쳐 귀국한다고 말했다. 전화를 받은 남동생은 하마스가 어느 파타 지지자의 집을 포위했다는 소식을 전해 주었는데, 그날 늦게 그 집에 있던 두 형제가 하마스 사람들에게 살해되었다는 사실을 인터넷을 통해 알게 되었다. 두바이에 도착해서 인터넷을 다시 보고서는, 하마스가 가자 북부를 군사 지역으로 선포하고 하마스 군인들이 그 지역을 포위했으며 경찰서와 군 초소를 모두 장악했다는 것을 알 수 있었다. 아무도 가자를 드나들수 없게 된 것이다.

나는 6월 13일에 요르단에 도착한 다음 택시를 대절해서 에레즈 출입사무소로 가자고 했다. 중간 지점인 예루살렘 부근의 라트룬 산을 지나갈 때, 집에 전화를 걸어 남동생 나세르에게 차를 가지고 에레즈로 마중 나와 달라고 말하려 했다. 전화를 받은 샤타는 나세르가 아파서 나갈 수 없다고 했다. 믿기지 않는 말이었다. 뭐가 크게 잘못됐다는 직감이 들었다.

에레즈 출입사무소를 통과하자마자, 가자가 거의 폭발 직전의 상황이라는 것을 느낄 수 있었다. 가자 북부는 하마스에게 완전히 장악된 군사 기지가 되어 있었다. 국경에서 으레 검문하던 팔레스타인 자치 정부 방위군은 잔뜩 위축된 모습으로 길가에 서 있기만 했다. 도로가 모두 텅 비어 있는 것이 전쟁 선포 지역 같았다.

집에 도착해 보니 남동생 아타는 전쟁이 바로 우리 집 앞까지 닥쳐와 있다고 했다. 나세르는 아파서 마중을 못 나온 것이 아니라 그의 아들이 무릎과 발목에 총상을 입어 아버지로서 너무 상심한 상태였다. 조카는 자치 정부 방위군 장교였는데, 파타 편을 들었다는 이유로 하마스 무장단의 총격을 당한 것이었다. 가자 북부에는 그런 식으로 총상을 입어 피를 흘리고 있는 20대 초반의 청년이 많았다. 나세르는 내가 그런 청년들을 도와주기를 바랐지만, 나는 그들에게 접근할 수도 없었다. 자치 정부 방위군의 보안 기지는 전부 하마스가 장악하고 있었고, 6월 13일부터 6월 20일까지 꼬박 1주일 동안 전면적인 내전이 벌어졌다. 내전은 하마스가 파타 세력을 몰아내고 가자 지구를 완전히 장악하고 나서야 끝이 났다.

우리는 그동안 집 안에서만 지냈다. 누구도 감히 밖에 나갈 엄두를 못 냈다. 먹을거리가 필요하면, 시장까지 무사히 갈 수 있는 길을 궁리한 끝에 위험을 무릅쓰고 나갔다가 허둥지둥 돌아오고는 했다. 사방에서 총성이 울리고 거리마다 총격전이 벌어졌다. 내전이 벌어지면 누가 진짜 적인지 알 수가 없었다. 나는 그 전 한 해를 아프가니스탄에서 지

내면서 부족이나 당파나 이념의 차이에 따른 전쟁으로 벌어진 혼란상을 목격했는데, 내 본거지인 가자에서 벌어진 이 싸움에서는 누가 누구와 싸우고 있는지 분명치 않아 보였다. 시가전이 줄어들자, 나는 조카를 비롯해 부상이 심각한 사람들을 소로카 병원으로 옮기도록 주선했다. 조카는 그곳에서 두 달 동안 입원했는데, 다리를 잃지는 않았지만 지금까지도 심하게 절고 있다. 나는 가자에서 벌어지는 사태의 전환에 크게 상심했다. 새로운 상처를 어떻게 다 치유할 것이며 그 흉터를 어떻게 치울 것이란 말인가? 이스라엘인을 적으로 삼았던 우리는 자기 집안에서 서로 원수가 되어 버렸다.

그 무렵까지 우리가 이루었던 진전은 모두 역전되기 시작했다. 우리의 이 충돌에 대해 이스라엘은 가자에 대한 접근과 교역을 더 가혹하게 제한하는 식으로 반응했다. 그러자 가자 지구 내에서의 고난은 더 심해졌고, 그 때문에 국경 인근의 이스라엘 도시에 대한 로켓 공격도 늘어났다.

갈등으로 우리를 늘 갈라놓기만 해 온 지난 10년은 참으로 실망스러운 시기였다. 우리 지도자들은 걸핏하면 다투고 약속을 깨며, 언제나 말썽을 일으키며 막무가내로 행동한다. 이에 반해, 내가 만나는 가자와 이스라엘의 환자나 의사나 이웃이나 친구는 지도자들과는 다르다. 그들은 내가 그들 가족을 걱정하듯 내 가족을 걱정한다. 우리는 대립하며 살아야만 했던 지난 세월과 불확실한 미래를 한탄했다. 멀리서 우리를 지켜보는 이들이 들으면 놀랄 소리인지 모르겠지만, 우리는 성스러운 팔레스타인 땅을 함께 나눌 수 있다고 믿을 만큼 서로 신뢰하고 있다. 우리 두 민족이 얼마나 비슷한지를 깨달을 때마다 놀라움을 금할 수 없다. 우리는 자식을 기르는 방법으로나, 가족과 일가친척을 중히 여기는 점으로나, 이야기를 매우 열띠게 하는 모습으로나 참 비슷하다. 우리는 논쟁하기 좋아하고 표정과 감성이 풍부한 두 민족이다. 종교적으로나 언어적으로나 같은 셈족 계열이기도 하다. 우리는 다른 점보다는 같은 점이 더 많은데도 지난 60년 동안 서로 오갈 수 있는 다리를 놓지 못하고 살아왔다.

　누구의 삶이 다른 누구의 삶보다 더 가치 있다고 과연 말할 수 있겠는가? 신생아실의 아기들을 보면 알 수 있다. 아무 잘못도 없는 그 아기들은 누구든 정당한 기회와 교육을 누리며 자랄 권리가 있다. 그런데 우리는 증오와 공포를 심어 주는 이야기로 그 아이들을 짓눌러 버린다. 모든 생명은 너무나 소중하다. 하지만 생명을 총탄이나 포탄으로, 증오를 부추기는 비난이나 역사 날조로 파괴하기도 너무 쉽다. 증오는 우리의 영혼을 갉아먹고 우리의 기회를 앗아가 버린다. 증오는 우리를 폐인으로 만들어 버리는 독약과도 같다.

　나는 하버드에서 유학한 뒤로, 미국에 와서 이스라엘과 팔레스타인의 관계에 관해 이야기해 달라는 초청을 여러 번 받았다. 그런 행사에 참석해 보면 우리처럼 갈등이 첨예한 지역에서 사는 것이 어떤지 이해할 마음이 없는 사람들의 평을 듣게 되고는 한다. 그런 사람들 가운데는 질문 자체에는 딱히 관심이 없고 그저 발언하는 것이 목적인 이들이 있다. 그런 사람들이 소리를 지르며 내 말을 가로막거나 내가 상대편 입장은 고려하지 않는다며 비난하는 경우가 종종 있었다. 청중 대부분은 내가 무슨 말을 하러 왔는지 들어 보기 위해 소란이 가라앉기를 기다린다. 나는 어떤 청중에게든 우리가 이스라엘과 함께 겪는 문제를 어떻게 풀어 나갈 필요가 있는지 역설한다. 이를테면, 이스라엘 군인들이 오랫동안 가자를 점령하다가 떠난 것을 고마워해야 하지 않느냐고 하는 사람이 있으면, 나는 이스라엘 군대가 떠난 방식 때문에 문제가 해결되기보다는 더 만들어졌다고 설명하려 애썼다. 그런 중대한 결정을 내릴 때에는 상대와 협의할 필요가 있는데, 대화가 부족했으니 혼란이 야기됐고 그 탓에 팔레스타인인이 비난을 받는 것이라고 말했던 것이다.

한번은 내가 이야기를 하는데 내 말을 가로막고 소리를 지르고 비난을 퍼붓는 일이 한꺼번에 벌어진 경우가 있었다. 그린데 불쾌한 순간을 넘기고 나니, 사려 깊고 미래 지향적인 질문을 하는 사람들도 있었다. 이를테면, 한 사람이 이렇게 묻는 것이었다. "우리 같은 미국의 이스라엘인이 대화를 증진하기 위해 할 수 있는 일은 무엇일까요?" 또 한 사람은 이렇게 말했다. "당신이 여기에 와서 이런 얘기를 해 주시니 참 좋습니다. 그런데 지금 사시는 곳에서도 여기에서처럼 평화를 촉구하는 노력을 하시는지요?" 나는 물론 그렇게 한다고 답변했다. 이런 식의 대화가 이루어져야 한다고, 서로가 겪는 어려움을 함께 털어놓지 않으면 문제를 극복할 수 없다고 강조했다.

그렇게 설명해도 따갑게 묻는 사람이 있었다. "당신은 두 나라 사이의 대화를 말씀하시는데, 그러면 우리가 말해야 할 대상은 누구입니까? 하마스인가요? 당신은 우리가 서로 존중할 필요가 있다고 강조하시는데, 당신네 쪽에서 선출된 지도자들은 이스라엘이라는 국가의 존재를 인정할 마음도 없습니다. 그게 존중하는 태도인가요?" 나로서는 그런 혼란에서 빠져나올 방법이 있다고 설명하려고 노력하는 수밖에 없었다. 수렁에서 빠져나와 앞을 보고 가는 수밖에 없다고 말했다. 단순

해 보일지언정 헤어 나올 방법은 그것밖에 없다. 가자를 점령해서 그 주민을 억압하는 것은 암과도 같은 병이다. 분노를 내세우는 투지보다는 문제를 풀려는 의지가 훨씬 중요하다. 누가 어떻게 했느니 누가 더 당했으니 입씨름해 봐야 발전은 없다. 두 민족 간에 신뢰와 존중을 쌓아가며 앞으로 나아가야 한다. 존중하자면 상대가 어떤 존재인지 우선 알아야 한다. 그러니 상대에게 귀를 열고 눈을 뜸으로써 서로 알아 갈 필요가 있다. 그래야 서로 존중하는 대등한 관계를 이룰 수 있다.

나를 보고 장밋빛 색안경을 끼고 있다고, 상황이 얼마나 절망적인지 인정하지 않으려 한다고 말하는 사람들이 있다. 그들이 옳을지도 모른다. 하지만 나는 희망을 잃을 수 없다. 난산 중인 산모를 도울 때, 출혈이 심한 산모를 지혈할 때, 낫기 어렵다는 진단을 받은 환자를 대할 때 나는 절망하지 않는다. 두 민족 간의 다툼을 보면서도 마찬가지다. 나에게는 한 사람 한 사람이 중요하다. 나 역시 다른 누구하고도 다를 바 없는 한 사람이다. 우리는 본래 그렇게 남들과 어울려 살게 되어 있는 존재이다. 분리와 차별은 부자연스러운 일이다.

여기서 다시 개인적인 이야기를 해야겠다.

2007년 여름, 나는 다시 일자리를 알아보아야 했다. 아프가니스탄에서 WHO 일을 재계약하지 않았던 것은 가족과 너무 오래 떨어져 있어야 하고 가자의 상황이 너무 심각하기 때문이었다. 그래서 나는 주로 벤구리온 대학교의 국제 과정에서 가르치거나, 가자에서 환자를 돌보거나, 유럽연합의 자문을 맡거나 하게 되었다.

전년도 12월에는 예루살렘에서 열린 보건 정책 컨퍼런스에 초청을 받았는데, 역시나 출입 허가증을 받느라 분주히 다니며 인내력을 발휘해야 했지만 결과적으로 수고한 보람이 있었다. 거기서 거트너 연구소의 창립자이자 소장인 모르데카이 샤니를 만난 것이다. 1991년에 설립된 이 연구소는 역학疫學과 보건 정책을 연구하는 국가 단체로, 주요 만성질환에 관한 방대한 연구를 하고 국가 보건 정책의 수립을 돕는 곳이다. 나는 그런 일에 아주 매력을 느꼈다. 팔레스타인 지역에 흔한 유전병이나 기형 때문에 많은 가정이 겪는 고통을 어떻게 해결하면 좋을지, 의사로서 다년간 관심을 기울여 왔던 것이다. 환사도 가족도 필요한 도움을 받지 못하고 있었고, 그 분야의 연구는 이루어지지 않고 있었다. 나는 팔레스타인의 그런 기형적인 의료 상황에 관한 연구를 거트너 연구소에서 할 수도 있지 않을까 생각하게 되었다.

그보다 더 급한 연구 주제도 있었다. 이를테면, 이스라엘의 병원으로 치료를 받으러 오는 환자들에 대한 파악이 필요했다. 그런 환자의 숫자나 연령이나 성별이나 병명조차도 제대로 파악되지 않고 있었던 것이다. 모르데카이 샤니가 연구소 소개를 하는 동안 내 머릿속에는 그런 연구 주제들이 마구 떠올랐다. 나는 당장 그곳에서 일하고 싶어져서 그에게 따로 만나 얘기를 나눌 수 있는지 물어보았다. 모르데카이는 말수적은 행동형 인간이어서 결정도 그런 식으로 했다. 내가 나의 관심사와 배경을 설명하자 그는 이렇게 말했다. "그 연구 바로 시작하세요." 나는 당장 제안을 받아들였고, 2007년이 저물기 전에 텔아비브에 있는 세바 병원 내 거트너 연구소에서 근무하게 되었다.

나는 이미 진행하고 있던 이런저런 계약제 일 덕분에 가자 지구 전역을 다니면서 이 지역의 실태와 일부 의료 문제의 원인을 말해 주는 통계

2001년, 이스라엘 보건부 장관 예슈아 마트자는 이스라엘 병원에서 팔레스타인 의사와 마주치고서 깜짝 놀란 상태였다.

자료를 많이 모을 수 있었다. 실업, 봉쇄에 따른 결핍, 점점 나빠져 가는 보건·사회·경제적 구조의 실상을 말해 주는 수치 말이다. 가자에서의 삶은 늘 어려웠지만 지난 몇 년은 특히 더 힘들었다. 일례로 농업에서 수확량은 평소의 절반 수준으로 줄었고, 산업 생산성은 자그마치 90퍼센트나 떨어졌다. 가자 지구 내로 들어오는 건설 자재는 거의 없어졌고, 특정 의약품은 반입이 금지되었다. 심지어 이스라엘은 한 사람이 생존하는 데 필요한 열량을 계산해서 꼭 필요한 양만큼만 통관을 허용하기도 했다. 살구나 자두나 포도나 아보카도 같은 과일이나 유제품까지도 갑자기 필수 품목이 아니라며 들여보내 주지 않기도 한다. 어쩌면 그럴 수 있단 말인가? 과연 누구를 위한 조치란 말인가?

엄격한 금수 조치나 급습, 폭행, 체포 같은 것들은 가자인의 정신을 짓누르고 있다. 더 심각한 것은 가자인이 자신의 곤경을 외부 세계가 알아주지 않는다고 보고 있으며, 그래서 더 불안을 느낀다는 점이다. 우리 정치인은 누가 무슨 말을 했느니 누가 누구를 인정하라느니 하는 문제로 언쟁을 벌이다가, 선거가 끝나고 나면 마음이 바뀌어 버린다. 그러는 사이에 갓난아기가 영양실조로 죽어 가고, 산모가 출산 도중에 과다 출혈로 숨지고, 암 환자인 노부인이 에레즈 출입사무소에서 이런저런 훈계를 듣느라 출입을 지연당한다.

이러한 금수 조치는 적십자국제위원회의 비판을 받은 바 있다. 2007년 11월, 위원회는 "존엄성이 부인되는 점령지 팔레스타인"이라는 제목의 보고서를 내놓았다.

팔레스타인인은 일상생활에서 극심한 고난을 겪고 있다. 그들은 대다수

사람의 생존에 필수적인 일상의 기본 조건을 박탈당하고 있다. 수백만의 사람이 인간으로서 존엄을 인정받지 못하고 있다. 어쩌다 한 번이 아니라 일상생활이 그러하다. 가자인은 봉쇄당한 채 갇혀 지내고 있다. 생존 자체를 위협받고 있는 이곳 사람들에게 들어가야 할 인도주의적 비용은 어마어마하다. 음식비가 14퍼센트나 올라 가족들이 먹을거리를 충분히 구하지 못하고 있다. 팔레스타인인은 날마다 짓밟히고 있다. 가자가 포위당한 상태에서, 사람들은 계속해서 갈등과 경제적 봉쇄의 비용을 지급하기 위해 자기 건강과 생계를 희생하고 있다.

우리는 없이 지내고, 적게 쓰며 버티고, 박탈당해도 버텨 나가기를 수없이 거듭해 왔다. 그렇게 산 지 어언 60년이다. 그렇게 살아온 사람들의 심신에 별 이상이 없으리라 생각하는 이가 있다면, 가자에 와서 몸소 체험해 볼 필요가 있을 것이다. 한마디로 말이 안 되는 상황이다. 나만이 그렇게 말하고 있는 것이 아니다. 적십자국제위원회에서도 이런 말을 하고 있다. "매일같이 나오는 오수 6900만 리터를 자체 처리하지 못해서 지중해로 바로 흘러나가고 있는데, 이는 올림픽 수영장 28개를 채울 수 있는 양이다." 내가 어릴 때에 우리 집에는 수도가 없었다. 50년이 지난 지금, 수도는 있지만 정해진 날에만 물이 나온다. 왜 그럴까? 가자에서의 모든 것이 그러하듯이, 파손된 급수 시스템을 수리할 물자가 금수 목록에 올라 있기 때문이다.

가자에서는 모두 부족한 물자를 보충하기 위해 고물이나 무너진 콘크리트 같은 것들을 찾아 모은다. 수도나 위생 같은 공공 서비스는 붕괴 직전에 있다. 우리의 생활을 위협하는 공중 보건의 형편없는 수준은 재앙적이다. 그래서 나는 바깥 사람들에게 가자가 내부적으로 붕괴할지도 모른다고 말하는 것이다. 수인성 전염병이 들끓게 되면 어찌할 것인가? 엄청난 혼란과 안타까운 죽음이 닥칠 것이다. 그 책임을 누가 다 질 것인가? 사람들은 수도 시설 수리에 필요한 물품들이 국경에 계류되어 있지 않았더라면 누구도 목숨을 잃지 않았을 것이라며 원망할 것이다.

나는 무너진 보건 시스템이 가져올 문제에 대해 10년 이상 여러 당국에 경고했는데, 이제 적십자국제위원회에서도 같은 소리를 외치기 시작했다.

가자의 보건 시스템은 심각한 병을 앓고 있는 많은 환자에게 필요한 치료를 제공해 줄 수 없다. 많은 사람이 다른 곳에서라도 제대로 의료 서비스를 받기 위해 제때 가자 지구를 떠날 수 없다는 것은 비극적인 일이다. 가자의 보건 문제는 정치 논리에 예속되는 경우가 많아, 환자들은 관료적인 미궁에 빠지고는 한다. 가자를 벗어나기 위해 허가를 받는 절차는 팔레스타인과 이스라엘 양쪽 당국을 다 거쳐야 하는 복잡한 일이다. 그렇기 때문에 증세가 심각한 환자도 관계 당국의 출국 허락을 받느라 몇 달을 기다려야 하는 경우가 흔하다.

환자들이 허가증을 받는다고 해도 에레즈 출입사무소를 거쳐 이스라엘로 들어가는 일은 보통 힘든 것이 아니다. 생명 유지 장치에 의존하는 환자가 구급차 밖으로 나와 들것에 실려 60~80미터를 건너간 다음 반대편에 대기하고 있는 구급차로 갈아타야 한다. 걸을 수 있는 환자는 온갖 질문에 다 대답한 다음에 통과할 수 있는데, 이스라엘 입국을 거부당해서 돌아와야 하는 경우도 벌어진다.

보건 문제 가운데는 다루어지는 것도 있고 간혹 해결된 것도 있다. 하지만 어느 쪽에서든 정부가 바뀔 때마다 국경 너머로 이송되어 치료받는 문제의 규칙이 바뀌어 버린다. 이런 현실은 견뎌야 하는 사람들에게는 분노를 자아내고 생명의 위협이 되는 상황이다. 적십자국제위원회에서는 다음과 같이 보고하고 있다.

그들은 웨스트뱅크의 팔레스타인 자치 정부 보건부로부터 의약품이 제때 안정적으로 공급되느냐에 의존하고 있지만, 공급망이 끊기는 경우가 자주 발생한다. 웨스트뱅크와 가자에 있는 보건당국 간의 협력은 잘 이루어지지 않는다. 이스라엘로부터의 수입 절차는 복잡하고 더뎌서 진통제나 엑스레이 필름 현상기 같은 가장 기초적인 물품의 공급조차도 기대하기 어려울 때가 많다. 그 때문에 암이나 신부전 같은 심각한 병을 앓는 환자들조차도 없어서는 안 되는 약을 구하지 못하는 경우가 있다.

예를 들어, 알시파 병원 신생아실의 산소 호흡기가 고장 났는데, 교체할 부품을 구할 수 없다고 하자. 그럴 때 아기 부모들에게 부품을 실은 트럭이 국경에 발이 묶여 있어서 아기가 죽을 거라는 말을 누가 나서서 할 수 있겠는가?

가자는 오랫동안 전쟁터였기 때문에 팔다리를 잃은 사람이 아주 많다. 팔이나 다리가 잘린 사람 수십 명이 치료를 기다리고 있다. 왜 그래야 하는가? 인공 팔다리를 수입하면 보안에 문제가 되는가? 아니면 그냥 벌을 주고 싶은 것인가? 이스라엘군의 포격을 받아 집이 무너질 때 팔다리를 잃은 다섯 살 된 아이에게, 다시 걷는 법을 배워야 하지만 일어날 수도 없는 화난 청년에게 그런 사정을 어떻게 설명한단 말인가?

가자의 병원은 낙후되어 있으며, 금수 조치가 너무 가혹하여서 수리도 할 수가 없다. 병원에서 군사를 모집하는 것도 아니고 로켓을 만드는 것도 아닌데도 그렇다. 적십자국제위원회에서는 다음과 같이 보고한 바 있다.

장비 가운데 상당수는 신뢰할 수 없으며 수리가 필요한 상태이다. 부품을 수입하기 위한 절차가 복잡해서 병원 장비나 부품을 들여오고 관리하기 매우 어렵다. 정전이나 전압 불안정 때문에 의료 장비가 손상되는 경우도 허다하다. 대부분 병원에서는 하루에 여러 시간을 예비 발전기에 의존해야 하는데, 발전기를 돌리기 위한 연료를 충분히 구할 수 없는 경우가 많다.

실업률은 44퍼센트나 된다. 가자인의 70퍼센트는 식구가 일곱 명이 넘는데도 한 달 수입이 205달러가 안 되는 빈곤선 이하의 생활을 하고 있으며, 40퍼센트는 소득 120달러 이하의 극빈층이다. 산업 활동이 중단되면서 7만 개의 일자리가 사라져 버렸다. 우리는 이집트와 통하는 땅굴을 통해 들여오는 물자에 많이 의존해 왔는데, 그런 땅굴로 150만 인구의 수요를 충족시키기에는 어림없었다. 더구나 땅굴은 수시로 이스라엘 공군의 폭격을 받았다.

가자인의 생활양식과 경제에서 큰 자리를 차지하는 농업조차도 금수 조치 때문에 위태로워졌다. 가자는 이스라엘에 다량의 과일과 채소와 더불어 수천 명의 노동력도 수출했다. 그것이 중단되자 농민은 농산물을 내다 팔 곳이 없어졌다. 가자 일대를 차로 다녀 보면 당장 현실을 목격할 수 있다. 군사 작전으로 배수구도 온실도 우물도 파괴된 상태이다. 관개시설도 망가졌고 나무는 뿌리가 뽑혔다. 이 문제를 조사한 적십자 국제위원회에서는 많은 농민의 현실에 대해 이렇게 말한다. "이스라엘이 가자에서 이스라엘 접경의 출입 금지 구역을 설정했기 때문에 그들은 원칙적으로 자기 땅에 발을 들여놓을 수 없다."

가자 내의 경작지 가운데 적어도 30퍼센트는 이 완충지에 속해 있으며, 이 완충지는 국경 철책으로부터 길면 1킬로미터까지의 구역이다. 농민은 이 구역 내에서 안전하게 경작 활동을 할 수 있는지 확신할 수 없다. 작물을 돌보려면 총에 맞을 각오를 해야 하며, 군인들의 침입으로 다 지어 놓은 작물이나 수확물이 엉망이 되고는 한다. 수확을 해도 농산물을 다시 기르기 어려운 것은, 농지나 기반 시설이 파괴되기도 했거니와 이스라엘이 비료 수입을 금지하고 가자 내에서 모종을 구할 수 없는 경우가 많기 때문이다.

어업에도 말도 안 되는 규제가 많다. 가자의 배들은 연안에서 3해리까지의 한계선을 벗어날 수 없는데, 이런 이유로 2007년 금수 조치 이전까지 어획량의 70퍼센트를 차지하던 큰 어류와 정어리를 잡을 수 없게 되었다. 이스라엘 군함은 해상을 봉쇄하기 위해 해안과 어선들에 밤낮으로 함포를 들이대고 있다.

한마디로 가자인은 완전히 갇혀 있다. 내가 아는 학생 가운데는 미국 유학 장학금을 받고서도 가자 밖으로 나가기 위한 출국 비자를 거부당한 이도 있다. 2008년에는 한 청년이 풀브라이트 장학금을 받았지만 필요한 허가증을 받지 못해 그 엄청난 제안을 거절해야 했다.

적십자국제위원회에서는 가자의 고립을 끝내고 사람들의 생활을 이전으로 되돌리기 위한 급선무로서 우선 사람과 물자에 대한 통행 제재를 풀어 달라고 호소했다. 위원회의 보고서는 다음과 같이 말한다.

지속적인 해법이 되려면 이스라엘의 정책이 근본적으로 바뀌어야 한다. 이를테면 가자의 수출입을 허용해 주고, 물자와 사람의 이동을 2007년 5월 수준으로 늘리고, 농민이 완충 지대 내의 자기 땅에 드나들 수 있게 해 주고, 어민이 예전처럼 더 깊은 바다로 나갈 수 있게 해 주어야 한다. 지금 상황에서는 인도주의적 활동보다 방금 언급한 변화를 이루기 위한 신뢰할 만한 정치적 절차가 훨씬 중요하다. 관련된 모든 나라와 정치 권력과 무장 단체가 관여하는 솔직하고 담대한 정치 과정만이 가자의 곤경을 다룰 수 있으며 사람들의 존엄한 삶을 되살릴 수 있다. 대안은 밑으로 더 내려가 사람들이 나날이 겪는 비참함을 파악하는 것이다.

어느 한쪽의 편을 들지 않는 것으로 유명한 국제적으로 인정받은 단체의 이 보고서는 가자인과 이스라엘인 모두에게 아주 귀한 자료이다. 하지만 가자 지구의 여러 마을과 캠프와 도시에서 직접 현장을 목격한 나로서는 이 보고서가 적잖이 실망스러웠다. 상황이 개선될 수 있는 여지가 얼마든지 있다고 믿고 있었던 나 같은 사람에게는 말이다.

나는 이스라엘 의사들도 나처럼 느낄 것이라고 확신한다. 우리가 의사로서 하는 인도주의적 활동은 둘 사이의 골을 메우는 역할을 하며,

불신을 해소하고 관계를 개선하여 수렁에서 벗어나게 하는 데 도움이
될 수 있다. 텔아비브에 있는 셰바 병원의 원장은 제에브 롯스타인 박사
인데, 그는 이 지역에서 보건의료를 통해 현실화할 수 있는 비전을 가지
고 있다. 의료팀이 어떻게 양 진영을 이어 주는 다리 역할을 할 수 있는
지 그는 이렇게 견해를 피력했다.

저는 심장 전문의입니다. 제1차 인티파다가 일어나기 전에 저는 소아, 특
히 가자와 웨스트뱅크 아이들의 선천성 심장병을 돌보는 일을 함께했습
니다. 이제는 치료를 받을 수 없게 된 그 아이들을 생각하면 마음이 무
겁습니다. 저는 매주 한 번씩 그곳에 가서 아이들을 진료하고 치료를 주
선해 주고는 했습니다. 인티파다 이전 그곳 사람의 생활은 건강 면으로
보면 훨씬 나았습니다. 의료 시설을 다 이용하고 이스라엘에서 무료 추
가 진료를 받을 수 있었으며, 가자의 의사들이 이곳 이스라엘에서 훈련
을 받았으니까요. 하지만 지난번 인티파다가 시작된 이후로(저는 여기
서 정치 얘기는 피하려고 합니다.) 제가 보기에는 모든 대가를 아이들
이 치르고 있는 것 같습니다. 의사 훈련은 중단되었고, 의료 서비스에
대한 접근도 예전처럼 원활하지 않습니다. 정치의 영향이 정말 큽니다.
저는 가자에서 온 동료들과 협력할 때 늘 그 점에 염두에 둡니다. 우리
는 건강을 증진하고 고통과 질병을 덜어 주기 위해 애쓰고 있습니다. 저
는 애초부터 두 가지 병에 대해서는 진단을 받은 아이들에게 문을 활짝
열어 놓았습니다. 하나는 암인데요, 우리는 암의 절반 이상을 치유할 수
있으며 혈액암(백혈병)은 88퍼센트를 고칠 수 있습니다. 또 하나 우리가
크게 도움을 줄 수 있는 병은 선천성 심장병입니다. 우리는 혈색이 안

좋은 아이를 얼굴 발그레한 아이로 바꾸어 놓을 수 있습니다. 그런 치료를 못 받은 아이는 선천성 심장병의 합병증으로 고통스러워하며 비참하게 죽게 됩니다. 우리는 그런 아이를 도울 수 있습니다. 꼭 그래야 합니다. 다른 사정 때문에 고집을 피울 문제가 아닙니다.

이젤딘은 그런 아이들을 아주 잘 도와 왔습니다. 그는 양국 관계가 아이들에게 끼치는 영향을 역학적으로 평가하는 일을 했습니다. 그는 더 나은 의료 서비스와 추가 진료와 마무리를 위해 분투했습니다. 그렇게 매듭을 잘 지어 치료를 향상하는 데 기여했습니다. 에컨대, 한 아이가 여기 이스라엘에 와서 치료를 받고 집으로 돌아간다고 할 때, 그 아이는 달리 도움받거나 지속적으로 치료받기가 어렵습니다. 저는 그런 현실에서 이젤딘이 일종의 조정자 역할을 하는 것을 보았습니다. 그는 연구 활동을 통해서 그런 아이들의 치료 효과를 높이는 데 기여했습니다. 그는 양쪽을 오가며 데이터를 수집했습니다. 안타깝게도 이쪽에서 그가 데이터를 구할 수 있는 곳은 우리 셰바 병원뿐이었습니다. 여기 말고는 그의 자료 수집을 도와주려는 사람이 별로 없었습니다. 우리 병원에서는 자료가 다 전산화되어 있고, 그런 활동에 공감하여 문호를 개방하고 있습니다.

이젤딘은 보건의료가 대립하는 두 민족 사이의 중요한 다리 노릇을 할 수 있다고 말합니다. 저는 그 말에 동의합니다. 생명을 구하는 일을 포기하지 않고 거듭해서 하다 보면 상대방이 이스라엘인의 얼굴을 총구가 아니라 보건의료를 통해서 보게 될 테니까요. 그곳에서 나고 자란 사람들이 이곳에 와서 치료를 받습니다. 그들은 우리를 잘 모릅니다. 우리가 생명에 대해 얼마나 민감한지 그들은 모릅니다. 진짜 이스라엘인을 모르는 것이지요. 팔레스타인인은 날 때부터 적개심을 갖게 됩니다. 그들은 우리가 같은 인간이라는 생각을 하지 못했다고, 우리가 자기네를 죽이려는 괴물이자 정복자인 줄로만 알았다고 말합니다. 그러다 우리에게 치료를 받고서는 그게 사실이 아니었다고 깜짝 놀라게 되지요.

대부분 이스라엘인은 공존하기를 바랍니다. 팔레스타인인도 마찬가지라고 저는 확신합니다. 하지만 양쪽 지도자들은 극단적입니다. 비참한 상황에 처한 사람들을 자극하기는 너무 쉽습니다.

나의 진료를 받는 이스라엘 환자들은 내가 팔레스타인 의사라는 것을 개의치 않는다. 내가 그들의 건강 문제를 도와줄 사람인지가 중요할 뿐이다. 가자인은 내가 이스라엘에서 일하는지 아닌지를 따지지 않는다. 안전하게 살면서 아이들이 치료를 받을 수 있게 하는 것이 중요할 따름이다. 그렇다고는 해도, 내가 팔레스타인 의사로서 이스라엘 환자를 돌보기도 한다는 말을 듣고서 충격을 받는 사람들을 나는 계속 만나게 된다. 그들은 우리가 서로 증오하며, 서로 상대가 죽기만을 바란다는 가정하에 살고 있는 것이다. 그렇게 느끼는 사람이 더러 있다는 것을 알지만, 내 경험에 따르면 사람들의 추정만큼 많지는 않다.

둘 사이에 다리를 놓는 일과 관련해서 정말 중요한 것은, 지금 사람들이 어떻게 살고 있는지 그 현실을 인정하는 것이다. 모두가 알지만 아무도 논하고 싶지 않은 주제인 '귀환의 권리' 같은 문제가 그중 하나이다. 이스라엘이 건국을 선포할 당시 수십만의 팔레스타인인이 삶터에서 쫓겨난 것은 모두가 아는 사실이다. BBC 다큐멘터리 프로그램인 〈파노라마〉에서는 내 조상이 대대로 살아왔던 마을 가까이에 지금 살고 있는 사람들을 취재해서 방송했다. 방송을 보면 사람들이 "여긴 아부엘아이시 집안 땅이죠."라고 하는 장면도 있다. 이스라엘인은 도의적이고 정치적인 책임을 인정하고 신뢰를 구축할 필요가 있다. 그것이야말로 양측이 서로 도우며 살 수 있도록 하는, 그럴듯한 해결책에 도달하는 유일한 방법일 것이다. 우리는 더 이상 문제를 회피해서는 안 된다. 어떻게든 해결을 보아야 한다. 결국은 서로 이해하며 끈을 맺어서 함께 길을 찾아야 한다. 물론 그것은 불가능한 일이 아니다. 모든 것은 의지에 달려 있다. 하지만 우리를 하나로 이어 주는 신뢰가 쌓인 듯하면, 그때마다 새로운 폭력 사태가 발발하여 희망을 내던져야 하는 상황이 반복되었다.

양측을 이어 주는 다리 노릇에 대한 신념은 나만의 것이 아니다. 평화 캠프나 여름학교, 평화의 파도타기 운동, 평화 메시지를 부르짖는 힙합 가수도 있다. 평화를 위해 헌신하는 학교 프로젝트나 웹사이트도 얼마든지 있으며, 평화의 전화도 있다. 가자와 웨스트뱅크와 이스라엘 곳곳에서 공존의 사례를 찾아볼 수 있다. 평화적인 공존을 촉진하기 위한 조산사도 양쪽에 다 있다. '서클 오브 헬스 인터내셔널'이라는 웹사이트를 예로 들어 보자. 이 단체의 팔레스타인 프로젝트 코디네이터인 아이샤 사이피는 이렇게 말한다. "저는 지난 3년 동안 서클 오브 헬스 인터내셔널에서 자원봉사를 하면서 엄청난 변화를 체험했어요. 팔레스타인 여성이자 엄마이자 조산사로서 이 단체 덕분에 우리나라 여성과 아이를 도울 수 있었을 뿐만 아니라 평화와 조화의 메시지를 전할 수 있었어요." 이스라엘 쪽 코디네이터인 고메르 벤 모셰는 이렇게 말한다. "자원봉사를 하려는 조산사 단체에 있으면서 팔레스타인 조산사들과 교류를 하다 보니 많은 자극을 받게 돼요. 저는 여성이 평화의 중개자 역할을 한다고, 출산을 돕는 일은 세상의 모든 여성이 아는 국제어라고 생각해요."

공존과 관용의 정신을 알리기 위해 아랍계와 유대계의 십대가 함께 참여하는 농구 리그도 있으며, 이스라엘과 웨스트뱅크 접경에서 공존을 위한 산업 프로젝트도 이루어지고 있다. 팔레스타인과 이스라엘 사이의 화합의 길을 모색하는 컨퍼런스도 세계 곳곳에서 열리고 있다. 하지만 공존의 기회는 늘 무산되고 만다.

상황을 타개하는 방법 가운데 하나는 여성에게 주목하는 것이다. 전쟁에 찬성하는 남성 천 명을 찾아보기는 쉽다. 하지만 그런 여성 다섯 명을 발견하기는 어렵다. 나는 지금이 팔레스타인 여성의 지위를 강화해 줄 때라고 생각한다. 여성을 존중하고, 여성에게 독립할 기회와 독자적으로 행동할 기회를 주어야 한다. 여학생 가운데는 경제적·문화적 처지 때문에 교육받지 못하는 경우가 너무 많다. 형편이 어려운 가정 가운데는 딸도 배우려는 열정이 대단한데 아들에게만 기회를 주는 경우가 허다하다. 그런 가정의 입장을 이해하지 못하는 바는 아니다. 아들에게는 노년의 부모를 봉양할 것이라고 기대할 수 있지만, 딸은 결혼과 더불어 남편의 집안사람이 되어 버린다고 생각하는 것이 보통이기 때문이다. 자식을 다 교육시킬 형편이 안 되는 아버지는 딸은 결혼하는 집에서 돌봐줄 터이니 아들만 가르치면 된다고 판단하기 쉽다. 하지만 코란에서는 시작 부분부터 교육의 중요성을 강조하고 있으며, 남녀의 교육에 차별을 두지 않는다.

우리 속담에 "어머니는 학교이다."라는 말이 있다. 이 학교를 지원해

이스라엘과 가자 지구 사이에 다리를 놓으려고 애쓰던 초기 시절. 나의 주선으로 베르셰바
의 시장이자 전직 경찰서장이던 야아코브 테르너(오른쪽)가 가자의 경찰서를 방문해서 팔
레스타인인 서장인 가지 알자발리를 만났다. 하지만 2006년 선거에서 하마스가 승리하면
서 그 모든 노력이 수포로 돌아갔다.

주면 학생들이 더 똑똑해지고 성공할 것이며 나라도 그렇게 될 것이다.

세계은행과 노스-사우스 연구소가 주관한 연구를 봐도 그렇다. 어느 한 지역 여성의 건강과 교육에 관심을 기울이면 그 지역 경제가 살아난다는 연구 결과가 있다. 세계은행에서는 이 연구를 1985년부터 5년마다 한 번씩 해 왔는데, 여성에 대한 투자가 빈곤과 갈등에서 벗어나는 길이라는 의심할 수 없는 증거가 발견된다.

나는 가자의 여성이 자녀를 기르는 방식을 보며 자랐다. 그들은 온갖 어려움을 겪으며 인내하고 살았지만 저마다의 재능으로 사회에 기여할 기회는 얻지 못했다. 가자의 여성은 잠재력을 다 발휘하며 살 수 없으며, 그만큼 사회에 전적으로 참여할 수 없다.

건강한 사회는 현명하고 교양 있는 여성을 필요로 한다. 교양 있고 건강한 여성은 교양과 건강을 갖춘 가족을 길러 낼 것이다. 그런 차원에서 교육과 보건을 연계시킬 필요가 있으며, 가장 효과적인 방법은 여성에게 교육과 보건의 기회를 보장하는 것이다. 이는 중동 사람의 사고방식만이 아니라 권력 구조에도 변화를 가져올 수 있는 투자이다. 여성의 삶을 제한하는 장벽을 제거함으로써 우리는 평화적인 공존으로 성큼 다가설 수 있을 것이다.

거트너 연구소에서 일하기 시작할 무렵 나는 그런 문제들을 염두에 두고 있었는데, 2008년 겨울부터 봄까지 연구하는 동안에도 그 생각은 계속 떠나지 않았다. 연구소 일은 즐거웠지만, 일요일부터 목요일까지 집을 떠나 있어야 한다는 것은 힘들었다. 월요일 아침마다 나는 집으로 돌아가 가족과 함께 있을 수 있는 날을 손꼽아 보고는 했다. 집으로 돌아가면 사흘간의 주말이 닷새간의 주중처럼 느껴지게 하려고 애를 썼다. 나디아가 다년간 양육을 도맡아 하다시피 했지만, 아이들이 클수록 전에 몰랐던 걱정거리도 생겼다. 내가 나디아 곁을 함께할 필요가 있었고, 나 역시 가족과 함께 있고 싶었다.

한번은 주말 저녁에, 마야르가 동생에게 하는 말을 들었다. "아빠가 없을 때가 제일 싫어." 나는 충격을 받았다. 나는 가족에게서 그토록 오래 떨어져서 무얼 하고 있단 말인가? 내가 얼마나 오래 살게 될지 누가 알겠는가? 물론 일도 중요하지만, 가족보다 중요한 것은 내게 없었다.

가자에서는 점점 살기가 어려워졌고, 나는 계속해서 에레즈 출입사무소의 지긋지긋한 검문을 통과하며 국경을 건너다녔다. 가자와 이집트 접경에 있는 라파 출입사무소를 통과할 때도 있었다. 어떻게든 국경을 넘나들 수 있었지만, 매번 겪는 좌절과 굴욕은 나에게 늘 큰 부담이었다. 누구든 자신을 존엄성 있는 한 인격체로 느끼기 위해서는 무엇보다 자유가 있어야 한다. 마야르가 내가 없을 때가 제일 싫다고 말할 때 그나마 얼마나 다행인가 싶었다. 나는 내가 가끔 분노와 굴욕을 집에까지 가져갔을 때가 가장 끔찍할 때였다고 믿고는 했으니 말이다.

가자인에게 분노와 폭력은 너무나 익숙하고 불가피한 것이다. 우리처럼 사는데 폭력과 분노를 겪지 않는다면 그게 비정상일 것이다. 누구나 적어도 가끔은 분노를 느낀다. 나는 화가 나면 어서 감정 처리를 하는 편이지만, 안타깝게도 남까지 언짢게 만든 다음에야 그럴 때도 잦다. 화를 제때 다스리는 것이 좋겠지만, 말처럼 쉬운 일은 아니다. 내 경우에는 화를 내자마자 곧바로 엄청 후회를 하는 편이다. 왜 절제하지 못했을까? 왜 사랑하는 이들에게 상처를 주고 말았을까? 왜 내 아내와 아이들에게 그래야 했을까?

좌절은 쉽게 쌓이기 마련이다. 출입사무소를 거쳐 집에 도착하면 피로가 몰려온다. 나를 그토록 필요로 하는 가족들에게 가기까지의 과정은 너무나 험난하다. 누군가가 수비 대원에게 모욕당하는 꼴을 가만히 보고 있어야 하고, 2주 전에 치료를 받아야 했을 암 환자가 별 이유도 없이 출입을 거부당하는 모습을 보고만 있어야 한다. 내가 할 수 있는 것은 아무것도 없다. 나에게는 상황을 통제할 힘이 전혀 없다.

그러다 집에 들어서면 사랑하는 아내 나디아가 나를 반기지만, 더불어 골치 아픈 온갖 문제도 나를 기다리고 있다. 모하메드는 숙제를 하지 않았다. (숙제를 안 하다니. 공부를 해야지. 암담한 현실에서 벗어날 길은 공부밖에 없는데.) 압둘라는 엄마 말을 듣지 않고 사촌들과 또 길거리에서 놀고 있었다. (길에서 놀아서는 안 된다. 녀석이 왜 말을 안 듣지? 나디아는 왜 애를 다스리지 못하지? 아이들이 안전하게 놀 수 있는 공원 하나 없다니! 녀석은 최근에 차에 치여 입원까지 하지 않았는가. 아이들이 그렇게 길에서 놀고 있는데 운전을 그따위로 하다니. 운전자가 보험에 안 들어서 병원비를 내가 다 내다시피 하지 않았나.) 달랄은 유스라 이모 집에 간다고 했는데 그냥 거기서 자고서 다음 날 태연히 돌아왔다. 어떻게 우리한테 묻거나 알리지도 않고 외박을 한단 말인가? (있을 수 없는 일이었다. 달랄은 가족의 한 일원으로서 우리에게 미리 알렸어야 했다. 잘못되기라도 하면 어쩐단 말인가?)

나디아의 말을 나는 차분히 듣고 있지를 못한다. 그러다 책상으로 가서 이메일 답신을 하고 전화 메모를 보고 응답 전화도 한다. 중요해 보이는 메모가 하나 있는데 "모하메드가 전화해 달라고 함"이라고 되어 있다. 나는 "모하메드 누구?"라고 물어보지만 아무도 대답을 못 한다. (여기서 모하메드는 북미로 치면 존이나 마찬가지다. 대체 누구에게 전화하란 말인가?) 메모할 것이 있어서 책상으로 가 보니 메모지가 또 없어졌는데 아무도 책임을 지지 않는다. 냉장고로 가서 장 볼 것을 확인하자니 썩은 음식이 발견된다. 여기서 나는 더 참지 못하고 폭발해 버린다. 썩은 음식을 내동댕이치며 아내에게 외친다. "이 돈은 물려받은 것도 아니고 훔친 것도 아니야. 땀 흘려서 번 돈이란 말이야. 냉장고를 하루에 열 번은 더 열 텐데 썩은 음식 골라낼 겨를이 없었나? 왜 자꾸 이래야 하지? 왜 더 신경을 못 쓰냔 말이야!"

내가 소리를 지르면 아이들은 움츠러들고 나디아는 속이 상해서 오라비 집에 가 버린다. 혼자 있으면서 진정할 때까지 나를 내버려 두는 편이 낫다는 것을 알기 때문이다. 나 역시 집 밖으로 나가 마음을 다스리려고 애를 쓴다. 왜 또 이렇게 화를 내나? 왜 사랑하는 가족들 앞에서 자제를 못 할까? 왜 아내와 아이들에게 상처를 준단 말인가?

생각해 보면 가정은 안전하기 때문이다. 출입사무소 관리들 앞에서는 절대 폭발할 수 없다. 그랬다가는 엄청난 재앙을 맞게 된다. 모든 것을 잃을 테고, 구금까지 당하게 될 것이다. 일이든 공부든 병이든 무슨 이유로도 가자를 떠날 수 없게 된다. 어떻게 출국을 하게 된다 하더라도 귀국은 못 할 것이다.

2008년 여름에는 양측에서 불만의 북소리가 경고의 소리처럼 울렸다. 변화의 희망은 단기간에는 보기 어려울 것 같았다. 나는 아이들과 나디아를 위해 우리가 함께 지낼 수 있는 곳에 일자리를 얻어야 한다는 판단을 내렸다. 우리를 가혹하게 가두는 국경이 없는 곳, 아이들이 안전하게 학교에 가고 길에서 놀고 정상으로 자랄 수 있는 곳을 알아보기로 했다. 우리 모두를 바이러스처럼 감염시키는 지역의 긴장이 없는 곳으로 가족들을 데려가고 싶었다. 영영 가 버리려는 것은 아니었다. 고국을 잠시 떠나 한동안 가족이 함께 있으면서 아이들이 건강히 자랄 기회를 갖자는 것이었다. 그러던 2008년 8월, 나는 한 국제기구로부터 케냐나 우간다에서 보건 정책 일을 해 보겠느냐는 제안을 받았고, 유럽 연합을 통해 브뤼셀에 일자리가 있다는 통지도 받았다. 나는 너른 바깥세상에 나와 가족을 위한 자리가 있는지 알아보기 위해 비행기 표를 끊기로 했다.

잃다

가자에서의 생활이 정상적이라면 2008년 8월 16일에 지역을 벗어나는 비행기를 타는 일이 간단했을 것이다. …… 하지만 우리의 삶은 정상이 아니었고, 텔아비브의 벤구리온 공항은 팔레스타인인의 출입이 금지된 곳이었다. …… 2008년 여름에는 몰랐지만, 가자를 벗어나는 이 부자연스럽고 문제 많았던 여행은 여러 면에서 내 상상을 초월하는 파국의 시작이었다. …… 규칙은 규칙이었다. 나디아가 차로 한 시간 거리인 병원에서 점점 나빠져 가고 있다 해도, 출입사무소 문이 아침 7시 반에 열린다는 엄연한 사실이 바뀌는 것은 아니었다. …… 하지만 그건 지옥 같은 여정의 시작이었다. 지금도 악몽으로 되살아나고는 하는 경험이다. …… 나는 직원들에게 대체 왜 자꾸 지체되는지 알 수 있느냐고 애원을 했다. 나는 그들에게 내가 의사이고, 이스라엘의 병원에서 일하며, 아내가 위독하다고 말했다. 그리고 오로지 셰바 병원에 어서 가기 위해 24시간 이상을 뜬눈으로 달려왔다고 말했다. 돌아온 대답은 간단했다. "기다리시오."

　　가자에서의 생활이 정상적이라면 2008년 8월 16일에
지역을 벗어나는 비행기를 타는 일이 간단했을 것이다. 출입사무소로
가서 가자를 벗어나 이스라엘로 들어간 다음, 텔아비브에 있는 벤구리
온 국제공항까지 다시 차를 타고 가서 세계 어디로든 날아가면 그만일
터였다. 하지만 우리의 삶은 정상이 아니었고, 그 공항은 팔레스타인인
의 출입이 금지된 곳이었다. 우리가 외국으로 갈 수 있는 유일한 방법은
요르단을 거치는 길뿐이었다. 가장 가까운 이스라엘이나 이집트를 거치
는 길은 아주 특별한 허가증을 구하지 않는 한 이용할 수 없었다. 2008
년 여름에는 몰랐지만, 가자를 벗어나는 이 부자연스럽고 문제 많았던
여행은 여러 면에서 내 상상을 초월하는 파국의 시작이었다.

　　국제 보건 단체인 PSIPopulation Services International가 케냐와 우간다
에서 운영하고 있던 한 프로젝트에서 생식 보건 컨설턴트로 일할 사람
을 구하고 있었다. 내가 그 자리를 얻게 된다면 우리 가족은 마침내 가
자를 벗어나 억압이 없고, 다른 세계와 접할 수 있는 곳으로 떠날 수 있
을 터였다. 나는 오랫동안 가자 지구 내의 보건과 교육을 향상하고 이스

라엘과의 공존을 설계하는 사람이 되고자 노력했다. 하지만 내 아이들에 대한 걱정도 많았기에, 아이들을 안전한 곳으로, 잠재력을 실현하기 좋은 어딘가로 데려가 살 기회가 있다면 마다하기 어려우리라는 생각도 했을 것이다.

우선 나는 케냐의 나이로비로 날아가 2주 동안의 에이즈 및 생식 보건 프로그램 훈련 과정에 참여하기로 했다. 그런 다음 우간다의 캄팔라로 날아가서 함께 일하게 될지도 모를 직원들을 만나 보고, 그 뒤에 브뤼셀로 가서 유럽연합과 일할 기회가 있을지도 알아보기로 했다.

나는 여행에 필요한 서류를 꾸리느라 일찌감치 서둘렀다. 비행기 출발 예정일 2주 전에 요르단 암만에서 이집트 카이로를 거쳐 케냐 나이로비로 가는 표를 끊어 놓았다. 출국 허가증을 받기 위한 준비도 했다. 하나는 에레즈 출입사무소를 거쳐 나가는 용도였고, 또 하나는 요르단강 양안을 이어 주는 알렌비 다리를 거쳐 이스라엘로 들어가는 용도였다. 알렌비 다리는 1918년에 영국 장군인 에드먼드 알렌비가 건설한 것으로, 요르단으로 가는 팔레스타인인이 이스라엘을 벗어날 때 이용하도록 지정된 출구이다.

하지만 여기는 중동인 데다가 팔레스타인 지역인 만큼 아무리 잘 세운 계획도 엉망이 되기 쉬운데, 내 경우가 꼭 그랬다. 나는 텔아비브의 셰바 병원에서 한 주 동안 근무를 마친 다음 평소보다 하루 일찍 8월 13일에 집으로 돌아왔다. 떠나기 전에 가족과 하루라도 더 지내기 위해서였다. 그런데 에레즈 출입사무소에서는 내게 토요일인 8월 16일에 국경이 폐쇄될 테니 그날 비행기를 타러 출국할 수 없을 것이라고 했다. 그 말을 해 준 관리는 나에게 금요일에 떠나서 웨스트뱅크에 있다가 출국하는 것이 나을 거라고 권했다. 그곳은 가자의 출입사무소들에 비해 보안이 덜 엄격하다는 이유였다. 하지만 나는 가족과 함께하는 시간을 잃고 싶지 않았기에 책임자를 만나게 해 달라고 부탁했다. 다행히 책임자는 이런 말을 했다. "걱정하지 말아요. 내가 알아서 해 줄 테니. 토요일에 출국할 수 있을 거요."

하지만 금요일 오후에 텔아비브의 보안 기관에서 내게 전화를 하더니 출국이 전면 금지됐다고 말하는 것이 아닌가! 암만에서 나이로비로 떠나는 비행기를 탈 시간이 48시간밖에 남지 않았는데 가자를 떠날 수 없다니! 내가 도대체 무슨 일이냐고 묻자 그는 이렇게 말할 뿐이었다. "보안 문제 때문에 떠날 수 없어요." 나는 이스라엘에서 일하는 사람인데 도대체 무슨 말인가? 어떻게 이럴 수 있단 말인가! 무슨 실수가 있는 것이 분명했다.

나는 전화를 끊고서 친구인 슐로미 엘다르에게 전화를 했다. 이스라엘의 유명 방송 진행자인 그는 이스라엘의 여러 매체에 글을 쓰기도 하는 친구였다. 우리는 몇 년 전 그가 카메라맨을 데리고 가자에 취재를 왔을 때 에레즈 출입사무소에서 처음으로 만난 사이였다. 나는 그 무렵 그가 가자에 관해 쓴 책을 읽어 보았던 터였고, 그와 정치 현실에 관해 대화를 나누게 되었다. 그 뒤 슐로미와 나는 많은 유용한 정보를 교환하는 사이로 발전했다. 그날 그는 전화로 내 사정을 듣고는 나만큼이나 황당해했다. "당신이 출국할 수 없다면 팔레스타인인 가운데 나다닐 수 있는 사람이 어디 있겠어요? 뭐가 어떻게 된 거죠? 제 유일한 무기는 펜이니까 이 얘길 쓰도록 하지요." 그는 에레즈 출입사무소의 관리에게 전화해서 취재를 했다. 그사이 나는 다른 이스라엘 친구에게 전화했는데 그 친구는 확인해 보고 다시 전화하겠다고 했다. 몇 분 뒤 전화가 울려 받아 보니 그 친구의 말이 이랬다. "당국의 분위기가 심상찮아요. 당신이 출국하는 것을 원치 않아요. 일주일 더 기다려야 할 것 같은데요." 이 무슨 소린가? 그럼 내 비행기 표와 약속과 면접과 훈련은 다 어쩌란 말인가? 이 일을 어쩐다? 보안 관계자들이 대체 왜 내 이름에다 벌점을 매겨 놓았을까? 내가 안보에 위협이 되는 존재였다면 어떻게 이스라엘에서 계속 일하도록 내버려 두었단 말인가? 도무지 납득이 안 가는 상황이었다.

그날 저녁 7시에 다시 전화가 울렸다. 이스라엘 안보 기관 사람이 나에게 무슨 일이냐고 물어보는 전화였다. 내가 상황을 설명하자 그는 이렇게 대답했다. "문제가 다 해결됐으니 토요일에 떠나셔도 됩니다." 그의 말을 듣고 나는 꼬인 문제가 다 해결되었나 보다 했다.

토요일에 출입사무소로 나가 보니 보안 요원들 말고는 아무도 없었다. 혼자서만 긴 복도를 지나서 가시철조망을 피해 가고 엑스레이 기기들 사이와 닫힌 문을 빠져나가 심문관을 마주하자니 괴기스럽기까지 했다. 이윽고 국경 너머로 가서 이스라엘 보안 요원에게 서류를 제출했는데 그녀의 대답이 가관이었다. "당신은 출입 금지예요."

"아니, 왜죠?" 내가 물었다.

"보안상의 이유예요." 그녀는 사무적인 어조로 대답할 뿐이었다. "이유는 없어요. 당신이 그냥 걸린 거예요." 나에게 자유이용권이 없는 이상 그녀는 전권을 가지고 있었다. 나는 이를 악물어야 했다. 한마디 혹은 한 동작이라도 잘못하면 나의 여행은 그대로 다 끝날 수 있었던 것이다. 나는 그녀에게 나의 이른바 보안 현황이 어떤 상태인지 상관에게 알아봐 줄 수 있느냐고 정중하게 부탁했다. 그녀가 내 부탁을 들어주기까지 나는 한 시간을 기다려야 했다. 그녀는 알아보고 오더니 나에게 택시를 잡아타고 알렌비 다리로 가도 좋다고 했다.

그래서 나는 한 손에는 서류 뭉치가 가득하고, 한 주머니에는 여러 번의 택시와 버스 승차에 필요한 동전이 가득하며, 가슴에는 희망이 가득한 채로 다리 쪽으로 갔다. 에레즈에서 검문을 다 받았으니 다리에서는 이스라엘 관리에게 서류만 보여 주면 통과할 것으로 생각하기 쉽다. 하지만 그게 아니었다. 양측 사이에 불신의 골이 워낙 깊어서, 알렌비에서의 절차는 스파이 영화나 다를 바 없었던 것이다. 택시 기사에게 달라는 대로 요금을 주고 내린 다음 손수레에다 짐을 올려놓으니, 지키고 있던 관리는 지난 60년간 두 민족이 서로에게 준 상처가 전부 내 탓이라는 듯 나를 바라보았다. 나는 버스를 타고 팔레스타인인 여권 검색대로 가서 서류를 철저히 검사받았다. 서류가 통과되자 나는 다시 버스를 타고 약 1킬로미터 거리에 있는 수하물 보관소로 가 짐 더미에서 검사를 통과한 내 가방들을 찾아냈다. 그리고 다시 버스를 타고 조금 가니 요르단 국경 너머였다.

여기서 나는 다시 요르단 관리들에게 검문을 당했다. 몇 주 전에 신청했던 요르단 비자를 포함한 서류를 제출했더니 가자인에게 지정된 창구로 가라고 했다. 거기서 나는 영원처럼 길게 느껴지는 시간을 기다려야 했다. 암만에서 타야 하는 비행기 생각에 마음은 급했다. 통행 서류에 팔레스타인인이라고 되어 있으면 이 세상 어디를 가든 참 오래 기다려야 한다는 보증이나 마찬가지다. 결국 내 짐을 다시 수색한 다음에야 가도 좋다는 명령이 떨어졌다. 차로 1시간이면 갈 수 있는 암만의 공항까지 가기 위해 나는 아침 7시 반에 길을 떠난 셈이었다. 도착해 보니 저녁 6시 비행기를 겨우 탈 수 있을 시각이었다. 그나마 비행기를 탈 수 있었으니 나의 그날 하루는 성공한 셈이었다.

나이로비에서의 훈련 과정은 2주가 걸렸다. 8월 26일에는 아내의 조카딸이 결혼하는데 거기 참석하지 못하는 것이 아쉬웠다. 모두가 잔치를 손꼽아 기다리고 있는 모습이 눈에 선했다. 나는 몇 달 전 예멘 출장길에 딸들과 아내에게 아름다운 실크 드레스를 사 주었는데, 그들은 분명 결혼잔치에 관한 이야기도 나누고 드레스가 얼마나 잘 어울렸는지 자랑도 좀 하고 싶었을 것이다. 그래서 나는 잔치 다음 날 집으로 전화했다. 통화하는데 나디아는 몸이 피곤하고 좋지 않다고 말했다. 내가 잔치 때 밤늦게 춤추며 너무 잘 놀아서 그런 건 아니냐며 놀리자 그녀는 웃으며 걱정 말라고 했다.

훈련이 끝나고서 나는 계획한 대로 PSI 사람들을 만나러 캄팔라로 갔다. 거기서 며칠을 지낸 다음(아내와 딸들에게 줄 화사한 스카프를 사러 짧은 쇼핑도 했다.) 9월 1일에는 이집트로 떠났다. 그날은 라마단 첫날이어서 가족들에게 신성한 달의 시작을 축복하기 위해 집에 전화했다. 마야르가 전화를 받았는데 목소리가 심상찮은 것이 무언가 잘못된 것 같았다. 베싼하고도 통화를 했는데 둘 다 무언가를 숨기고 있다는 느낌이 점점 더 들었다. 여느 때 같으면 내가 멀리서 전화하면 다들 통화하려고 전화기 앞으로 몰려들고는 했는데, 이번에는 마야르와 베싼만 통화하려고 했던 것이다. 그래서 나는 자정에 다시 전화해 보았다. 다들 피곤해서 자고 있거나, 그날의 첫 기도를 위해 자다가 막 깨어났을 무렵이었다.

나는 마야르에게 모두에게 안부를 전해 달라고 말하며 전화를 끊으면서 묘한 불길함에 마음이 편치 않았다. 가족을 어서 안전한 곳으로 데려가야 한다는 생각이 더 강해질 정도였다.

나중에 알고 보니 마야르와 베싼이 내게 숨긴 것은 엄마가 며칠 자꾸 피곤하다고 하더니 몸을 가누기 어려울 정도가 되어 가자의 알시파 병원에 입원하게 되었다는 사실이었다. 나디아는 내가 걱정 없이 여행을 잘 마치고 올 수 있도록 아이들에게 입단속을 시켰던 것이다. 그녀는 늘 그랬다. 혼자 모든 것을 다 알아서 하면서 남들에게는 걱정 밀라고 하는 식이었다. 그래서 나는 아내가 심각한 상태라는 것도 모르고서 9월 2일에 카이로에서 브뤼셀로 날아갔다.

다음 날 아침인 9월 3일에 보니 샤타가 이메일을 보내 놓았다. "긴급. 전화해 주세요. 엄마가 아파요. 알시파 병원 의사가 엄마를 이스라엘로 옮겨야 한대요." 나는 당장 전화를 했다. 예사로운 병이 아니었다. 나디아는 급성백혈병을 앓고 있었던 것이다.

의사로서 나는 그것이 심상치 않은 진단이라는 것을 알았다. 아이들은 그런 급성혈액암을 대부분 이겨 내지만, 어른들은 살 확률이 50퍼센트밖에 안 되었다. 나디아의 남편으로서 내가 할 수 있는 것은, 그녀에게 투병할 기회를 주기 위해 무얼 해야 하는지 생각해 내는 것뿐이었다. 우선은 그녀를 이스라엘의 병원으로 옮기는 것이 첫 번째였다. 하지만 그렇게 생명이 위급한 상황에서도 국경을 건너가는 것은 쉬운 일이 아니었다. 그녀에게 여행 허가증이 있어야 하고, 이스라엘에서의 의료비를 지급하겠다는 팔레스타인 자치 정부의 서약서도 있어야 했다. 그리고 그 모든 것은 빨리 해결되어야 했다. 급성백혈병에 화학 요법이 바로 이루어진다면 환자의 생존율은 크게 향상될 수 있다. 그래서 나는 당장 라말라에 있는 팔레스타인 자치 정부의 지인들에게 전화를 걸었다. 나는 그들에게 나디아를 내가 일하는 이스라엘의 셰바 병원으로 옮길 수 있도록 알시파의 의사들에게 말해 달라고 부탁했다.

고맙게도 모두가 빨리 움직여 주었다. 나디아의 올케인 알이아는 그녀와 함께 에레즈 출입사무소로 가 주었다. 물론 아내는 떠나기 전에 집에 들러 아이들에게 금방 괜찮아져서 돌아올 거라고 안심시켰고, 별 탈 없이 이스라엘로 건너갈 수 있었다. 그녀는 부축 없이도 걸을 수 있었기에 금방 나아서 돌아오겠다고 자신했다. 나도 그녀처럼 확신할 수 있었다. 그녀는 항상 건강했고, 이스라엘 의사들이 알아서 잘 챙겨 줄 터였다. 정말이지 나는 그녀가 그렇게 아플 수 있다고 생각해 본 적이 없었고, 그래서 다른 가능성은 아예 상상도 하지 않았다. 의사가 자기 가족을 치료해서는 안 된다는 것이 그래서인지도 모른다. 환자를 냉정하게 대하지 못하고 의사의 결정에 감성이 개입되기 쉬우니 말이다.

나의 귀국 비행편은 9월 25일로 예약되어 있었다. 여행 일정에 따라 날짜별로 허가를 받아 놓은 상태여서 예약을 변경하면 분명 일이 엄청나게 복잡해질 것이었다. 그리고 나는 공중 보건 분야의 일자리를 놓고 브뤼셀에서 유럽연합과의 면담을 앞두고 있었으며, 한 주 더 머물면서 한때 공부했던 에라슴 병원 동료들을 만나 볼 예정이었다. 솔직히 고민스러운 상황이었다. '당장 집으로 돌아갈 길을 알아봐야 할까, 아니면 면담을 한 다음에 돌아가야 할까?' 나디아는 "치료를 잘 받고 있으니 걱정 말라."라고만 하며 "브뤼셀에 더 있다 오라."라고 했다. 나디아가 그렇게 말했어도 나는 당장 집으로 갔어야 했다. 그런데 결국 그렇게 하지 않고 계속해서 일을 본 것이 지금도 내게 깊은 회한으로 남아 있다. 크든 작든 분명 내게는 서류를 새로 꾸미는 번거로움을 피하고자 하는 이기심도 있었고, 내 경력에 대한 사적인 욕심도 있었던 것이다. 그런데 나디아는 계속 이런 말만 했다. "걱정 마요. 다 잘 될 테니까. 며칠 더 있다 보면 되죠." 그렇게만 말한 나디아에게도 책임이 있다고 생각하며 내 결정을 정당화해 보려고도 했지만 그래 봤자였다. 나는 의사로서 냉정하게 판단할 수 있어야 했다. 당장 아내에게로 달려갔어야 했다.

참으로 끔찍한 며칠이었다. 아직 라마단 기간이라 금식 시간이 길었다. 이것저것 알아보고 궁리하느라 잠을 잘 수도 없었다. 나는 매일 가족과 연락한 끝에, 9월 9일에 유럽연합과의 면담 직후 브뤼셀을 떠나기로 마음먹고 비행기편을 변경하기로 했다. 그 뒤로는 표를 다시 끊고 허가증을 재발급받기 위한 지긋지긋하고 짜증스러운 절차가 시작되었다.

선택의 폭이 좁아지더라도 나는 암만을 거쳐 가야만 했다. 그나마 브뤼셀에서 뮌헨과 이스탄불을 거쳐 암만으로 가는 비행기편을 구할 수 있어서 다행이었다. '내가 팔레스타인인이 아니었다면 몇 시간 만에 브뤼셀에서 텔아비브까지 단번에 날아가 집으로 갈 수 있을 텐데……'라고 생각해 봐야 소용없었다. 그래도 그사이 나디아가 화학요법에 잘 반응하고 있어서 최악의 상황은 넘겼기를 바랐다. 무시무시한 진단이 나왔지만 늦지 않게 치료를 받게 되었으니 회복세로 돌아서기를 바랄 수도 있었다. 9월 9일에 브뤼셀에서 비행기를 탈 때 그녀의 상태는 그 정도였다. 하지만 그날 비행기가 뮌헨에 착륙했을 때 나디아의 상태는 갑자기 악화되었고, 그녀는 중환자실로 급히 옮겨졌다. 나는 어서 셰바 병원에 도착해서 그녀 곁에 있게 되기를 간절히 바라며 공항에서 발을 동동 굴렀다. 내가 전화 걸 때마다 그녀의 상태는 점점 더 나빠졌다. 나는 그녀가 회복되기를 간절히 빌고 또 빌었다.

암만의 공항에 도착해 보니 자정이 지나 있었다. 나는 택시를 잡아 알렌비 다리로 가자고 했고, 도착해 보니 새벽 2시경이었다. 그날 나는 아침 일찍부터 길을 떠나 비행기를 갈아타고 공항을 서성거리기를 거듭했다. 병상의 아내에게로 어서 날아가고 싶은 마음뿐인데 발은 바닥에 시멘트처럼 굳어진 느낌으로 보낸 하루였다. 하지만 규칙은 규칙이었다. 나디아가 차로 한 시간 거리인 병원에서 점점 나빠져 가고 있다 해도, 출입사무소 문이 아침 7시 반에 열린다는 엄연한 사실이 바뀌는 것은 아니었다. 나는 국경 너머에 있는 택시 기사에게 기다리고 있으라고 전화했다. 문이 열릴 때 나는 가장 앞에 줄을 서 있었다. 모기가 앵앵거리고 파리가 귀찮게 구는 가운데, 밤새 다섯 시간 동안 나는 앉아 있을 수 없었다. 마침내 건물 출입문이 열리자 나는 제일 먼저 들어가서 서류를 제출했고 몇 분 만에 거기를 빠져나왔다. 요르단에서 강 건너 이스라엘 쪽으로 가면서 이제 나디아에게 한 걸음 더 다가간 느낌이었다.

하지만 그건 지옥 같은 여정의 시작이었다. 지금도 악몽으로 되살아나고는 하는 경험이다. 나는 이스라엘 검문소에서도 첫 번째였다. 여권과 신분증을 제출하니 기다리라고 했다. 9시가 되었는데도 계속 기다려야 했고, 낮 1시가 되어서도 계속 기다리고 있어야 했다. 다른 사람들은 와서 수속을 밟고서 오래 기다리지 않고 통과했다. 나는 직원들에게 대체 왜 자꾸 지체되는지 알 수 있느냐고 애원을 했다. 나는 그들에게 내가 의사이고, 이스라엘의 병원에서 일하며, 아내가 위독하다고 말했다. 그리고 오로지 셰바 병원에 어서 가기 위해 24시간 이상을 뜬눈으로 달려왔다고 말했다. 돌아온 대답은 간단했다. "기다리시오."

나는 매시간 아내의 올케에게 전화했고 그때마다 같은 소리를 들어야 했다. "어디세요? 왜 못 오세요? 어서, 어서요." 2시가 되었다. 나는 도움을 청해 볼 만한 모든 지인에게 전화를 걸고 있었다. 마침내 카운터에서 나를 부르기에 가 보니 이스라엘 정보기관인 샤박의 관리를 만나보라고 했다. 그 관리는 내게 100가지는 되는 듯한 질문을 퍼부었고 내아내에 대해서까지 물어보더니 역시 기다리라고 했다.

6시가 되자(내가 와서 기다린 지 10시간 반 뒤였다.) 그는 내게 여권을 주며 가도 된다고 했다. 그사이 아랍계 이스라엘인 기사는 내내 나를 기다리고 있었다. 내가 기사에게 셰바 병원으로 최대한 빨리 가 달라고 하자 그는 검문소가 가장 적은 길을 택했다. 예루살렘 외곽에 있는 첫 번째 검문소에 다다르니 보초가 말했다. "여기서 뭘 하는 거요? 여긴 이스라엘인만 이용하는 곳인데……." 나는 내게 허가증이 있으며, 내가 텔아비브의 셰바 병원에서 일하는 의사이며, 아내가 거기 중환자로 입원해 있어서 달려가는 길이라고 설명했다. 그런데 그는 내가 자살 폭탄 테러를 하러 시내에 잠입하려 한 사람이기라도 한 듯 나를 대했다. 나더러 휴대폰을 끄라고 하고서 경찰에게 전화하더니 가자의 팔레스타인인이 국경을 넘으려는 것을 잡았으니 와서 검거하라고 했으며, 내게 체포되는 이유를 이해한다고 인정하는 서류에 서명하라고까지 했다. 결국에는 이스라엘 정보기관에서 전화가 와 보초에게 나를 보내 주라고 했고, 경보를 울리기 전에 내 허가증을 더 잘 살펴봤어야 했을 것 아니냐는 말도 했다.

정보기관의 질책에 보초가 각성했다고 생각하면 착각이었다. 그는 자신이 작성한 체포 서류를 찢어 버리더니 이번에는 내가 검문소에서 신체적으로 해를 당하지 않았다고 말하는 다른 서류에 서명하라는 것이었다. 그는 자신의 권한이 막강함을 증명하기라도 하듯 내게 거기서 50킬로미터나 되돌아가야 있는 예리코로 가 거기서 새로 출발하라고 했다. 더구나 그는 내 허가증 기간이 만료되었으니 예리코에서 이스라엘인 조정관을 만나 새 허가증을 받든지 하라고 했다.

나는 택시를 타고 서둘러 예리코로 가야 했다. 도착해서 새 허가증을 받으니 이번에는 베들레헴에 있는 검문소로 가라는 것이었다. 끔찍하게도 거기는 다시 둘러가야 하는 곳이었다. 너무 황당했지만 달리 방법이 없었다. 베들레헴에 도착해 보니 책임자인 여성 군인이 내 이름을 컴퓨터에 입력하는데 믿을 수 없는 결과가 나왔다. 8월 16일에 내가 가자를 떠날 때 에레즈 출입사무소에서 떴던 그 메시지, 즉 보안상의 이유로 나의 여행을 금지한다며 나의 출발을 무산시킬 뻔했던 그 메시지 말이다. 잘못해서 그런 정보가 내 파일에 들어온 것이었기에 나는 그 정보가 삭제된 줄로 알았다. 내가 사는 곳에서 상식이 통할 것이라고 믿는 것은 위험한 일이다.

나는 가로세로 폭이 1미터에 1.5미터밖에 안 되어 겨우 일어서고 앉을 수만 있는 방에서 기다리고 있어야 했다. 밖에서 자물쇠 채우는 소리가 들리자 나는 분노를 주체하기 힘들었다. 저녁 7시 반이었다. 휴대폰을 압수당해서 아내의 상태를 확인할 방법도 없었다. 너무나 아까운 그녀의 시간이 째깍째깍 흘러가는 동안 나는 무기력하게 앉아 있어야만 했다. 한 시간이 하루 같았다. 없어도 그만인 그림자 같은, 최소한의 존엄이나 법적 존중을 누릴 가치도 없는 존재로 취급당하는 모멸감이 내가 살아온 삶 전체를 되살리는 듯했다. 웨스트뱅크의 이 숨 막히는 좁은 방에서 차마 다 잊지 못했던 아픈 과거가 고스란히 되살아나는 느낌이었다.

이윽고 내가 갇혀 있던 방 유리 저편에서 한 관리가 책상에 앉아서 손짓으로 나를 불렀다. 누군가가 문을 따 줘서 나는 그 관리에게 다가갔다. 그는 의자에 푹 기댄 채 책상에 발을 올려놓고 앉아서 손가락으로 나를 불렀다. 개한테 앉으라고 하는 것 같았다. 그는 나를 쳐다보지도 않은 채 허가증을 내밀며 말했다. "가지고 가."

나는 고단하고 허기지고 목마르고 아찔했다. 병원까지 한 시간이 걸려 도착하자마자 중환자실로 달려갔다. 나디아는 의식이 없었다. 나는 그녀의 이름을 부르며 말했다. "내가 당신 곁에 왔어." 내 소리가 그녀에게 들리는지는 알 길이 없었다. 그날 밤 나는 너무 고단하지만 그녀 곁을 떠날 수 없어 복도에 있는 책상에 엎드려 잤다.

병원에서는 내가 일하고 쉴 수 있도록 침상 딸린 사무실을 주었다. 며칠 동안 그녀는 호전되는 기미를 보였다. 나디아는 계속해서 자기 발로 걸어서 가족에게 돌아가겠다고 했다. 그녀는 회복을 확신하고 있었다. 그녀에게도 아이들에게도 함께 있을 수 없는 것은 힘들었지만, 아무도 그녀가 집으로 돌아오지 못한다고 생각해 본 적은 없었다. 아이들이 병원에 와 보는 것은 한마디로 불가능했다. 환자와 보호자 한 사람만 에레즈를 통과하는 것이 가능한데 나디아는 올케와 함께 건너왔기 때문이다. 그녀의 담당 의사는 그녀가 곧 중환자실을 나올 수 있으리라고 생각하기까지 했다.

그러다 갑자기, 9월 13일 토요일부터 그녀의 각종 수치가 급격히 떨어지기 시작했다. 나는 그녀를 곧 잃게 될 것임을 알 수 있었다. 아이들은 여전히 엄마를 보러 올 수 없었다. 그녀의 상태는 확인해 볼 때마다 더 나빠져 갔다. 그녀는 화요일인 9월 16일 오후 3시까지 버티다가 완전히 무너지기 시작했고 장기도 더는 기능하지 못했다. 나는 곁에 앉아 아내의 이름을 부르며 말을 걸고 코란도 읽어 주었다. 하지만 오후 4시 45분, 그녀는 불씨가 꺼지듯 그렇게 스러지고 말았다. 나의 아내가, 여덟 아이의 엄마가 세상을 떠나 버린 것이다.

무얼 어찌하면 되는지 아무 생각도 들지 않았다. 아직 라마단 기간이라 다들 금식 시간을 지키고 있어서, 오후 5시 15분에 금식 시간이 끝날 때까지는 집에 전화 걸어 아이들한테 알리고 싶지 않았다. 아이들은 그날 아무것도 먹지 않았을 텐데, 엄마 소식을 들으면 더더욱 먹지 못하리라는 것을 알았기 때문이다. 그래서 나는 아이들이 식사를 마칠 때까지 기다리고 싶었다. 그사이 나는 에레즈 출입사무소에 전화를 걸어 나디아를 집으로 데려갈 수 있도록 허가증을 주선해 달라고 부탁했다. 팔레스타인인은 죽은 몸으로도 허가증 없이는 그곳을 건너갈 수 없기 때문이었다. 그런 다음 나는 아이들에게 전화했다. 아야가 받았는데 내 목소리를 듣더니 흐느끼기 시작했다. 나는 같은 말만 되뇌었다. "하느님이 보살펴 주실 거다." 아야도 그저 "아냐, 아냐, 아냐."라고만 할 뿐이었다.

서류도 꾸미고, 구급차도 빌리고, 국경까지 데려다 줄 차도 알아봐야 했다. 국경에 도착해 보니, 순간 내가 타임머신에 붙들려 있는 것은 아닌가 싶었다. 보안 검색 화면에 또 내 이름이 위험인물로 떴다. 4주 전에 삭제되었어야 했을 잘못된 정보가 여전히 그대로였던 것이다. 결국 나는 나디아의 시신과 함께 국경을 건너갈 수 없었다. 이스라엘 구급차는 차량 횡단 지점에서 팔레스타인 구급차와 만나게 되어 있었는데, 보안 관리는 나에게 아내는 구급차로 가고 나는 서류 심사를 마친 다음에 걸어서 건너가는 것은 어떻겠냐고 말했다. 내가 수없이 국경을 넘나들 었지만, 이번만은 아내 곁을 한 번도 떠나지 않고 집까지 함께 가고 싶었다. 아내를 혼자 내버려 두고 싶지 않았던 것이다. 나는 서류 수속을 최대한 빨리 마치고서, 나에 대한 제한 조치는 실수라는 사실을 관리에게 결국 설득시켰다. 이윽고 나는 뛰는 것이 허용되는 모든 곳을 달려서 국경을 통과한 다음, 구급차가 가자 지구에 닿기 전에 차를 따라잡았다. 나디아와 나는 집까지 나머지 길은 함께 갔다.

집에서는 아우들이 다 기다리고 있었다. 가자 각지에서 사람들이 사랑과 애도를 표현하러 와서 집 앞길에 몰려 있었다. 나는 곧장 아이들에게 가 보았다. 베싼, 달랄, 샤타, 마야르, 아야, 모하메드, 라파, 압둘라가 나를 기다리고 있었다.

그날 밤 우리는 한방에서 함께 잤다. 서로 위로하면서 힘을 얻기 위해서였다. 다음 날 우리는 나디아를 묘지로 데려가 땅에 묻었다. 우리는 온종일 기도하고 사흘을 더 기도했다. 친지들과 집안사람들이 와서 위로해 주었다. 우리는 슬픔을 가눌 수 없었지만, 함께 나누었기에 견딜 수 있었다.

나디아는 훌륭한 아내이자 엄마였으며, 집안과 친지가 다 아끼는 여인이었다. 그녀는 함께한 인생 내내 나에게 영감과 용기를 주었다. 나는 그녀를 잃고서야 내가 그 세월을 얼마나 당연시했는지 깨달을 수 있었다. 내가 끝없는 좌절과 두려움을 견디며 살 수 있었던 것은 나디아가 나의 응원군이었기 때문이다. 나는 그녀의 격려와 사랑이 있었기에 버티어 올 수 있었다.

아이들과 나는 그녀를 너무 일찍 잃는 상처를 입었지만, 그녀가 보여준 사랑을 기억하면서 위로받기도 했다.

나디아와의 결혼식

사우디아라비아의 집에서 나디아와 첫아이 베싼

공격받다

새로운 삶을 시작할 수 있다는 말에 아이들이 진심으로 기뻐하며 짓던 표정을 잊을 수가 없다. 그날 오후 아이들이 나를 바라볼 때의 그 순진무구한 얼굴을 떠올려 보노라면, 불과 48시간 안에 어떻게 그런 어처구니없는 일이 벌어져 우리의 인생을 영영 바꾸어 놓고 말았는지 도무지 헤아릴 길이 없다. …… 갑자기 어마어마한 폭발음이 들렸다. 천둥 같은 소리가 바로 옆에서 나면서 내 몸을 관통하는 것 같았다. 그 엄청난 소리, 그 강렬한 섬광은 지금도 잊을 수 없다. 갑자기 칠흑 같은 어둠이 덮치더니 먼지 냄새가 가득했다. 돌연 진공 상태라도 된 듯 숨이 막혔다. 압둘라는 아직 내 어깨 위에 있었고, 라파는 주방에서 비명을 지르며 달려왔고, 모하메드는 문간에 얼어붙은 듯 서 있었다. 분진이 가라앉기 시작하자 나는 폭발이 딸아이들 침실에서 있었다는 것을 알 수 있었다. 나는 압둘라를 내려놓았고, 주방에 있던 베싼은 나보다 먼저 달려갔다. 우리는 동시에 침실 문 앞에 이르렀다. 차마 눈 뜨고 볼 수 없는 광경이 펼쳐져 있었다.

　　나디아의 죽음으로 우리 아이들의 삶이 바뀌고, 나의 일에 변화가 오고, 내 신념이 도전받는 일련의 사건이 이어졌다.

　2008년 가을, 나는 아이들의 엄마이자 아빠가 되려고 애써 가며 좌충우돌했다. 처음에는 일터로 돌아갈 수 없을 것만 같았다. 내 일을 하려면 매주 월요일부터 목요일까지 가자를 떠나 있어야 하기 때문이었다. 아이들은 누가 돌본단 말인가? 그렇다고 내가 일을 안 하면 우리 가족 전부는 어찌 된단 말인가?

　우리 문화에서 결혼은 남녀 모두에게 가장 안정된 생활 조건으로 여겨진다. 나디아가 세상을 떠난 지 넉 달이 지나서 이드 명절 때 그녀의 언니 마리얌이 친정을 방문하러 이집트에서 땅굴을 통해 왔을 때, 나는 그녀가 내 아들 모하메드를 안고 키스하는 모습을 보았다. 그 모습을 보자, 누나들이 있다고는 해도 모하메드는 아직 엄마 같은 존재가 필요한 나이 아닌가 싶었다. 이혼을 했고 나보다 나이가 많은 마리얌을 나는 그때 처음 보았다. 그녀는 알제리에 산 지 수십 년이 되었고, 친정에 왔을 때마다 나는 집을 떠나 있었다. 하지만 그녀는 우리 아이들과 서먹서먹하지 않았다. 아주 잠깐 나는 그녀에게 청혼해야 하는 것은 아닌가 하는 생각까지 해 보았다. 나는 이 문제에 관해 처남과 상의해 보고 마리얌에게도 말을 꺼내 봤는데, 그녀는 결혼하기에는 자기가 나이도 너무 많고 자기한테도 자식들과 손주들이 있다고 했다.

아이들도 결혼을 그럴듯한 해결책으로 보지 않았다. 베싼은 말했다. "아빠는 일하러 가세요. 집은 제가 돌볼게요. 달랄과 샤타도 도울 거예요." 큰 딸아이 셋이 힘을 합쳐도 벅찰 터였다. 여덟 명의 먹을거리를 해결하고, 동생들을 챙겨 주고, 큰 집 살림을 해야 했던 것이다. 베싼과 달랄은 이슬라믹 대학교에 다니고 있었고, 샤타는 고등학교 졸업반이었다. 이 문제를 아우들과 상의해 보니 자기 부인들도 도울 거라고 했다. 나는 다시 일터로 나가기로 했다.

직장에 다시 나간다고 해서 다 해결되는 것은 아니었으나, 슬픔에만 빠져 있던 분위기를 전환해 주는 데는 도움이 되었다. 내가 월요일부터 목요일까지 텔아비브에 있는 동안, 큰 아이들은 합심해서 살림을 하고 동생들을 돌보았다. 나는 병원에 있는 동안 감사하는 마음으로 환자들과 그들의 의료 문제에 집중했다. 나디아 없는 삶은 우리 가족에게 정상적이지 않았지만 나름대로는 일상적 틀이 자리를 잡기 시작했다.

2008년 10월 말, 나는 국제 보건 단체 PSI로부터 파키스탄에서의 일자리를 제의받았다. 한동안 가족을 가자에서 벗어나게 해 줄 기회가 왔나 싶었다. 문제는 그 단체의 고위직 사람들과 만나려면 며칠 안에 두바이나 파키스탄에 가 있어야 한다는 점이었다. 하지만 가자에서 에레즈를 거쳐 요르단을 가서 비행기를 타는 데 필요한 출국 서류를 이스라엘 당국으로부터 받자면 적어도 열흘에서 보름은 걸릴 터였다. 제때 가는 것은 불가능해 보였다. 바로 그 무렵 팔레스타인 당국에서는 이집트로 통하는 라파 출입사무소를 며칠 동안만 열겠다고 발표했다. 나는 라파를 거쳐 요르단으로 가서 비행기를 타기로 했다.

하지만 그러자면 따라야 할 요건이 있었다. 먼저, 외국 여행을 하자면 하마스 정부 내무부에다 방대한 근거 자료와 확실한 증빙 서류를 제출해야 했다. 이를테면, 건강상의 이유로 출국해야 하는 환자는 의사의 소견서를 비롯한 사적인 의료 정보를 다 제출해야 한다. 물론 가자에서는 환자의 프라이버시나 의료 정보 기밀성 같은 개념은 없다. 가자 밖에서 일하는 가자인은 그 나라의 취업 허가증과 비자가 있음을 증명해야 한다. 학생은 외국 대학의 재학 증명서를 제출해야 한다. 나는 이번에는 국경이 열릴 것임을 미리 알았다는 점에서 여느 때에 비해 한발 앞서 있었다. 일반적으로는 그 누구도 '언제' 출국할지를 결정하는 호사를 누릴 수 없다. 떠날 준비를 다 해 놓고서 국경이 열리는 때를 기다리는 수밖에 없다. 때는 오늘일 수도 있고, 내일이나 다음 주, 아니면 서너 달 뒤일 수도 있다.

팔레스타인 자치 정부 내무부에서 국경이 열린다는 소식을 방송이나 신문이나 인터넷을 통해서 발표하면 난리가 난다. 먼저 내무부에서 발표하는 명단에 자기 이름이 있는지 확인해야 하는데, 그래야 지정된 일시와 장소에 지정된 버스를 타고 출입사무소로 갈 수 있기 때문이다. 팔레스타인인이 그렇게 국경을 통과하기까지 겪게 되는 끝도 없는 절차와 뜻밖의 처분에 대해서는 여기서 다 언급할 수 없다. 아무튼 나는 24시간 동안의 수모 끝에 비행기에 몸을 실을 수 있었던 운 좋은 사람 가운데 하나였다.

두바이에서 PSI 사람들을 만나 본 다음에 나는 당연히 어서 빨리 아이들에게 돌아가고 싶었다. 하지만 어떻게, 언제 돌아가야 하나? 어느 도시, 어느 관문을 통해 들어가야 하나? 나는 비행기로 카이로에 가서 며칠 묵으며 허가증을 받아냈고, 거기서 400킬로미터 떨어진 엘아리시로 이동했다. 그곳은 국경에서 가까워 국경이 열리면 바로 건너가기 좋은 곳이었다. 그사이 우리 아이들은 삼촌, 숙모들의 도움을 받으며 자기들끼리 지내고 있었다. 차로 가면 한 시간 반 만에 갈 수 있는 90킬로미터 떨어진 우리 집에서 말이다.

나는 엘아리시에서 2주를 기다려야 했다. 기다리는 내내 집에 돌아가는 데 도움을 줄 수 있을지 모를 모든 이에게 전화를 했다. 하루는 이집트 당국에서 이집트 내에서 치료받고 있는 환자들이 가자로 돌아갈 수 있도록 국경을 열기로 했는데, 나도 건너갈 수 있을지 모른다는 통지를 받았다. 나는 국경으로 가서 사정했다. 집에 아이들만 있으며, 최근에 아이들 엄마가 백혈병으로 세상을 떠나서 아빠가 있어야 한다고 설명했다. 하지만 누구 하나 들어 주지도 감동하지도 않았다. 나는 거기서 인정이 원칙을 이기리라는 가망 없는 희망을 품고서 온종일 기다리다가 엘아리시로 돌아와야 했다.

국경에는 나처럼 며칠이나 몇 주 심지어 몇 달씩 오도 가도 못 하는 사람이 많다. 그사이 인근 도시에 있는 숙소에서 묵을 수 있는 사람은 형편이 괜찮은 이들뿐이다. 나머지 사람들은 출입사무소 바로 앞에서 노숙한다. 그렇게 지내는 사람들의 위생이 어떨지 상상해 보라. 국경을 건너가기 위해 팔레스타인인 수백 명이 그렇게 기다리고 있는 것이 보통인데, 여행자 가운데는 여성도 노인도 청년도 아이도 있다. 그들은 하나같이 울적함과 좌절감과 초조함과 피로감이 묻어 있는 표정을 하고 있다. 국외로 오가려면 그런 비참한 상황을 겪어야 하기에 팔레스타인 인이라면 불가피한 경우가 아닌 한 국외로 나가지 않는다. 외국 대학에 다니는 학생, 가자에서는 받을 수 없는 치료가 필요한 환자, 언젠가는 사정이 나아지겠거니 하는 상인만이 국외를 오간다.

이드 명절이 다 끝나 가자 마침내 이집트 정부는 국경에 묶여 있던 우리를 건너가게 해 주었다. 나는 초와 옷, 담요, 먹을거리, 스토브용 등유를 들고서 아이들에게 돌아갔다. 모두 가자 지구에서는 구하기 아주 어려운 것들이었다.

이번 일로 집을 오래 비우게 되었기에, 나는 가족을 데리고 12월 12일에 올리브 숲과 해변으로 가 보기로 단단히 마음먹었다. 계속되는 슬픔과 고난을 잠시 잊을 시간이 모두에게 필요했던 것이다.

그 가을에 나는 가자의 미래와 우리가 처한 여건에 관해 많은 생각을 해 보았다. 우리가 겪는 고난은 물론 사적인 것이었지만, 이스라엘과 팔레스타인 사이의 도발 위협이 점점 격렬해지는 것도 사실이었다. 공기 중의 긴장이 만져질 듯 팽팽해서 누구도 예사로이 여길 수 없었다. 긴장에 대해서는 단련이 된 가자인이 그럴 정도였다.

이런 교착 상태는 하마스가 총선에서 승리한 뒤 2007년 7월에 이집트와 이스라엘이 가자에 대한 접근을 봉쇄하면서 비롯되었다. 우리의 생존에 필요한 모든 것은 이스라엘이 통제했다. 가스도 수도도 전기도 다 그랬다. 여기에 보복이 따랐다. 유엔의 보고를 보면, 봉쇄 이후 17개월 동안 가자의 지하 연구 시설에서 만들어진 카삼 로켓의 이스라엘 공격으로 4명의 이스라엘 민간인이 사망하고 75명이 부상을 입었다. 같은 기간 동안 이스라엘 방어군은 가자 지구에 1만 4600발 이상의 포탄을 퍼부어 팔레스타인인 59명이 사망하고 270명이 부상당했다.

이집트가 하마스와 이스라엘 사이에서 휴전과 정전을 중재한 뒤인 2008년 6월에는 긴장이 완화되더니 11월 들어서 다시 급격히 고조되기 시작했다. 팔레스타인과 이스라엘 사이에는 비방만이 생존을 위한 유일한 발언 양식인 모양이었다. 휴전하기로 한 상태에서도 봉쇄는 풀리지 않았다. 국경도 열리지 않았다. 이스라엘이 다시 공격을 개시하자, 카삼 로켓이 이스라엘로 날아들었다. 그러자 이스라엘 방어군은 국경에 잠복 중이다 발견된 이른바 과격분자를 더 많이 살해했다.

웨스트뱅크와 동예루살렘의 유대인 정착촌은 계속 증가 추세를 보이며 확장되었다. 그에 반해 가자에서는 팔레스타인 가옥이 계속 파괴되고, 땅이 계속 몰수되고, 정치적 암살이 늘어났다. 양측 모두 자기는 돌아보지 않고 상대를 비방하는 일에 타성이 생겨 버렸다. 국제사회는 어디 있었던가? 팔레스타인인에게 일어나는 일들을 주목하던 눈들은? 나는 로켓 공격과 자살 테러에 반대하지만, 고통받는 사람들에게 매몰차게 문을 닫아 버리는 데도 반대한다. 이스라엘인에게는 당연하게 여겨지는 정상적인 삶을 거부당하고 있는 사람들이 있다. 나는 팔레스타인인이 최소한의 존엄한 삶을 살 수 있기를 바라는 것이다. 우리는 벽을 치는 것이 아니라 다리를 놓아야 한다.

12월 25일 목요일, 나는 텔아비브의 셰바 병원에서 일을 마치고 여느 때처럼 가자로 돌아갔다. 겨울이라 해가 짧아 어둑해서 집에 도착하니 습한 냉기가 뼛속까지 스며든 듯했다. 내가 에레즈 출입사무소의 검문소들을 분주히 통과하는 동안, 이스라엘 총리 에후드 올메르트는 지금 와서 보면 마지막이었던 경고를 내보냈다. 그는 알아라비야 텔레비전 방송에서 이렇게 말했다. "나는 지금 그들에게 말하고 있습니다. 이게 마지막일지 모릅니다. 그들은 이제 중단해야 합니다. 우리가 더 강하니까요." 이스라엘의 외무장관 치피 리브니가 이집트를 방문했는데, 이게 일종의 신호였던 것이 분명하다.

그날 저녁 아이들과 나는 다가올 한 주에 관해 이야기하며 식료품 장 볼 거리를 적어 보았고, 금요일에는 내가 나가서 일주일치 장을 보았다. 대부분의 사람은 최악의 상황을 대비하며 마음을 단단히 먹고 있었는데, 그날 이스라엘은 갑자기 국경 출입문 두 곳을 열어 트럭 100대 분량 이상의 구호물자와 발전용 연료를 들여보냈다. 속임수였을까? 팔레스타인인이 방심하도록 하기 위한 이스라엘 정부의 계략이었을까?

우리는 들어오는 것이 있으면 그대로 받아들이며 살아가려고 애쓸 뿐이다. 나는 토요일 오전 6시 반에 오는 스쿨버스에 아직 어린 아이들을 태워 보낸 다음, 고장 난 세탁기를 수리할 기사를 데리러 자발리아 캠프로 차를 몰고 갔다. 그렇게 나는 가자가 아수라장으로 변할 때 집을 떠나 아이들과 떨어져 있게 되었던 것이다.

나는 막 차를 대고 내리다가 공격이 시작되는 것을 보고 듣고 느끼게 되었다. 땅이 들려 올라가고 옆으로 옮겨 가고 마구 갈라져 아수라장이 되는 것만 같았다. 이스라엘의 로켓과 폭탄과 포탄이 사방에서 날아들었다. 폭탄이 하늘에서 마구 떨어지고(나중에 알게 됐지만, 그들은 2000 파운드급 마크84 폭탄과 레이저 유도 관통폭탄을 사용했다.), F16 전투기와 아파치 공격 헬기가 공중에서 으르렁거리고, 바다의 전투함이 로켓을 내뿜고, 국경의 탱크가 포를 퍼부었다. 화염과 연기와 파편이 허공을 메웠다. 거대한 금속판이나 집의 잔해가 쓰러진 가로등이나 유리 파편과 뒤섞였다.

이런 집중포화가 5분 정도 계속됐다. 그러다 갑자기 조용해졌고, 폐허가 된 거리는 연기 때문에 어둑했다. 나는 세워 둔 차로 달려갔다. 다행히 차는 멀쩡했다. 길거리 여기저기서 사람들이 비명을 지르며 허둥대는 가운데, 나는 조심조심 차를 빼내어 집으로 향했다. 베싼만 집에 있고 나머지 아이들은 아무도 없었다. 두려움이 왈칵 치밀며 가슴을 옥죄었다. 애들이 학교에는 잘 도착했을까? 어디에 있었을까? 애들을 어디서 찾아야 하지? 그런데 내가 막 나가서 아이들을 찾아볼 방법을 골몰하기 시작하자니 아이들이 둘씩 셋씩 현관에 들어서는 것이 아닌가. 제일 어린 아이들이 먼저였고, 중학생인 아야와 마야르가 그다음, 고등학생인 샤타가 마지막이었다. 달랄은 같은 건축학과에 다니고 가자 지구 다른 구역에 사는 이종사촌의 집에 갔다. 나는 휴대폰으로 달랄에게 전화해 보았다. 달랄은 폭격이 시작될 때 그 집에 있으면서 무사했지만 길이 다 막혀 버려서 집에 올 수 없었다.

아이들은 폭격이 시작될 때 스쿨버스가 멈춰 서자 알아서 가기로 하고 집까지 왔다고 했다. 폭격이 계속되는 동안 숨어 있다가 멈춘 다음에 달려서 집까지 왔다는 것이었다. 상상해 보라. 초등학생들이 폭격을 피해 살 길을 찾아 달려야 하는 현실을.

하지만 이 공격은 가자 지구에 대한 23일 연속 폭격의 시작일 뿐이었다. 우리는 우리 건물이 가장 안전하다는 판단 아래 그냥 남아 있기로 했다. 이스라엘은 우리 건물이 집인 것을 알 테고, 그렇다면 그들이 쫓는 과격분자의 소굴로 착각하고 표적으로 삼는 일은 없으리라 생각한 것이다. 아우인 레젝은 이집트에 갔고, 그의 남은 식구들은 아이들 외가댁인 자발리아 캠프에 가 있었다. 근처에 사는 다른 아우 셰하브는 자발리아 캠프에 있는 주민회관이 더 안전할 것이라 보고 처자식을 그리로 대피시켰다. 셰하브는 혼자만 거주하는 사람이 잡혀 죽는 경우가 많다는 소문에 우리 집으로 들어왔고, 자기 집은 가끔만 둘러보기로 했다. 그래서 우리 건물에는 아우인 아타와 그 식구들, 나세르와 그 가족, 우리 아이들과 나와 셰하브가 남았다.

상황을 종합해 보건대, 남녀노소를 막론하고 가자 지구의 주민에 대한, 그리고 살아 있는 모든 것과 인간의 모든 거처에 대한 이 미친 공격은 하마스를 무릎 꿇리기 위한 것이었다. 이스라엘 측의 공식적인 구실이야 가자 지구에서 가장 가까운 도시인 스데롯에 대한 사제 로켓 공격을 중단시키고, 이집트와 연결된 땅굴을 통한 가자로의 무기 밀반입을 끊기 위한 것이었다.

언젠가 이런 일이 일어나고 말 것이라 예상했기에 나는 초나 비상식량 같은 것들을 비축해 두기는 했다. 하지만 그 누구도, 아무리 비관적인 사람이라도 이스라엘의 공격이 장장 23일 동안 줄기차게 이어지리라고는 상상하지 못했다. 전기도, 전화도, 가스도(가스관은 공격 전에 이미 끊어졌다.), 텔레비전 방송도 없었다. 밤에는 소음과 공포 때문에 잠을 이룰 수 없었다. 낮에는 내가 밖에 나가 생필품을 구하러 다녔는데, 모든 것이 부족했다. 공격 개시 며칠 뒤부터 밀가루는 전혀 살 수 없었고, 우리의 주식인 피타 빵도 가게에서 볼 수 없었다. 어떤 가게 주인들은 남아 있는 물품을 바구니에 나누어 담아 한 가정에 하나씩 팔았는데 그나마도 금방 동나 버렸다. 나디아의 여동생 소브히아가 피타가 남아 있는 곳이 있다는 소문을 알려주어서, 나는 그녀와 모하메드를 데리고 셋이 가서 작은 피타 300개를 겨우 살 수 있었다. 양쪽 다 대식구였으니 얼마 못 갈 양이었지만 할 수 없었다.

지상 작전은 1월 3일부터 시작됐다. 그전에는 공격을 받아도 조심조심 먹을거리를 구하러 다닐 수 있었으나, 이제는 꼼짝없이 집에 갇히는 신세가 되고 말았다. 탱크 수백 대가 국경을 넘어와 무엇이든 움직이는 것을 향해 총탄을 퍼부었고, 건물도 닥치는 대로 포격해서 무너뜨렸다. 그 무렵 우리는 이미 2주 동안 포위된 상태였다. 라디오 말고는 바깥과 통할 수단이 휴대폰뿐이었는데, 휴대폰은 아껴 가며 써도 전력이 거의 다 소모된 상태였다.

딸 샤타와 사촌 가이다(아타의 딸로 우리와 같은 건물에 산다.)는 간이 충전기 만드는 법을 안다고 했다. 놀랍게도 이 두 십대 소녀는 라디오 배터리 네 개를 연결해서 휴대폰 충전기를 만들어 냈다. 휴대폰 충전기 케이블을 잘라 케이블 속의 전선 두 가닥을 라디오 배터리 양쪽 끝에 하나씩 접착 테이프로 부착하고, 케이블의 반대쪽 끝을 휴대폰에 연결하는 방법이었다. 휴대폰 하나를 충전하는 데 10시간이 걸리기는 해도 이 충전기는 우리의 생명줄이나 마찬가지였다.

포탄은 사방에서 날아오는 것 같았다. 우리는 누가, 무엇이 목표물인지 알 수 없었다. 라디오에서는 사망자 수만 말했다. 팔레스타인인을 누구의 엄마 아빠나 형제자매이기보다는 숫자로 환원할 수 있다는 듯 말이다.

우리 집 한복판에 있는 식당 방은 가족의 대피소가 되었다. 바깥쪽 방들, 즉 주방이나 침실이나 거실은 창이 크고 바깥과 면해 있어서 폭격을 당하면 더 위험했다. 나는 아이들에게 각자 매트리스를 식당으로 끌고 오라고 했다. 거기 있으면 더 안전하고 모두 함께 있을 수 있기 때문이었다. 우리는 거기서 밤이고 낮이고 머물러 있으면서 서로에게 이런저런 이야기를 들려주며 지냈다. 샤타는 촛불 아래서 공부를 했다. 6월에 있을 고교 졸업 시험에서 전교 10등에 들기 위해서였다. 제수씨 아이다는 샤타가 우수한 성적으로 고교를 마치게 되면 모두가 얼마나 자랑스러워하겠느냐며 거듭 칭찬했다. 나는 우리 가족이 창밖에서 벌어지는 무시무시한 현실을 심신으로 함께 이겨 내며 합심하는 것이 대견스러웠다. 우리는 서로 격려해 주며 버텨 나갔다.

가자 지구에 대한 공격이 시작된 직후, 어느새 나는 저널리스트 노릇을 하고 있었다. 국제사회의 수많은 언론이 모두(BBC나 CNN, CBC, 폭스뉴스, 스카이뉴스도 다 마찬가지였다.) 에레즈 출입사무소에서 가장 가까운 도시인 아슈켈론 외곽의 언덕에 발이 묶여 있었다. 이스라엘군이 가자에 대한 그들의 접근을 막았기 때문이다. 이스라엘 기자들도 가자에 들어올 수 없었다. 그들의 카메라는 폭격으로 인한 연기 기둥만 포착할 수 있을 뿐, 현장에서 어떤 일이 벌어지고 있는지 생생하게 목격해서 보도할 방법은 없었다. 그러자 이스라엘 언론은 내 휴대폰에 전화하기 시작했다. 나는 막힘없이 히브리어를 구사하고, 이스라엘군이 가자에서 일으킨 재앙의 한가운데에 살고 있었으니까.

이스라엘 채널10 텔레비전에서 일하는 내 친구 슐로미 엘다르는 매일 오후 느지막이 내게 전화를 걸어 그날 무슨 일이 있었는지 물어보았다.

나는 전망 좋은 우리 집 거실에서 폭탄과 로켓에 마구 무너져 내리는 동네를 다 내려다볼 수 있었다. 공습은 한두 번만 있는 것이 아니라 너무 잦고 강력해서 일대가 다 돌무더기가 되다시피 했다. 마치 사람들이 살았다는 흔적을 없애 버리려고 작정한 듯했다. 노인과 꼬마가, 청소년과 부모가 길을 걷고, 집에서 자고, 함께 먹고, 동쪽을 향해 절하고, 무릎 꿇고 기도하던 삶터를 말이다.

처음에는 가족이나 내가 보복이라도 당할까 봐 인터뷰를 주저하다가 결국 응하기로 했다. 누군가는 바깥세상에 소식을 알릴 필요가 있다고 생각했기 때문이다. 나중에 슐로미는 나에게 전화한 이유를 이렇게 설명했다. "가자에 대한 공격이 시작되고 언론의 접근이 차단되자, 저는 그가 가자에서의 삶을 얼마간이나마 접하게 해 줄 수 있다고 생각했습니다. …… 전쟁 발발 첫날부터 제가 진행하는 뉴스에서 우리는 사오 분 동안 통화했습니다. 그는 우리에게 공격이 계속되는 동안 그와 그의 가족이 어떻게 대처하고 살았는지 자세히 말해 주었습니다. 팔레스타인인의 삶을 들여다볼 수 있는 아주 특별한 기회였습니다. 시청자들이 특별히 동정적이었던 것은 아닙니다. 이스라엘인 대다수는 어떻게 해서든 스데롯에 날아드는 하마스의 로켓 공격을 끝내야 한다고 보았으니까요." 연민을 느끼든 말든, 이스라엘인은 내 목소리를 듣고서 군사행동 때문에 팔레스타인인이 겪는 희생을 다 무시하지는 못했을 것이다.

이렇게 초현실적인 여건에 살다 보니 나는 과거를 되돌아보기도 하고 미래를 가늠해 보기도 하게 되었다. 침공이야 언젠가는 끝나겠지만 그 다음은 어쩌지? 어릴 때는 샤론이 불도저로 우리 집을 밀어 버리는 파괴 현장을 목격했고, 어른이 되어서는 팔레스타인 자치 정부 청사가 빗

발치는 포탄에 산산조각이 나는 모습을 보았다. 그렇다면 팔레스타인의 남녀노소에게 가해지는 이 치명적인 공격 이후에는 어떻게 다시 일어설 수 있을까? 이 광기 어린 섬멸전에서 살아남은 사람들을 심리학자와 사회학자, 의사, 경제학자가 어떻게 회복시킬 수 있을까?

무사히 살아남기를 기도하고 기다리며 갇혀 있는 동안, 나는 불임 치료 클리닉에서 매달 좋은 소식을 기다리며 기도하던 커플들에 대해서도 생각해 보게 되었다. 남들이 겪는 고통을 생각해 보는 것은 나 자신을 미치지 않게 하는 한 방법인지도 모른다. 내가 사랑하는 사람들이 당면한 위험보다는 모르는 사람들이 당하는 어려움에 관해 관심을 둬 보는 일 말이다. 불임 치료를 받는 커플 역시 희망을 품고서 기다려야 한다. 치료에는 시간이 걸린다. 한 달 동안 매일 아침 주사를 맞고, 초음파와 혈압 검사도 받고, 인공수정을 하자면 대답하기 싫은 질문에 응하기도 해야 한다. 차마 대답할 수 없어서 그냥 넘어가는 때도 있다.

나는 포화에 휩싸인 우리 건물의 식당 방에 앉아 그런 불임 여성들이 겪는 고통이 얼마나 컸을지 되새겨 보았다. 나는 그들에게 이런 말을 해야 하고는 했다. "안타깝게도 결과가 부정적입니다. 다시 해 보셔야 하겠어요." 말하는 입장이야 쉽지만 받아들이고 견뎌야 하는 여성은 얼마나 힘들었을까. 그 가운데는 결과가 좋아서 아주 기뻐하고, 노심초사 끝에 출산에 성공하는 여성도 있었다. 사랑해 주고 길러 주고 가르쳐야 하는 아기를 낳게 된 것이다. 그런데 그 아이가 로켓 공격을 피하려고 집 한복판 바닥에 웅크리고 있어야 한다면 어떻겠는가? 자식을 낳기 위한 그 많은 노력이 아기의 꿈을 실현하는 데까지 이어질 것인가, 아니면 내가 겪고 있는 것과 같은 인생 각본으로 귀결되고 말 것인가.

1월 13일은 지상 공격이 시작된 이래로 가장 견디기 어려운 날이었다. 바깥은 미사일 폭발로 인한 연기와 분진 때문에 밤인지 낮인지 분간할 수 없을 정도였다. 그날 오후에는 "쾅쾅" 우리 건물 출입문을 두드리는 소리가 줄기차게 났다. 나는 군인들이 우리를 밖으로 나오라고 협박할까 봐 겁이 나서 응답하고 싶지 않았다. 하지만 문 두드리는 소리가 계속 나자 결국 아래로 내려가 문을 열었다. 문밖에는 내 아우 셰하브의 열일곱 살 딸인 누르가 서 있는 것이 아닌가. 누르는 머리 위로 백기를 들고서 눈물을 마구 흘리며 잔뜩 겁먹은 얼굴을 하고 있었다. 나는 누르를 안으로 데려갔다. 누르의 가족은 아직 주민센터에 있었다. 누르는 거기서 더는 견딜 수가 없다고 했다. "한 방에 50명씩이나 있어요. 짐승처럼 빽빽이 갇혀서 인질처럼 지내야 해요. 프라이버시고 뭐고 없는 것이 너무 싫었어요. 거기 계속 있으니 집에서 죽는 것이 낫다는 생각이 들었어요." 그래서 누르는 막대기에 하얀 수건을 묶고서 우리가 있는 곳까지 위험한 이동을 감행했던 것이다.

나는 조카의 용기를 칭찬해 주고 집에 돌아온 것을 축하해 주려 했으나, 특별히 먹일 것이 없어서 너무 안타까웠다. 우리 집 냉동고는 집안의 전통대로 아무리 많은 사람이 찾아와도 다 먹일 수 있도록 언제나 꽉 차 있었다. 하지만 전기가 없으니 음식이 다 상해 버린 상태였다. 누르는 개의치 않고 이렇게 말했다. "가족이 이렇게 함께 있으니 여기는 천국 같은데요, 뭘."

다음 날인 1월 14일 아침, 나는 탱크 한 대가 우리 건물로 다가오는 것을 보았다. 처음에 나는 탱크가 잘못 들어왔거나, 돌아 나갈 수 있을 만큼 넓은 공간을 찾아 들어온 것이기를 바랐다. 하지만 탱크는 점점 더 가까이 다가왔다. 어느새 탱크는 우리 건물 10미터 앞까지 다가와 내 아우들과 그 부인들과 우리 아이들이 살고 있는 우리 거처에 총포를 들이댔다. 길거리에 살아 있는 것은 짐승들뿐이었다. 울타리가 부서진 농장을 벗어나 길을 잃은 양이 다리 하나를 잃거나 옆구리에 총을 맞고서 절뚝거리기도 하고, 당나귀가 등에 피를 철철 흘리며 애처롭게 우는 모습만 눈에 띨 뿐이었다. 그렇게 다 죽어 가는 짐승들에 둘러싸인 우리 집에다 총포를 들이대고 있는 탱크는 죽음의 사자 같았다. 나는 슐로미 엘다르에게 전화를 했다. 나중에 그는 우리가 한 통화에 대해 이렇게 말했다.

"이젤딘은 몹시 두려워하면서 소리쳤어요. '우리 집 앞에 탱크가 와 있어요. 우릴 죽일 것 같아요. 제발 어떻게 좀 해 줘요.' 저는 어찌할 바를 몰랐습니다. 우선 이스라엘 방위군에 전화해 봤지만 응답이 없었어요. 그래서 라디오 기자인 가비 가제트에게 전화해서 자초지종을 알려주고 어서 생방송 통화를 해 보라고 했지요. 이젤딘은 그에게 상황을 들려줬습니다. 전화에 대고 몹시 두려워하며 울부짖었지요. 그사이 저는 계속 이스라엘군과 통화를 시도했습니다. 표적인 하마스 세력을 제거한다면서 의사의 집을 공격해서는 곤란하니까요. 저는 그들이 누구의 집을 표적으로 삼고 있는지 알려주고 싶었습니다."

가비 가제트와 전화 연결이 되자 나는 생방송으로 인터뷰했다. 집 앞에는 탱크가 들이대고 있고 아이들은 내게 매달려 있는 상황이었다. 나는 아이들 걱정 때문에 너무나 두려웠다. 그런 두려움은 생전 처음이었다. 만일 아이들이 죽게 되면 내가 어떻게 살까? 내가 죽으면 아이들은 어떻게 되나? 상황이 너무 심각해지니 머리가 지독하게 조이는 것 같았고 논리적인 생각을 할 수가 없었다. 나중에 슐로미는 내게 가비가 나를 진정시키기 위해 참 애를 썼다고 말했다. 내가 주변 상황이 어떻게 돌아가는지 의식하도록, 자세한 사정을 또박또박 말해서 방송으로 전달되도록 하려고 노력을 많이 했다는 것이다. 하지만 나는 그때 어떻게 무슨 말을 했는지 전혀 기억이 없다.

라디오 방송이 나간 지 얼마 안 되어 어느 장교가 내게 전화하더니 상황을 물어보았다. 나는 그에게 가족만 있는 집에 이스라엘군 탱크가 총포를 들이대고 있다고 설명했다. 그는 전화를 끊지 말라고 하더니 현장에 있는 장교에게 전화했고, 내가 듣고 있는 가운데 그 장교에게 탱크를 이동시키라고 명령했다. 그러자 10분 뒤에 탱크는 물러갔다. 위기는 그렇게 끝이 났다. 나는 이제 우리가 안전해졌다며 안심할 수 있었다.

이윽고 우리는 별난 축하를 하게 되었다. 가스도 전기도 없다 보니 난방과 조리에 드는 연료를 구하는 것이 아주 큰일이었는데, 잊고 있던 연료를 발견한 것이다. 해변에 소풍 가기 전날, 나는 올리브 과수원에서 점심을 해 먹을 때 쓸 숯을 모하메드에게 사오라고 했다. 그런데 모하메드는 숯을 1킬로그램 사오라는 내 말을 잘못 알아듣고 5킬로그램이나 사 왔다. 그때 나는 녀석에게 남의 말에 귀 기울이지 않는 바람에 돈을 낭비했다고 나무랐다. 하지만 그때 남은 숯 덕분에 우리는 집 앞에 간이 조리대를 설치해 놓고 요리를 했다. 아이들은 숯불에 빵을 굽고 찻물도 끓였다. 우리는 잠시 안도하며 승리감까지 느낄 수 있었다.

여전히 위험 속에 있었지만 축하할 일은 또 있었다. 그날 오후 나는 피터 싱어와 압둘라 다아르의 전화를 받았다. 두 사람은 토론토 대학교 의학부 교수인데, 나에게 그곳의 연구원 자리를 꼭 맡아 달라고 했다. 그들은 내가 하는 공중 보건 정책 일에 관해 듣고서 자기네 대학에서 하는 연구에 내가 도움이 된다고 판단했던 것이다.(나는 처음에는 연구원으로 시작했다가 나중에는 보건대학원의 부교수가 되었다.) 나는 아이들에게 캐나다에 가게 될 기회가 올지 모른다는 말을 이미 했는데, 이제는 정식 제의를 받았다고 말할 수 있게 되었다. 캐나다로 이주해서 새로운 삶을 시작할 수 있다는 말에 아이들이 진심으로 기뻐하며 짓던 표정을 잊을 수가 없다. 그날 오후 아이들이 나를 바라볼 때의 그 순진무구한 얼굴을 떠올려 보노라면, 불과 48시간 안에 어떻게 그런 어처구니없는 일이 벌어져 우리의 인생을 영영 바꾸어 놓고 말았는지 도무지 헤아릴 길이 없다.

1월 15일은 포위 작전 동안의 여느 날과 다를 바 없는 하루였다. 바깥은 재와 연기가 자욱해서 무슨 일이 벌어지고 있는지 잘 알 수도 없었다. 갇혀만 있다 보니 집이 점점 좁게 느껴졌다. 달랄은 사촌 집에 가 있어서 우리 아이는 모두 일곱이었지만, 내 아우와 그의 딸 누르와 나까지 합치면 모두 열 식구나 되었다. 그날 오후 늦게 나는 결국 폭발해 버리고 말았고, 아이들에게 방이며 거실이며 좀 정돈을 하라고 나무랐다. 바깥의 혼란 때문에 괴로워서 그 원망을 아이들에게 퍼붓고 있다는 것을 의식하면서도 어쩔 수 없었다. 아이들은 내가 말한 대로 정리한 다음 자러 간다고 했다. 겨울이라 벌써 어둡기는 했어도 아직 여섯 시밖에 안 된 때였다. 나는 아이들이 기분이 엉망인 내게서 자리를 피해 주기 위해 자러 간다는 것을 알았다. 아이들을 속상하게 만든 것 때문에 나 역시 마음이 몹시 불편해, 아이들을 그대로 자러 가게 하고 싶지 않았다. 그래서 주방으로 가서 남아 있는 식재료의 대부분인 달걀과 토마토(토마토는 공습이 시작되기 전에 15킬로그램을 사 두었다.)로 만든 푸짐한 샤크슈카 요리를 하고는, 식당 바닥에서 억지로 자는 시늉을 하는 아이들을 다 오라고 했다. 아이들이 내게 왜 그렇게 화가 났었느냐고 묻자 나는 미안하다고, 내 기분 때문에 그렇게 퍼부은 것은 내 잘못이라고 말했다.

그날 밤 우리는 모두 잠을 설쳤다. 폭격과 로켓포의 굉음에 집이 흔들리고 몸이 울렸다. 그러다 새벽 1시에 전화벨이 울렸다. 이스라엘의 한 라디오 방송에서 인터뷰하고 싶다고 했다. 2시 반에 다시 전화벨이 울렸고, 이번에는 미국 펜실베이니아 주 피츠버그의 유대인 주민센터에서 가자에 무슨 일이 벌어지고 있는지 설명을 부탁한다고 했다. 아이들은 내가 질문에 답하며 우리가 겪고 있는 공포 상황을 설명하는 소리를 다 들었다. 인터뷰하면서 마음이 참 불편했다. 바깥세상에 소식을 알리는 것은 좋지만, 그 소리를 들으면서 아이들은 더 두려움을 느껴야 했던 것이다. 내가 그간 있었던 일을 생생하게 설명할수록 아이들은 안 그래도 설치던 잠을 이루기가 더 힘들 것이 뻔했다.

다음 날인 1월 16일 아침, 우리는 매트리스를 치우고 아침 준비를 했다. 식사를 마치고 나서는 그날 다른 끼니를 어떻게 해결할지 의논했다. 먹을거리가 거의 남지 않았고, 거리마다 탱크가 공격해 대고 있었기 때문에 우리가 늘 식료품을 사던 자발리아 캠프로 갈 방법이 없었다. 밖으로 나가는 것은 고사하고 창가에 가기도 두려웠다. 지붕에는 빗물받이용 큰 통들이 있지만, 그것을 가지러 올라가는 것은 위험한 행동이었기에, 우리는 12월 27일 공격이 시작된 이후로 물을 극도로 아껴 썼다. 변기 물은 며칠에 한 번씩만 내렸고, 2주 동안 아무도 샤워를 하지 않았다. 우리가 식량 문제로 초조해하자 내 아우는 약간 떨어진 자기 집 마당에 오리가 있으니 점심때 쓰게 위험을 무릅쓰고 두 마리를 가져오겠다고 했다. 베싼은 오리털을 뽑자면 뜨거운 물이 필요한데 그만큼 쓸 물이 없으니 어쩌면 좋냐고 했다. 휴대폰 간이 충전기를 만들 때처럼, 우리는 오리털 뽑는 다른 방법을 찾아내며 필요가 정말 발명의 어머니라는 말을 실감했고, 오후 1시쯤 쌀밥을 곁들인 오리 고기를 먹을 수 있었다.

식사 후에는 침공에 관해 함께 얘기를 나누었다. 아이들은 궁금한 것이 참 많았다. 왜 우리한테 이러는 거예요? 이게 언제 끝날까요? 지도자들은 뭐라고 해요? 나는 내가 알고 있거나 지난 며칠 소문으로 들었던 얘기를 말해 주려고 노력했다. 휴전 얘기가 있다는 말도 했다. 이스라엘 국방부의 안보협의 책임자인 아모스 길라드 장군이 이집트와 이스라엘을 오가며 휴전협상을 한다는 얘기도 했다. 아이들에게 곧 휴전될 것이라고 안심시키는 동안 내 마음은 훨씬 더 암울해졌다.

'안전한 정부 청사에 있는 저들은 이곳 가자 사람의 목숨이나 혼란을 심각히 여기지 않아. 사람들이 시시각각으로 죽어 가고 있으니 생명을 살리자면 일 분 일 초가 너무 소중하건만……. 그런 지도력 때문에 남녀노소 무고한 시민이 희생되고 있지 않나. 이제 저들은 휴전을 일요일로 미루겠다고 한다. 양쪽의 지도자 모두 국민을 중히 여기지 않아. 지도자들에게는 아들딸이 없는 걸까. 만일 있다면 어떻게 남의 아이들에게 일어나는 일을 이렇게 내버려 둘 수 있단 말인가.'

아들 모하메드는 왜 오늘 당장 휴전을 하면 안 되느냐고 물었다. 그리고 대결을 끝낼 힘을 가졌다는 바라크라는 사람에 관해 더 알고 싶어 했다. 다 함께 식당 바닥에 빙 둘러앉은 가운데, 아이들은 올메르트가 어떤 사람인지도 알고 싶다고 했다. 나는 국방장관인 에후드 바라크의 총리 시절, 그의 예루살렘 집에 가 본 적이 있다. 몇 년 전 유대 명절인 수콧 연휴 때였는데, 명절을 맞아 각 병원에서 총리에게 두 명씩 인사를 보내는 관례가 있었다. 총리에게 가자 지구 출신의 팔레스타인 의사라고 나를 소개하자 그는 나에게 옆자리에 앉으라고 했다. 그는 내가 어떻게 의사가 되었으며 어떻게 가자와 이스라엘을 오가며 일하고 사는지 알고 싶어 했다. 우리는 한 시간 이상 이야기 나누었다.

나는 내 아이들이 그를 괴물이 아니라 사람으로 보기를 원했기에, 내 책상으로 가서 그 만남 때 그와 함께 찍은 사진을 찾아왔다. 올메르트 총리와 찍은 사진도 있어서 가져왔는데, 내가 참석했던 예루살렘에서 열린 분만 관련 세계 학술대회에 예루살렘 시장이던 그가 들렀을 때의 사진이었다. 나는 그런 사진들을 아이들에게 보여 주면서 두 사람 다 나에게 공존에 관해 얘기하던 사람이라고 말했다. 사진 속 내 옆에서 미소 짓는 그들이 우리 집 창밖에서 벌어지고 있는 죽음과 파괴의 책임자들이라는 말을 아이들에게 어찌 하겠는가? 사람들이 왜 자신의 인간적인 면모와 더 큰 목적을 잊어버릴까? 왜 자신의 약속을 깨 버리는 것일까? 나는 속으로 한 가지 더 걱정하고 있었다. 휴전 얘기가 나오면 충돌이 더 격화되는 것이 보통이었기 때문이다. 전쟁 중인 군인들은 대결의 마지막 순간에 적에게 가장 무자비해지기 십상이며, 퇴각할 때에 대학살을 저지르고는 했던 것이다.

가족들과 둘러앉아 있는 동안 나는 그런 생각에 몹시 심란해졌지만, 우리 가족의 꿈같은 미래를 이야기하며 차분한 표정을 지어야 했다. 베싼은 대학에서 어떤 공부를 해서 졸업하면 어떤 일을 하고 싶다는 얘기를 했다. 마야르는 중대 발표를 했다. "아야가 오늘 아침에 첫 생리를 했답니다. 모두 축하해 주세요." 그 시기 소녀의 삶에서 얼마나 중대한 사건인가. 아야는 그럴 때 엄마가 없는 것을 더 예민하게 의식할 터였다. 우리는 아야가 여성으로서 특별한 단계에 도달한 사실을 축하하고 격려해 주기 위해 각별히 신경을 썼다.

나는 아이들을 보면서 그들이 살아온 익숙한 문화로부터 떠나게 해도 되는지 갑자기 회의가 들었다. 최근에 이스라엘의 하이파 대학교로부터 자리를 제의받기도 했는데, 거절할 작정이었지만 아이들에게 어느 쪽이 낫겠냐고 물어보았다. 국경 건너 하이파로 가서 사느냐, 비행기를 타고 지구를 반 바퀴 돌아 캐나다의 토론토에 가서 사느냐의 문제였다. 아우들은 일가친척과 가까이 살 수 있는 하이파로 가는 것이 낫지 않겠냐고 했고, 아야는 전에 선언했던 뜻을 다시 밝히며 "저는 비행기 탈래요."라고 했다. 우리는 식당 바닥에 앉아서 의논한 끝에 캐나다로 가기로 했다. 조카딸 누르는 말했다. "저도 함께 가면 안 되나요? 여행 가방에 들어가 있으면 안 될까요?"

우리는 캐나다로 가기로 했다는 소식을 달랄에게 알리고 싶었다. 침공 이후 달랄과는 계속 떨어져 있었기 때문에 함께 말할 기회가 거의 없었다. 달랄은 소식을 듣고 아주 기뻐하면서 우리 걱정을 얼마나 하는지 모른다며 다시는 떨어져 지내는 일이 없으면 좋겠다고 했다. 우리는 달랄에게 모두 무사하고 이번 광란도 곧 끝날 터이니 다시 함께 지내게 될 것이라고 했다. 달랄이 언니동생들과 차례로 통화하고 나자 나는 내 휴대폰은 바깥과 통하는 유일한 수단이니 배터리를 아낄 필요가 있다고 했다. 아이들은 마지못해 인사를 끝냈고(전화를 끊을 때가 정확히 3시 반이었다.) 우리는 한동안 말없이 앉아 있었다.

이윽고 우리는 식당을 벗어나 각자의 자리로 흩어졌다. 나는 인터뷰 준비를 해야 했다. 채널10의 오슈랏 쿠틀러와 이번 침공이 여성의 건강에 끼칠 영향에 관해 이야기해 보기로 했던 것이다. 샤타, 마야르, 아야, 그리고 누르는 침실로 갔다. 다시 식당에 옹기종기 모여 매트리스를 깔아 놓고 자기 전까지 책을 보거나 숙제를 하거나 하며 시간을 보내기 위해서였다. 큰 딸아이들의 침실은 컸다. 가로세로가 4~5미터는 되고, 창이 가득한 한쪽 벽에는 발코니가 있었다. 벽지는 주로 내가 외국 여행을 다녀올 때 구해 온 것들로, 이집트나 파키스탄에서 사 온 화사한 파랑, 빨강, 베이지 빛깔이었고, 천장에는 낮에 빛을 받아 밤에 어둠 속에서 빛을 내는 별 무늬들이 있었다. 벽에는 거울이 있고, 화장대에는 장신구들이나 마야르가 요즘 아끼는 립글로스 같은 것들이 가득했다. 한구석에는 달랄의 제도용 책상이 있었다. 다른 책상에는 컴퓨터가 있고, 바닥에는 내가 아프가니스탄에서 가져온 붉은 페르시아 양탄자가 있었다. 식당에서 그 방을 보고 있자니, 엄마는 없고 폭격을 피해 갇혀 있는 신세이지만 집에 어느 정도의 행복은 있는 것 같아 다행이다 싶었다. 그나마 단란함이 있는 것은 가슴 찡한 일이었다.

라파는 주방에서 샌드위치 만들 빵을 뒤지고, 베싼은 라파를 돕고 있었다. 모하메드는 계단으로 통하는 문간에서 꺼져 가는 숯불을 뒤집어 가며 약간의 온기나마 춥고 습한 거실로 들어오게 하려고 애쓰고 있었다. 나는 인터뷰 준비를 마치고 압둘라와 놀았다. 녀석을 어깨에 태워 집 안을 돌아다니며 주방에 있는 라파와 베싼과 얘기를 하다가 문간에 있는 모하메드에게도 가 보았고, 그다음에는 큰 아이들 침실에도 가 보았다. 압둘라는 아직 여섯 살이라 우리가 처한 상황을 잘 몰랐지만 나는 행여 압둘라가 불안감을 느낄까 봐 걱정되었다.

내가 압둘라를 어깨에 태우고 딸아이들 방을 나와서 식당 안으로 들어왔을 때였다. 갑자기 어마어마한 폭발음이 들렸다. 천둥 같은 소리가 바로 옆에서 나면서 내 몸을 관통하는 것 같았다. 그 엄청난 소리, 그 강렬한 섬광은 지금도 잊을 수 없다. 갑자기 칠흑 같은 어둠이 덮치더니 먼지 냄새가 가득했다. 돌연 진공 상태라도 된 듯 숨이 막혔다. 압둘라는 아직 내 어깨 위에 있었고, 라파는 주방에서 비명을 지르며 달려왔고, 모하메드는 문간에 얼어붙은 듯 서 있었다. 분진이 가라앉기 시작하자 나는 폭발이 딸아이들 침실에서 있었다는 것을 알 수 있었다. 나는 압둘라를 내려놓았고, 주방에 있던 베싼은 나보다 먼저 달려갔다. 우리는 동시에 침실 문 앞에 이르렀다. 차마 눈 뜨고 볼 수 없는 광경이 펼쳐져 있었다.

침실 가구, 책, 인형, 운동화, 나무 조각 등이 내 딸들과 조카의 조각난 몸뚱이들과 함께 쌓여 있었다. 서 있는 것은 샤타뿐이었다. 하지만 샤타의 눈은 뺨까지 나와 있고, 온몸이 피투성이 상처였고, 손가락이 한 가닥 살갗에 겨우 붙어 있는 상태였다. 마야르는 목이 달아난 채 몸만 쓰러져 있었다. 천장에는 터져 버린 뇌의 조각들이 붙어 있고, 아이들 손발은 누가 급히 떠나느라 두고 간 장갑이나 신발처럼 나동그라져 있었다. 온 방에 피가 튀어 있었고, 눈에 익은 스웨터와 바지에 싸인 팔과 다리가 기괴한 각도로 여기저기 널브러져 있었다. 모두 내 사랑하는 딸들과 조카의 것이었다. 나는 현관으로 달려 내려가 도움을 청해 보려 했지만, 길에 군인들밖에 없어 나갈 수 없었다. 그사이 두 번째 로켓이 그 방을 다시 강타했다.

지금도 나는 누가 어느 순간에 목숨을 잃었는지 정확히 알지 못한다. 폭발 직후 내 아우 나세르는 우리 층으로 내려왔고, 동시에 아타와 그 딸 가이다도 달려와 우리 집 문간에서 만났다. 세 사람은 두 번째 폭발 때 가까이 있었다. 나는 베싼이 보이지 않아 계속 불렀다. "베싼, 베싼, 어디 있니? 어디 있는지 말해 봐. 그래야 도울 수 있잖아." 하지만 베싼은 이미 숨진 뒤였다. 마야르, 아야, 누르가 그랬던 것처럼.

집은 죽고 다친 사람으로 가득했다. 샤타는 피를 철철 흘리며 내 앞에 서 있었다. 가이다는 온몸이 상처투성이고 바닥에 가만히 누워 있어서 숨진 것 같았다. 나세르는 등에 파편을 맞아 쓰러져 있었다. 나는 누가 우리를 도울 수 있을지, 누가 우리를 이 재앙에서 벗어나게 해 줄 수 있을지 어서 생각해 보아야 했다. 내가 아직 바깥세상과 연결돼 있다는 자각이 드는 순간, 나는 슐로미 엘다르에게 전화를 걸었다. 하지만 음성 사서함으로 연결되었고, 나는 메시지만 남길 수밖에 없었다. "야랍비, 야랍비(나의 하느님, 나의 하느님)! 그들이 우리 집을 폭격했어요. 내 딸들을 죽였어요. 우리가 뭘 어쨌길래 이러는 거죠?" 나는 '다 끝이다.'라는 것 말고는 아무 생각도 할 수 없었다.

그사이 아타의 아내 사나는 장대에 하얀 수건을 묶고는 도움을 청하러 집을 나섰다. 나세르의 아내 아카베르도 그녀를 따라나섰다. 그들은

2킬로미터 밖 난민 캠프로 가서 사고가 났다고 말했다. 길에 다니는 것은 너무나 위험한데도 자발리아 캠프에 사는 우리의 친구들과 옛 이웃들이 몰려왔다. 그들은 우리와 함께 살기 위해 몸부림쳐 온 팔레스타인인이었다. 그들은 용감하게도 우리 가족을 돕기 위해 들것과 담요를 들고서 군인과 탱크 곁을 지나쳐 왔다. 15분은 걸리는 거리를 위험을 무릅쓰고 달려왔다.

그동안 나는 다친 식구가 또 있는지 챙겨 보았다. 아우 셰하브는 머리와 등에 파편을 맞았다. 나는 셰하브의 부상 정도를 살피는 동안 사타를 안고 있었다. 모하메드를 보니 엄마를 잃은 지 얼마 되지도 않아 누나들까지 잃고서 충격에 빠져 있는 모습이었다. 그 순간 내가 울고 있었는지는 모르겠다. 하지만 열세 살 된 아들이 내가 처한 상황을 보고서 값진 선물을 준 기억은 뚜렷하다. 모하메드는 내게 슬퍼하지 말라고, 누나들이 엄마를 만나 즐거워하고 있을 거라고 말했던 것이다. 그것은 아들의 진심이었다. 아직 어리지만 신앙의 깊이에서 나온 말이었다.

모하메드는 또 말했다. "가이다가 숨을 쉬어요." 죽은 줄 알았던 가이다가 소생했다니 천만다행이었다. 나의 옛 동네 이웃들은 샤타와 가이다, 나세르, 셰하브를 들것에 태우고, 베싼과 마야르, 아야, 누르의 시신을 담요에 싼 다음 병원으로 옮기기 시작했다.

우리는 계속 걸었다. 나는 몹시 초조했다. 가이다가 목숨을 건지고 샤타가 시력을 잃지 않으려면 이스라엘 병원으로 어서 옮겨야 하는데 우리는 가자 북부에 있는 카말 에드완 병원으로 걸어가고 있었던 것이다. 더구나 가자의 병원은 돌봐야 할 사상자가 너무 많아서 내 딸과 조카와 동생을 치료할 의약품이 남아 있을 리가 없었다. 병원에 도착하자 나는 다시 슐로미에게 전화했다.

슐로미는 당시의 상황을 나중에 이렇게 말했다.

"금요일 오후 5시였고 저는 뉴스 진행을 하다가 휴대폰 화면에 이젤딘의 이름이 뜨는 것을 봤습니다. 생방송 중이라 전화를 받을 수가 없었죠. 하지만 무슨 일인지 궁금했습니다. 우리는 외무장관 치피 리브니와 인터뷰를 할 참이었고 도입 부분이 벌써 나간 상태였는데 휴대폰에 이젤딘의 이름이 다시 뜨는 것이었습니다. 저는 생방송 도중에 전화를 받기로 마음먹었습니다. 그래서 시청자들에게 아주 중요한 일이 벌어진 것 같다고 말하고서 휴대폰 통화 버튼을 눌렀습니다. 시청자들이 볼 수 있게 전화를 들고서 말이지요. 아마 프로듀서는 생방송 도중에 전화를 받는 사람이 어디 있느냐고 당황했을 겁니다.

이젤딘은 제정신이 아니었습니다. 그리고 나중에 제가 음성사서함에서 들은 것과 같은 소리를 반복하더군요. '그들이 우리 집을 폭격했어요. 내 딸들을 죽였어요. 우리가 뭘 어쨌길래 이러는 거죠?' 얼마나 기막힌 상황이었는지 모릅니다. 뉴스 앵커가 생방송 도중에 걸려온 전화를 다 받고, 받아 보니 처참한 비극이 벌어지고 있었으니까요. 그의 말을 들으면서 내가 바른 선택을 한 건지 잘 모르겠더군요. 그때 이어폰에 프로듀서의 음성이 들렸습니다. '전화기를 마이크에 더 가까이 대세요.'

이어진 이젤딘의 말을 들으면서 참담했습니다. '오, 하느님, 그들이 제 딸들을 죽였습니다. 슐로미, 아이들을 살리고 싶었지만 벌써 죽어 있었어요. 머리에 포격을 당해서 즉사했단 말입니다. 신이시여, 우리가 무얼 잘못했단 말입니까. 오, 하느님.' 제가 이젤딘에게 주소가 정확히 어떻게 되냐고 묻는데 뒤에서는 살아남은 아이들이 비명을 지르고 있더군요.

그는 계속 흐느끼며 말했습니다. '누구도 여기에 올 수 없어요. 오, 슐로미, 오, 하느님, 오, 신이시여, 제 딸들이 죽었습니다.' 그는 내게 길이 다막혀서 국경으로 갈 수 없다고 말했습니다. 저는 그의 집이 어느 나들목에서 가까운지 물어보았습니다. 그의 대답을 듣고 저는 방송에서 말했습니다. '군에서 듣고 있는 분이 있다면 지모 나들목으로 전화해 주시기 바랍니다. 부상자들의 생명을 구할 수도 있습니다.' 저는 우리가 휴전을 요구하고 구급차를 가게 할 수 있을지 알 수 없었습니다. 아무튼 이모든 상황이 생방송으로 전해졌던 것이고요.

제가 무슨 생각으로 통화 버튼을 눌렀는지는 저도 모르겠습니다. 본능적인 뉴스 감각이었을까요? 제 머리보다 가슴이 더 큰 목소리를 냈던걸까요?

저는 이젤딘이 도움을 청하고 구급차를 국경으로 보내 달라고 애원하는 소리를 듣고서 그를 내버려 두고 싶지 않았습니다. 그래서 시청자에게 이렇게 말했던 것이고요. '이 전화를 어떻게 끊을 수 있겠습니까. 잠시 제작진의 양해를 구하고 오겠습니다. 저는 이 전화를 끊을 수 없습니다.' 저는 마이크를 떼어 놓고 앵커 데스크에서 나와 제 사무실로 가서는 에레즈 출입사무소 책임자에게 전화했습니다. 저는 그에게 제발국경을 열고 그들을 가자에서 이쪽 병원으로 데려올 수 있게 구급차를다 통과시켜 달라고 소리쳤습니다. 프로듀서는 사무실로 가는 제게 카메라맨을 따라 붙여 저를 촬영하게 했습니다. 그사이 저희 방송의 군사담당 기자는 아는 군인들에게 다 전화를 걸어 도움을 청했고요.

5분 남짓 진행되었던 생방송 장면은 유튜브를 통해 온 세계에 퍼지기도 했는데, 아무튼 저는 이젤딘과 전화를 끊고 싶지 않았습니다. 우리는 국경에 구급차가 도착할 때까지 통화했습니다. 프로듀서는 카메라맨을 국경으로 보내 거기서 진행되는 상황을 찍어 오게 했고요."

슐로미와 통화 연결이 되었을 때 그는 내게 이렇게 말했다. "이쪽에서 구급차가 가고 있어요. 팔레스타인 쪽 구급차가 에레즈 출입사무소로 오면 이쪽 구급차로 옮겨 탈 수 있게 해 달라고 우리가 알아보고 있고요."

나는 통화를 마치고서 카말 에드완 병원의 구급차 여러 대를 이용해 국경으로 갔다. 도중에 전화가 걸려 와서 받아 보니 셰바 병원의 원장 제에브 롯스타인 박사였다. 그는 처참한 소식을 들었다며 부상당한 두 아이와 아우 나세르를 데리고 어서 셰바 병원으로 오면(다른 아우 셰하브는 카말 에드완 병원에 남았다.) 모든 것을 알아서 처리해 주겠다고 했다. 미칠 듯이 혼란스럽고 말할 수 없이 슬픈 와중에 그는 차분하게 도움을 주었다.

구급차들이 에레즈로 가는 도중에도 폭탄은 계속 떨어지고 로켓은 계속 거리로 쌩쌩 날아들고 사람들은 비명을 질렀다. 하지만 그 모든 것이 내게는 초현실적으로 느껴졌다. 두려움 같은 것은 전혀 없었다. 아무도 나를 건드릴 수 없는 영역에라도 들어온 것만 같았다. 최악의 상황을 이미 겪었으니 그 무엇도 두려울 것이 없었다. 모하메드는 라파와 압둘라를 데리고 달랄이 있는 이모네로 갔다. 달랄은 그제야 베싼과 마야르와 아야와 누르가 목숨을 잃었고, 샤타와 사촌 가이다가 중상을 입었다는 사실을 알게 되었다. 우리가 국경을 건너 이스라엘로 가는 사이 내 동생 아타는 남은 아이들과 함께 있었다.

국경 너머에는 슐로미가 약속했던 대로 구급차가 와 있었다. 하지만 가이다는 위독한 상태였다. 구급차로 셰바 병원까지 가는 동안 가이다가 버티지 못할 것으로 보였다. 가이다에게는 헬기가 필요했지만, 출입사무소는 군사 지역이라 헬기의 이착륙이 금지된 곳이었다. 그래서 나는 가이다를 근처 아슈켈론의 바르질라이 병원으로 보냈다. 머리에 중상을 입은 가이다를 치료할 만한 곳은 아니었지만 수혈을 하며 안정을 시킬 수는 있었고, 무엇보다 의료 헬기가 착륙할 수 있는 곳이었다. 내가 딸과 아우를 구급차에 태워 셰바 병원으로 가는 사이, 가이다는 구급차로 바르질라이 병원으로 옮겨졌다. 그리고 우리 모두 셰바 병원에 지체 없이 도착했고(가이다는 나중에 아슈켈론에서 헬기를 타고 왔다.) 동료들로부터 전폭적인 도움을 받았다. 의료진뿐만 아니라 이스라엘에 있는 나의 친구들이 유대인이고 아랍인이고 베두인족이고 가릴 것 없이 모두 텔레비전에 그대로 다 나와 버린 이 드라마를 보고 병원 현관에 와서 우리를 기다리고 있었다.

방송국에 있던 슐로미가 나를 만나러 온 것은 자정이 넘어서였다. 그는 내가 아직도 피투성이 옷을 입고 있는 모습에 충격을 받았고, 우리 가족을 위해 무엇을 더 해 주면 좋을지 알고 싶다고 했다. 그는 이미 내가 감히 부탁할 수 있는 것 이상으로 도움을 주었다. 그가 구조 활동을 지휘해 준 덕분에 조카 가이다의 목숨과 딸 샤타의 시력을 건질 수 있게 되었으니까.

가자에서는 달랄이 충격을 극복해 가며 어린 동생들을 돌보고 있었다. 나중에 달랄은 집이 포격당하기 직전에 가족들과 전화를 할 수 있었던 것이 얼마나 감사한 일인지 모른다고 했다. "여럿이 동시에 전화로 하는 회의 같았어요. 제가 베싼과 아야에게 이렇게 말했죠. '우리 모두 이렇게 함께 이야기하는 거 처음이야.' 다들 제게 얼마나 중요한 사람인데요. 베싼과 샤타와 저는 가장 친한 친구였어요. 베싼 언니와 저는 대학교에서도 늘 함께 다녔잖아요. 그래서 저는 언니에게 '무사히 잘 있어?'라고 물어보면서 울었던 거예요. 언니는 무사하다고 말했지만 그게 마지막이었죠. 언니를 잃어서 너무 괴로워요. 전 가자에서 살 수 없어요. 더는 우리 집에 있을 수가 없어요. 대학교에 다시 가고 싶지도 않아요."

롯스타인 박사는 텔아비브에서 전화로 많은 도움을 주었다. 그는 그날부터 있었던 일을 나보다 더 잘 기억하고 있을 정도이니 그의 말을 좀 들어 보자.

"저는 그의 나머지 가족도 이곳 이스라엘로 다 오게 하고 싶었어요. 상황이 어떠하든 그게 인도주의적으로 옳은 일 같았어요. 생지옥을 겪고 있는 그들에게 작은 안식처를 마련해 주고 싶었던 겁니다. 그런 끔찍한 재앙을 겪었는데도 가족의 일부는 거기, 또 다른 일부는 여기 있는데다가 어린아이들이 떨어져 있는 것은 있을 수 없는 일 같았습니다. 그들은 함께 있을 필요가 있었습니다.

다음 날 아침 병원에서 이젤딘을 만났는데 갑자기 제 말문이 막히더군요. 아무 말도 할 수 없었습니다. 위로가 될 만한 말을 찾고 있는데 오히려 그가 저를 위로하고 있더군요. 그는 자기 가족의 재앙이 하나의 전기가 되었으면 한다고, 그런 끔찍한 일이 또 벌어지지 않도록 우리 함께 평화를 위해 더 힘써야 한다고 얘기했습니다.

아울러 그는 이스라엘군이 잘못을 범했다는 사실을 규명하려 했고 저도 동의했습니다. 로켓 발사가 사고였다면 군이 인정해야 할 일이니까요. 저는 그에게 말했습니다. '그래야지요. 은폐는 없을 거예요.' 그는 거듭 말했습니다. '저는 진실을 원합니다. 그 무엇도 제 딸들을 살려 낼 수는 없습니다만 진실을 꼭 알아야겠습니다.' 저 또한 묵과하지 않겠다고 맹세했습니다. 저는 한 참모총장에게 이젤딘 아부엘아이시는 제 의료진 가운데 한 사람이라고 말했고, 군에서 철저히 조사하겠다는 약속을 받았습니다. 군에서는 의사의 집에 대한 포격이 치명적인 실수였다는 것을 결국에는 인정했고요.

같은 날 저는 즉석 기자회견을 열고서 이젤딘에게 발언을 부탁했습니다. 솔직히 그런 제 시도에 대해 반응은 좋지 않았습니다. 어떤 사람들은 제가 공무원의 한 사람으로서 그를 연단에 세울 권리가 없다고 생각했습니다. 물론 저희는 정치적으로 중립적이어야 합니다만 인도주의적인 일은 해야 합니다. 필요한 말을 할 수 있도록 대화의 장을 열어 주는 것은 문제가 없다고 생각합니다. 나중에 저는 공격을 당했습니다. 주로 이스라엘 군인 가족들로부터였는데요, 이곳에서 이스라엘이나 팔레스타인에 관한 문제에는 무엇이든 극도로 민감하기 때문이지요. 하지만 저는 그냥 관리자나 경영자가 아니라 리더인 만큼, 단순히 지시만 하는 것이 아니라 비전과 신념을 보여 줄 의무가 있다고 생각합니다. 제 생각을 밝히지는 않더라도, 끌려다니지 말고 이끌어야 하는 것이지요."

기자회견 때 한 이스라엘 여성이 진행을 가로막더니 우리 집이 표적이 된 것은 내가 과격분자를 숨겨 줬기 때문이라고 주장했다. 레바나 스턴이라는 여성으로, 세 아들의 어머니였고 아들 가운데 하나가 가자에 투입된 이스라엘군의 일원이었다. 그녀는 나에게 소리를 지르며 비극의 탓은 내게 있으며, 내가 집에 무기를 숨겨 뒀거나 하마스가 이스라엘 군인들을 공격하기 위해 내 집을 은신처로 삼은 것이 틀림없다고 말했다. 내가 일어서서 반박할 때, 가이다는 온몸에 파편을 맞고서 위독한 상태로 위층의 중환자실에 있었고, 샤타는 시력을 되찾는 수술과 손가락 접합 수술을 받고서 위층 병실에서 회복 중이었다.

우리 가족이 다시 공격당한 기분이었다. 처참한 학살을 거짓되게 말하는 그녀의 발언에 딸들이 다시 살해되는 것만 같았다. 진실이 왜곡되는 소리를 듣기가 너무 괴로웠다. 로비에서 기자회견을 지켜보고 있던 한 사람은 내 딸들이 하마스가 발사한 카삼 로켓에 당했다고 주장하기도 했다.

우리가 병원에 도착한 순간부터 나는 사건의 원인을 알아내는 데 전념했는데, 이제 은폐의 가능성이 정말 있다는 것을 절감하게 되었다. 나는 이스라엘군에게 왜 우리 집이 포격의 표적이 되었느냐고 묻고 싶었다. 무장한 전투원이 있는 것도 아니고, 무기라고는 사랑과 희망과 꿈밖에 없는 아이들로 가득한 집이 말이다. 나는 이스라엘군의 사과를 기대했다. 잘못 발사한 탱크 포탄이 우리 집에 날아든 것이라고 그들이 말할 줄 알았다. 하지만 사고 후 며칠이 지나도 그런 소리는 들리지 않았다. 처음에는 우리 건물 지붕에 저격수들이 있었다는 핑계를 댔는데, 저격수가 있었다면 왜 5층 건물의 가운데층에 두 번씩이나 포격했단 말인가? 그다음에는 가이다의 상처에서 나온 파편이 카삼 로켓의 것이라는 말이 있었는데, 사실이 아니었다. 레바나 스턴과 비슷한 얘기를 하기도 했다. 우리 집에 있는 무장 전투원에게 포격했다는 것인데, 내가 보호하고 있던 전투원은 사랑과 희망과 꿈으로 무장한 내 아이들밖에 없었다. 군 대변인은 예비 조사에 따르면 군인들이 공격을 당하자 그 건물을 향

포격 이후 딸들의 방

해 반격한 것으로 보인다고 발표했다. 어느 장교는 이렇게 말했다. "이스라엘 방어군은 무고한 시민을 표적으로 삼지 않습니다. 이번 가자 진입 작전 동안 군은 민간인 시설 내에서 무차별 공격을 가해 오는 적에게는 반격했습니다."

그런 발언에 나는 너무 화가 났다. 이스라엘군은 첨단 무기를 보유하고 있으며, 공격 대상을 정확히 알고 있다. 이번 사건에서 그들은 내 딸들의 침실을 목표물로 삼았다. 우리 집에서 내보낸 것은 사랑과 포옹과 평화의 몸짓 말고는 아무것도 없었다. 이미 죽은 우리 아이들의 등에 거짓의 칼을 꽂는다는 것은 부도덕하기 짝이 없는 짓이었다.

나는 사건과 관련하여 텔레비전 인터뷰를 하면서 레바나 스턴에 대해 어떻게 생각하느냐는 질문을 받았다. 나는 일대일로 만나 서로의 말을 들어 볼 기회를 갖기 바란다고 했다. 언론에서 정말 그런 기회를 만들어 주었다. 그녀는 나의 아픔을 안타깝게 생각한다는 말을 그 자리의 다른 사람에게 하고 나중에는 내게도 사과를 하기는 했지만, 처음부터 냉담한 태도를 보이며 이스라엘이 자기 방어를 위해 싸운다는 확신을 여전히 갖고 있다고 했다. 텔아비브의 한 주간지는 이런 식으로 보도했다. "레바나 스턴은 아부엘아이시를 공격하지 않았다. 그가 그녀에게 팔레스타인인을 테러리스트로 본다며 비난하자 그녀는 스스로 방어했을 뿐이다."

이스라엘의 한 공직자는 내가 아이들이 죽게 되기 전에 가자 지구를 떠났어야 했다고 말하기도 했다. 하지만 우리가 어디로 갈 수 있었단 말인가? 모스크도 학교도 다 이스라엘군의 표적이었는데……. 가자에 안전한 곳은 하나도 없었다. 내가 집에 머물러 있었던 것은 그곳이 나의 집이란 것을 누구나 알았고, 내 가족에게 가장 안전한 곳이라고 생각했기 때문이다.

이스라엘군 탱크들은 하마스의 진지로 여겨지는 곳이 있으면 주택이든 아니든 무차별 포격해 파괴해 버렸다. 하기야 그 사고의 여파로, 이제 가자의 길거리를 다니다 어느 집이든 하마스 무장 군인의 은신처로 여긴다 해도 괜찮을지 모른다. 하지만 이번 일이 도무지 말이 안 되는 사건이라는 것은 양측의 누구나 아는 사실이었다. 나는 군인들이 오랜 세월 적대와 편견 속에 살다 보니 지나치게 겁을 먹고서 과잉대응을 한 것으로 믿고 있다. 군부대의 그런 행동에 대해 이스라엘 내의 강경한 군부 지지자 가운데도 지나친 무력 사용을 비판하는 사람들이 있을 정도였다.

사고 이후 내가 매일같이 이런저런 언론 인터뷰를 하고 나면 내 친구들은 병원 로비에서 내 주위로 몰려들었다. 일면식도 없는 사람들도 나를 도와주러 와서 군부에 대한 실망을 표현했다. 그런가 하면 내 딸들은 전쟁의 희생자일 뿐이라고 말하는 사람들도 있었다. 텔아비브 대학교의 사회복지학 교수 타미 로넨은 내게 이렇게 말했다. "무너지면 안 돼요. 돌봐야 할 아이들이 있잖아요." 그녀는 나와 함께 연구해 온 사이로, 우리는 지난 8년 동안 로켓포 공격을 받은 가자의 팔레스타인 아이들과 스데롯의 이스라엘 아이들에게 무력 충돌이 끼친 영향에 관해 연구했다. 아나엘 하르파즈의 모습도 보였다. 아나엘은 위층 병실에서 샤타가 진통제를 맞을 때 손을 잡아 주며 간호하다가 나를 지지해 주러 온 것이었다. 그녀는 미국 뉴멕시코 주 산타페에서 열렸던 평화 캠프에서 나의 베싼과 달랄과 샤타와 만났던 사이였다. 나는 그녀를 부르며 말했다. "이분들께 우리 딸들이 어떤 아이들이었는지 말해 주세요." 그녀는 흐느끼며 말했다. "저는 평화를 너무나 사랑하는 가족에게 일어난 이 일이 사람들에게 경종을 울리게 되기를 바랍니다."

내가 텔아비브의 병원에서 샤타와 가이다와 내 아우를 보살피는 동안, 내 딸들과 조카는 가자에서 묻혔다. 코란의 법도에 따라 죽은 사람은 어서 매장을 해야 했고, 내가 시간에 맞춰 국경을 건너가 장례에 참석할 수 있는 허가증을 받는다는 것은 불가능했기 때문이다. 우리는 죽음 앞에서도 사랑하는 이들과 떨어져 있어야 했다. 그런 비극에 더해 더 통탄스러운 일이 있었다. 베싼과 마야르와 아야가 엄마 곁에 묻힐 수 없다는 소식이었다. 나디아가 묻혀 있는 자발리아 캠프의 공동묘지는 이스라엘군이 출입을 허락하지 않는 구역이어서 아이들은 거기서 몇 킬로미터 떨어진 곳에 묻혔다.

내 딸들과 조카가 죽임을 당한 지 여러 날 동안 내가 만난 사람 대부분은 복수를 말하거나 암시했다. 제에브 롯스타인은 가자에 남은 내 아이들을 텔아비브로 어렵게 데려와 병원 근처에 우리 모두를 위한 숙소까지 마련해 주었다. 가자에서 내 어린 아이들을 돌봐 주고 장례를 맡아 치렀던 아타도 함께 왔다. 아타의 딸 가이다는 계속 중환자실에 있었는데 상태가 워낙 위중해서 살아날 수 있을지 알 수 없었다. 샤타는 시력을 되찾기 위한 수술을 더 받아야 했다. 한번은 수술 후에 달랄이 의료진과 다른 환자들에게 초콜릿을 돌리는 모습을 보았다. 축복할 일이 있으면 기념을 하는 것이 우리의 관습이었다. 아이들과 나는 절망에 빠지지 않으려고 몸부림을 쳤다. 나는 내 딸들의 죽음을 이스라엘인의 피로

갚아야 한다고 이구동성으로 말하는 사람들을 다독이기 위해서도 애써야 했다. 어떤 사람은 이렇게 말했다. "당신은 이스라엘인을 증오하지도 않나요?" 그 질문에 나는 "어떤 이스라엘인을 증오해야 하나요?"라고 대답했다. 나와 함께 일하는 의사, 간호사인가? 가이다의 생명과 샤타의 시력을 구하기 위해 애쓰는 사람들 말인가? 아니면 내 도움으로 태어난 아기들인가? 어린 나에게 일자리와 숙소를 제공해 준 마드무니 씨네 말인가?

그래도 보복을 외치는 소리는 멎지 않았다. 그렇다면 탱크에서 죽음의 포탄을 발사한 군인에 대해서는 어떨까? 나는 그를 증오해야 하는가? 여기서 우리 사회의 한 단면이 드러난다. 우리는 결국 합심해서 해결해야 할 현실을 회피하려고 누군가를 증오하고 남의 탓을 한다. 내 집을 포격한 군인에 대해서, 나는 그가 이미 양심의 가책이라는 벌을 받았을 것이라 믿는다. 그는 "내가 무슨 짓을 한 거지?"라고 스스로 질책했을 것이다. 지금 그렇게 생각하지 않는다 하더라도 나중에 한 아이의 아버지가 되면 달라질 것이다. 아이의 생명이 얼마나 귀중한지 알게 되면 자신의 행동 때문에 괴로워하게 될 것이다.

응징을 바라는 사람들에게 이렇게 말하고 싶다. 내가 이스라엘인에게 보복한들 내 딸들이 살아날까? 증오는 병이다. 증오라는 병은 치유와 평화를 가로막는다.

슐로미 엘다르는 나중에 내게 우리가 방송에서 몇 분 동안 주고받은 대화가 시청자에게 지울 수 없는 인상을 남겼다고 말했다. 그는 사람들에게 이렇게 말하기도 했다.

"방송이 이스라엘인에게 엄청난 영향을 끼쳤습니다. 8년 동안 하마스의 이스라엘에 대한 로켓 공격 때문에 너무 화가 나 있어서 가자의 일에 관해서는 아무것도 들으려 하지 않던 사람들에게 말이에요. 이스라엘인 대다수는 이번 침공에 찬성했거든요. 그런데 이제 그들이 처음으로 가자에서 일어나고 있는 일들을 이해하게 된 겁니다. 그것을 가능하게 한 것은 이젤딘의 목소리와 저의 얼굴이라는 말들을 하지요. 저는 그의 고통을 전화로 들으면서 울먹였습니다. 방송을 보고 있던 많은 이스라엘인도 저처럼 슬퍼했지요. 이스라엘 총리도 나중에 제게 방송을 보면서 울었다고 했습니다. 황금시간대가 아닌데도 여러 달이 지나도록 사람들이 제게 생방송을 봤다고 할 정도였지요. 저는 그 5분 남짓의 방송이 휴전을 이끌어 냈다고 생각합니다.

제가 또 한 가지 감동했던 점은 이젤딘이 아버지 노릇과 의사 역할을 동시에 해내는 능력이었습니다. 그는 참극에 울부짖으면서도 딸들과 조카와 동생을 시설이 훨씬 나은 셰바 병원으로 옮길 수 있게 해 달라고 요청했거든요."

나는 그들을 이스라엘의 병원으로 옮겨야 한다는 것을 알았다. 가자 내의 의료 시설은 모든 것이 부족한 데다 사상자가 넘쳐나고 있었던 것이다.

그 끔찍하고 암울한 기간에 차분히 더 중요한 임무를 완수하기 위해 노력하기는 했지만, 생각은 자꾸 잃어버린 딸아이들에게로 되돌아갔다. 예쁘고 착한 내 딸들. 나는 병원에 앉아 그들이 살아 있다면 어떤 미래를 맞이하게 되었을지 자꾸 생각해 보게 되었다. 결혼도 할 것이고, 세상에 나름의 기여도 할 터였다. 그러한 행복의 꿈이 단 몇 초 만에 악몽으로 변해 버릴 수 있다니 기막힌 노릇이었다. 다년간 보살펴 왔던 사람을 파괴의 섬광 속에서 일순간에 잃어버릴 수 있다니. 아이들을 납치당한 것은 아닐까 싶을 정도였다.

그날을 다시 시작할 수 있다면 얼마나 좋을까. 그렇다면 아이들을 침실에 있게 하지도 않을 것이고, 소문뿐이던 휴전도 발효될 텐데. 하지만 나는 살아남은 사람에게도 관심을 쏟아야 했으며 그들의 회복을 도울 방법을 골몰해야 했다. 나는 신앙인의 눈으로 사태를 보려 했다. 하느님이 딸들을 내게 맡기셨다가 이제 찾아가신 것이라고. 그러면서도 미칠 것만 같은 상황 때문에 좌절감에 휩싸이기도 했다. 시민을 무차별적으로 공격하는 어처구니없는 행동을 해 놓고, 그 미친 짓이 이스라엘에 대한 로켓 공격을 차단하기 위한 것이라 주장하다니.

1월 말에 다시 학기가 시작되자, 나와 열흘을 함께 지낸 아이들은 가자로 돌아가 내 동생들과 함께 있어야 했다. 라파는 밤에 악몽에 시달리며 오줌을 지리기도 했고, 모하메드는 누나들의 죽음에 너무 충격을 받아서 몇 달 동안 발작에 시달리고는 했다. 내 딸과 조카와 아우가 회복되는 동안, 그리고 포격을 당한 뒤로 비어 있던 쓸쓸한 우리 집으로 돌아가기 전에, 그 기나긴 고통의 나날 동안 내 머릿속을 떠나지 않았던 큰 질문이 있었다.

그런 일이 왜 우리에게 일어난 것일까? 이 문제를 앞으로 어떻게 해결해 나가야 할까?

아우들과 살기 위해 함께 지은 자발리아 시티 내의 우리 건물. 사고 1년 뒤에 찍은 사진이다.

참극의 여파

보복한들 내 딸들이 살아날까? 증오는 병이다. 증오라는 병은 치유와 평화를 가로막는다. …… 그런 일을 겪고서 의분을 느낄 필요는 있다. 다시는 그런 일이 일어나지 않도록 일깨워 주고 변화를 일으키게 자극해 주는 분노를 느끼는 것은 중요하다. 하지만 증오에 휩싸이지는 말아야 한다. …… 나는 제 처지를 한탄하느라 시간을 허비하지도 않고 누구를 미워하지도 않지만, 왜 내게 그런 일이 일어났는지는 알 수 없었다. 왜 내 딸들은 죽고 나는 살게 되었을까? 무슨 이유가 있어서 선택된 것인가? 나를 알든 모르든 많은 사람이 지난 한 해 동안 우리 가족에게 닥친 두 번의 큰 비극에 대해 말하면서 내게 벌 받는 기분이 들지는 않느냐 묻고는 한다. 그렇게 느껴 본적은 없다. 하지만 왜 나는 죽지 않고 남았는지 궁금할 때는 종종 있다.

　　집이 포격당한 이후 그 여파는 좀처럼 가라앉을 줄 몰랐다. 나는 어디서부터 가닥을 잡아 나가야 좋을지 몰랐다. 상실의 아픔은 너무 컸다. 세계 각지에서 이메일과 편지가 밀려들었는데, 대부분이 우리 가족과 슬픔을 함께 나누려는, 모르는 사람들이 보낸 것이었다. 내 동료들은 과분한 도움을 주었다. 휴전은 너무 늦게, 사고 이틀 뒤인 1월 18일에 찾아왔다. 남은 우리 아이들은 어리둥절한 표정으로 나를 바라보았다. 이제 어쩌지? 이 상황을 어떻게 이해하고 풀어 가야 하지?

　4월 1일에 나는 셰바 병원 인근의 작은 아파트에서 나와 샤타를 데리고 집으로 돌아왔다. 우리는 에레즈 출입사무소의 팔레스타인 구역에서 엄청난 환영을 받았다. 친지들이 잔뜩 몰려와 꽃과 팔레스타인 깃발을 들고 우리를 맞아 주었다. 학생, 이웃, 교수, 의사 같은 이들도 버스 몇 대에 가득 타고 왔고, 대통령까지 마중을 나왔다. 방송사에서도 우리의 귀환을 촬영하기 위해 나왔다. 우리는 포옹과 키스를 나누었고 몇 사람의 연설도 있었다. 주변은 온통 폐허였다.

나세르는 부상에서 회복되어 참극이 있은 지 3주 뒤에 집으로 돌아왔다. 가이다는 그보다 2주 더 입원하고는 집으로 돌아올 수 있었다. 인부들이 와서 죽은 내 딸들의 방을 복구하는 공사를 시작했는데, 건자재는 구하기 어렵고 가격이 네 배로 뛴 상태였다. 망치 소리와 톱질과 긁고 두드리는 소리가 끊이지 않았지만, 집이 무섭도록 조용한 것 같았다. 나는 우리 층 내 침실을 그대로 썼고, 아이들은 삼촌 아타와 레젝, 고모 에티마드와 유스라의 집에서 지냈다. 그들은 씩씩해 보이려고 참 애를 썼지만 괴로움을 다 감출 수는 없었다. 어느 날 밤 나는 내 베개에 시가 적혀 있는 것을 보았다. 라파가 언니 아야에게 쓴 메시지였는데, 옮겨 보면 이렇다.

안 돼, 안 돼, 안 돼 — 언니, 집에 있다 어디로 가 버린 거야.
아야 언니는 우리 집의 빛이었잖아.
언니가 밝히던 우리 집은 어쩌라구.
예쁜 그 빛이 어디로 가 버렸지?
예쁜 소녀가 어디로 가 버린 거야?
안 돼, 안 돼, 안 돼.
어디로 가 버린 거야 아야 언니.

이런 글을 쓴 아이에게 무슨 말을 하겠는가? 모하메드는 기도 같은 말을 계속 되풀이했다.
"누나들은 엄마 곁에 있어. 다들 거기서 행복해. 엄마가 와 달라고 한 거야."

내가 텔아비브에 있을 때 가자 침공이 시작됐다면 어떻게 됐을까? 나는 소년 시절에는 어머니에게 무슨 일이 날까 봐 걱정했고, 결혼한 뒤에는 나디아 걱정을 했다. 특히 공부와 일 때문에 외국에 나가 있을 때는 더 그랬다. 딸들의 사고 이후로는 어머니도 나디아도 그 참극을 보지 못한 것이 차라리 다행이다 싶었다.

상실의 여파는 계속 이어졌다. 가이다는 상처가 너무 심해서 한동안 베싼과 마야르와 아야와 누르가 죽었다는 말을 감히 할 수 없었다. 가이다가 소식을 물어보면 우리는 그들도 많이 다쳐서 심각한 상태라고 말할 뿐이었다. 가이다는 "언니동생들이 죽었다는 말씀만 말아 주세요."라고 말하고는 했는데, 한동안은 그렇게 피해 가는 것이 가이다의 안정에 도움이 되었다. 하지만 가이다가 계속 물어보자 우리는 결국 사실을 말해 줄 때가 왔다고 판단했다. 말을 해 준 것은 샤타였다. 샤타는 사촌의 손을 꼭 잡고서 언니동생들이 모두 즉사했다고 설명해 주었다. 가이다는 비명을 지르며 다시는 집에 가지 않겠다고 외쳤다. 사촌들이 거기 없으면 자기도 다시 그 건물에 가고 싶지 않다는 것이었다. 우리는 실수를 저지른 것은 아닌지 몹시 걱정했다. 가이다는 아직 심각한 상태였기 때문이다. 하지만 샤타가 곁에 있어 주었고, 둘은 서로에게 위안이 되었다. 파편과 수술 자국과 통증과 상실로 함께 고통받는 두 청소년이었다.

우리는 주변 여기저기 건물과 다리가 무너지고 온 사방이 돌무더기가 되어 있는 집으로 돌아왔다. 집에 돌아오자마자 내게 두 가지 선택안이 있다는 것을 알게 되었다. 어둠의 길 아니면 빛의 길, 둘 중 하나였다. 증오와 복수라는 독한 어둠의 길을 택한다면 병과 더불어 찾아오는 합병증과 우울증에 빠지게 될 터였다. 빛의 길을 택한다면 미래와 내 아이들에게 집중해야 했다.

하지만 먼저 약간의 사실을 밝힐 필요가 있다. 가자 지구는 폭격과 포격으로 폐허가 된 상태였다. 이스라엘 방어군이 표적으로 삼았다는 관공서나 경찰서만 그런 것이 아니었다. 정당이나 무장 세력과는 아무런 관계도 없는 거주지도 다 파괴되었다. 우리 집 창에서 보이는 곳 어디나 초토화 정책으로 흉측해져 버린 광경이 펼쳐져 있다. 자발리아 시티 안에서만 건물 잔해가 50만 톤이라고 집계되었다. 보스니아 전쟁 때 장기간 포위당한 사라예보와 내전 이후의 아프가니스탄을 섞어 놓은 것 같았다. 모두 타 버린 아파트 건물, 시커멓게 되어 뼈대만 남은 한때의 주택, 유령처럼 서 있는 건물의 벌어진 입 같은 부서진 창. 이 모두가 전쟁이 부추기는 증오에서 비롯된 과잉 대응의 흔적이었다. 전쟁은 그런 것이다. 건물을 못 쓰게 만들거나 건물 한가운데 구멍을 내 버리는 것으로는 충분하지 않았다. 모두 가루로 만들어 버릴 듯이 계속해서 퍼부어야 했던 것이다. 건물을 해체해 버릴 듯이, 아예 흔적을 없애 버릴 듯이, 거기 사람이 살았다는 사실을 부인하듯이 포격을 거듭했다. 하지만 모두 사람이 살던 곳이었다. 그리고 사람들은 그리로 돌아가야 했다. 살풍경스러운 콘크리트 잔해 말고는 돌아갈 곳이 없는 그들이다.

나는 무차별적인 파괴의 현장을 살펴보면서 군인들은 대체 무슨 생각으로 저런 짓을 저지른 것인지 의문을 갖지 않을 수 없었다. 누가 저런 결정을 내렸는가? 저런 짓을 하면서 무슨 생각을 했을까? 이스라엘 군은 카삼 로켓의 공격에 대해 얘기한다. 그렇다면 저 광경에 대해서는 누가 말해야 할까?

지나서 보니, 그 끔찍했던 겨울 3주 동안 가자에서 있었던 일들에 대해 각 분야에서 저마다 할 말이 많았다. 이 시기를 주류 언론에서는 '가자 전쟁'이라 불렀고, 이스라엘 방어군은 '납 주물Cast Lead 작전'이라 불렀다. 아랍 세계에서는 '가자 대학살'이라 했고, 이스라엘인은 '남부 전쟁'이라 했다. 사망자 수는 정확하지 않으나 양측 다 인정하는 수준은 팔레스타인인 사망자가 1166명에서 1417명, 이스라엘인은 13명 정도이다. 산 사람과 관련된 통계는 더 주목할 만하다. 가자에서는 40만 명 이상이 수도 공급이 끊긴 상태로 살아야 했고, 집이 완전히 파괴되거나 심하게 파손되어서 거주가 불가능해진 주택이 4만 가구였다. 수십만 명이 노숙자가 되었고, 관공서 건물 80채가 폭파되었다.

2009년 9월 유엔인권위원회는 가자 침공에 대한 보고서를 내놓았는데, 이에 대해 양측 정치 세력은 엄청난 비난을 퍼부었다. 이 보고서는 남아프리카의 명망 있는 판사 리처드 골드스톤이 주 책임자로 작성한 것이었다. 그는 가자에 대한 이스라엘의 공격을 "민간인에게 징벌과 굴욕과 공포를 가하도록 고안된 다분히 일방적인 공격"이었다고 말했다. 그는 이스라엘군이 민간인에게 직접적인 공격을 가한 것을 비난했다. 이를테면, 안전한 곳으로 대피하기 위해 백기를 흔들며 집을 나서려는 민간인들에게 총격을 가했다는 것이다. 그는 이스라엘군이 농어민의 생산 기반과 상하수도 시설을 파괴한 것도 잘못이라고 했으며, 가자 시티와 자발리아 난민 캠프를 폭격할 때 백린탄white phosphorus을 쓴 것을 고발했다. 그에 따르면 이스라엘군은 병원과 유엔 시설도 공격했고, 예배 중인 모스크에 로켓을 쏘기도 했다.

그런가 하면 그는 하마스에 대해서도, 이스라엘을 향해 8년에 걸쳐

8000발의 로켓 공격을 했다고 비난했다. 하마스의 로켓은 민간인을 살상하고 민간인 시설을 파괴하기 위한 것이었다. 보고서는 팔레스타인 무장 세력이 로켓 사정권 내의 민간인에게 정신적 충격을 가하고, 이스라엘인의 집과 학교와 교회당을 파괴하고, 민간인의 피난을 초래한 책임을 물었다. 아울러 골드스톤 판사는 양측에 공식적인 조사를 요구했지만 묵살당하고 말았다. 이스라엘 정부는 이 보고서를 "허위 선전과 편견"이 가득하다고 했고, 하마스는 "정치적이고 불균형적이고 부정직한" 보고서라 평했다.

중동의 현실은 이렇다. 정치적 수사의 힘으로 사실을 덮어 버린다. 내가 겪은 바로는 이스라엘인과 팔레스타인인의 절대다수가 3주의 전쟁 기간에 벌어진 끔찍한 일들 때문에 몸서리를 쳤다. 일반인의 반응을 보면, 서로 대화하고 듣고 도와야만 한다는 나의 주장에 더 수긍이 갈 것이다. 전화위복에 대한 내 평생의 신념이 틀리지 않다는 것도 알 수 있을 것이다. 이제야말로 내가 전화위복을 믿어야 하는 때인지 모른다. 절망 끝에 희망이 온다는 믿음이 없다면 앞날은 너무나 암울하다. 나는 너무나 소중한 딸들과 조카를 잃었다. 중동 지역의 고질병과도 같은 보복을 한다 해도 그들이 살아 돌아올 리는 없다. 그런 일을 겪고서 의분을 느낄 필요는 있다. 다시는 그런 일이 일어나지 않도록 일깨워 주고 변화를 일으키게 자극해 주는 분노를 느끼는 것은 중요하다. 하지만 증오에 휩싸이지는 말아야 한다. 복수와 증오를 바라는 마음은 언제나 지혜를 쫓아 버리고, 슬픔을 키우며, 갈등을 연장한다. 영혼을 말라 죽게 만드는 참극을 전화위복의 계기로 삼는다면, 60년 동안 우리를 갈라놓은 위태로운 분단에 다리를 놓을 수 있을지도 모른다.

내 딸들과 조카를 죽인 재앙으로 나의 생각은 더 벼려졌고, 분단의 가교 노릇을 할 수 있다는 믿음은 깊어졌다. 나는 폭력으로는 아무것도 이룰 수 없다는 것을 뼛속 깊이 자각하고 있다. 폭력은 시간과 생명과 자원을 낭비하는 일이고, 다시 폭력을 낳으며 악순환을 부를 뿐이다. 두 민족 사이에 다리를 놓고, 함께 살고, 각자의 목표를 실현하는 방법은 하나밖에 없다. 두 민족은 각자의 목적지로 인도해 주는 빛을 찾아야 한다. 여기서 나는 종교적 신념의 빛을 거론하는 것이 아니다. 진실의 빛을 말하는 것이다. 우리가 볼 수 있도록 해 주는 빛, 안개를 걷고 지혜를 발견하도록 해 주는 빛 말이다. 진리의 빛을 찾기 위해서는 서로 대화하고 존중하며 서로의 말을 들어 주어야 한다. 에너지를 증오하는 데 쏟을 것이 아니라, 눈을 열어 진실이 과연 무엇인지 보는 데 써야 한다. 진실을 볼 수 있으면 우리는 나란히 공존하며 살 수 있다.

나는 의사이기에 의학용어를 쓸 때 더 명쾌하게 이해하는 경향이 있다. 나는 우리에게 예방접종이 필요하다고 주장하고 있는 것이다. 사람들에게 존중과 존엄과 평등을 접종해서 증오에 대한 면역력을 갖게 하자는 것이다.

나는 내 삶이 평화와 치유에 헌신하는 것이기를 바라며 살아왔다. 그래서 출산을 돕고 불임 문제를 해결하는 일을 해 왔다. 내 일 가운데는 이스라엘 의사들과 함께하는 연구 프로젝트도 있었다. 이를테면, 나는 여러 해 동안 다치거나 병든 가자인이 이스라엘에서 치료를 받을 수 있게 해 주는 1인 전담반 노릇을 해 왔다. 나는 그런 역할에 신념을 갖고 있으며, 내 아이들도 그렇게 믿도록 가르치고 길렀다. 가진 모든 것을 공존의 삶에 바치고자 했던 나로서는 전쟁으로 생긴 최악의 희생이 나의 몫이 될 줄은 꿈에도 몰랐다.

참사 이후 6주쯤 뒤에 나를 인터뷰한 뉴욕의 칼럼니스트 모나 엘타하위는 이렇게 썼다. "그는 '우리' 아니면 '그들'이라는 의식이 막강한 중동의 이 작은 지역에서 증오를 거부하는 유일한 사람 같다." 그녀는 나에게 아주 중요한 점을 지적한 것이다. 나는 제 처지를 한탄하느라 시간을 허비하지도 않고 누구를 미워하지도 않지만, 왜 내게 그런 일이 일어났는지는 알 수 없었다. 왜 내 딸들은 죽고 나는 살게 되었을까? 무슨 이유가 있어서 선택된 것인가? 나를 알든 모르든 많은 사람이 지난 한 해 동안 우리 가족에게 닥친 두 번의 큰 비극에 대해 말하면서 내게 벌받는 기분이 들지는 않느냐 묻고는 한다. 그렇게 느껴 본 적은 없다. 하지만 왜 나는 죽지 않고 남았는지 궁금할 때는 종종 있다.

이따금 나는 코란의 아읍, 또는 탈무드나 성경의 욥의 심정을 헤아려 보고는 한다. 그는 하느님에 대한 믿음을 너무나 혹독히 시험받았지만 신앙을 지킨 사람이었다. 농사가 다 망하고, 자녀가 다 죽고, 병을 앓고, 재산을 다 잃고, 친구들로부터 버림받았지만 신앙을 지켰다. 나 또한 시험받는 것이라면 내가 보여 줄 것은 무엇일까. 나는 신앙인으로서 가자의 비밀을 드러내기 위해 선택받았다고 느끼고는 한다. 갇혀 살면서 강제이주와 점령을 당한 자의 굴욕과 숨 막힐 듯한 갑갑함의 고통이 어떤 것인지, 그 진실을 알림으로써 모든 팔레스타인인과 이스라엘인이 나란히 공존하는 방법을 찾을 수 있게 하려고 말이다.

나는 보복과 응징의 끝없는 악순환이 아니라, 공존을 믿는다. 가자의 숨겨진 진실은 증오하지 않는 누군가가 전달할 때에만 이해될 수 있는 것인지도 모른다. 가자의 많은 사람이 그랬듯이 나는 평생 가혹한 여건이 가하는 시험을 받았다. 지금까지 나는 고난이 닥칠 때마다 나 자신을 더 강하게 만드는 기회로 삼았다. 나중에 또 닥쳐올 역경에 대비할 수 있는 힘과 무기를 갖출 기회로 보았다. 달리 보면 그런 시험들은 중동의 분단에 다리를 놓는 메신저 역할을 하도록 나를 단련시키는 일이었는지도 모른다.

나는 선지자가 아니다. 평범한 한 인간이며, 우리 가족에게 일어난 일이 하느님의 계획일지 모른다는 믿음을 지키려고 하는 한 신앙인일 뿐이다. 잘못을 저지르고 무차별적인 폭력을 가한 것은 인간이다. 하느님의 뜻은 사태의 귀결이 결국 복되리라는 것이고, 그 뜻을 전파하는 것이 나의 사명이다. 맞설수록 커지는 악독과 폭력과 절망이 사태의 귀결일 수는 없다.

나는 무슨 일이든 이유가 있어서 일어난다고 믿으며, 우리 가족이 겪은 끔찍한 상실도 마찬가지일 것으로 생각한다. 내 딸들의 죽음은 이스라엘인의 눈을 열어 우리 쪽에서 겪는 고통을 보게 했다. 그것은 내가 전하고 싶었던 바이기도 했다. 서로 상대의 입장이 되어 눈을 떠 보자는 것 말이다. 우리가 겪은 참극은 분명 휴전을 앞당기는 데 기여했으며, 이스라엘 대중과 팔레스타인 난민과 국제사회가 마음을 열고 가자인이 나날이 겪는 비참한 현실을 보게 했다. 나는 우리의 비극을 보고 배운 수많은 세계인이 있는 만큼 우리의 미래가 더 나을 것이라 믿는다. 희망은 있다. 과거가 있는 것은 배우기 위함일 뿐이다.

앞에서 아나엘 하르파즈라는 여성이 샤타를 간호해 주었다는 얘기를 잠깐 했다. 산타페의 평화 캠프에서 베싼과 달랄과 샤타를 만났던 그녀는 샤타가 입원한 10주 내내 곁에 있어 주었다. 우리가 자발리아로 돌아가기 직전인 3월 말에 그녀는 내게 '베싼을 추모하며'라는 제목의 이메일을 보냈다.

이제야 베싼을 위해 애도할 짬이 났습니다. 그간 너무 바쁘기도 했고 샤타와 가이다 앞에서 강한 모습을 보여야 했기 때문이었는데, 이제는 눈물이 봇물 터지듯 열렸나 봅니다. 제가 살아가는 데 언제나 힘이 되어주는 시도 다시 써지네요.

평화를 위해 헌신하는 사랑하는 여러분 모두에게 감사할 따름입니다. 베싼의 죽음이 근본적인 변화의 토대가 되고, 우리가 마음으로 아는 것을 이 지역의 모든 사람이 알게 되기를 기원합니다. 여러분 모두에게 깊은 사랑의 마음을 전합니다. 어느 분이든 이 어려운 상황이나 베싼에 관해 함께 나누고 싶은 글을 쓰신다면 부디 제게 보내 주시기 바랍니다. 어떤 분이 선생님 따님들을 추모하는 웹사이트를 자원해서 만드셨어요. 어울릴 만한 것이 있으면 이야기든 시든 무엇이든 보내 주십시오. 제가 쓴 시 한 편 보내 드립니다.

사랑이 머무는 자리
－베싼을 추모하며

네 손을 꼭 잡고 싶어 베싼
딱 한 번만 더
너를 안고서

말하고 싶어
엄마 잃은 네 마음이 얼마나 아팠냐고

하지만 이젠 너도 가 버렸구나
너의 웃는 얼굴도
너의 조심스러운 몸가짐도
너의 온화함도
비난 투라고는 없는 네 말씨도
동포에게 느끼는 네 고통도
너의 생활방식도
너의 꿈과 염원도
평화에 대한 희망도

전쟁이 나기 며칠 전
네 아버지를 만나 받은 네 전화번호는
아직 내 차에 있고
날마다 그 번호와 네 이름을 보는데
베싼
너랑 더 얘기를 나누고 싶었지만
선뜻 용기를 내지 못했지
그러다 네가 영영 떠나기 사흘 전에야
통화를 하며 네 안전을 위해 기도한다고 말했지
포격 속에 내 기도는 들리지 않았어

폭격에

로켓에

연기에

나는 하느님께 배신이라도 당한 기분이었어

내 조국에

인류의 잔혹성에

전쟁광들에게

폭력이 답이라고 생각하는 자들에게

그 모든 것들과 더불어

난 선물도 하나 받았단다

샤타와 이젤닌, 아타와 가이다 곁에

6주를 함께 있을 수 있었으니까

나는 들어 보지 못했어

복수의 소리도

증오의 소리도

분노의 소리도

내가 들은 것은

평화는 가능하다는 깊은 신념이었어

그런 상실을 겪은 사람들에게서 말이야

그들의 힘이 나의 힘이 되었고

그들의 결단은 나의 결단이 되었고

그들의 평화로움은 나의 평화가 되었어

용서해 줘 베싼

내 동족들로부터 너를 지켜 주지 못한 나를

용서해 줘 베싼

평화는 가능하다는 희망을 네게 주고

그 꿈을 네게 빼앗다시피 한 나를

너는 언제나 나의 희망과 평화와 온화함이 상징이야

네가 떠나고서 사흘 뒤

네 아버지가 꾸신 꿈 얘기를 들었단다

남자들이 꽉 찬 방에 들어갔더니

네가 그들 사이에 앉아 있기에 물어보셨대

"네가 왜 여기 앉아 있니?

우리 법도에 안 맞는 일이란 것을 알면서?"

네가 대답했대

"이제 다 괜찮아요 아빠

저 행복하게 잘 지내고 있어요

전 지금 제가 필요한 곳에 와 있는 거예요."

베싼 너처럼 남자들에게 감화를 주기 위해

목숨 잃는 여성들이 다시 없기를 기원해

우리 여성들의 목소리가

들리고 존중받기를 기원해

이 세상 남자들이 가슴 깊이 알게 되기를 기원해

답이 있는 곳은

그들 가슴속

사랑이 머무는 자리라는 것을

2009년 3월, 아나엘

그녀의 글은 내 가슴을 크게 울렸다. 나는 지금 베싼과 마야르와 아야를 기리는 재단 설립을 준비하고 있는데, 이 재단은 중동에서 여성의 지위를 강화하기 위해 보건 및 교육 프로그램을 마련하는 것을 목표로 삼고 있다.

앞서 언급했듯이 중동 여성은 그간 시민사회에서 자신의 목소리를 낼 수 없었다. 하지만 팔레스타인 여성은 희생과 고통에 관해 할 말이 있다. 그들은 엄청난 사회 혼란 속에서도 헤치고 살아나가는 방법을 알고 있으니 말이다. 여성은 사회적 논의에 참여할 능력이 없는 것이 아니다. 문제는 그들이 미래를 위해 꼭 필요한 논의에 참여할 권한을 박탈당해 왔다는 것이다.

나는 이 지역의 모든 여성이 기회를 누릴 수 있기를 바란다. 그들이 사회적 논의에 참여하게 되기를 바란다. 그간 내가 해 온 일은 팔레스타인과 이스라엘 아기들의 탄생을 돕는 것이었다. 팔레스타인 신생아와 이스라엘 신생아 사이에는 아무런 차이가 없다. 나는 그런 아기들을 낳는 어머니들이 이 지역이 나아가야 할 바른길을 찾을 수 있다고 믿는다.

가자의 많은 여성이 경제적·문화적 여건 때문에 교육을 받을 수 없다. 나는 팔레스타인 여성이 변화의 바람을 일으키며 미래를 개척할 수 있다고 확신한다. 하지만 우선은 그들이 문화와 점령과 포위와 고난 때문에 당하고 있는 속박에서 벗어날 필요가 있다. 지위가 강화된다는 것

(왼쪽 위부터 시계 방향으로)
2009년 1월 16일 사고로 내 딸들과 함께 목숨을 잃은 조카딸 누르
아야는 커서 저널리스트가 되고 싶어 했으며, 우리 집의 시인이었다.
9학년인 마야르는 학교에서 수학 과목 최고 우등생이었으며 커서 나처럼 의사가 되고 싶어
했다.
스물한 살이던 맏딸 베싼은 경영학과 졸업반이었으며, 나디아가 세상을 떠난 뒤 동생들의
엄마 노릇을 했다.

은 독립과 존중을 누린다는 뜻이다. 사회 전체에 그런 변화가 일어나려면 여성이 교육과 권한을 더 누릴 수 있게 해 주어야 한다.

내 딸들은 특별한 경우였다. 그들은 착하고 사랑스러웠으며, 타인을 잘 돕고 배려할 줄 알았다. 여성의 교육을 권장하는 코란 구절도 외울 줄 알았고, 죽는 날까지 꿈과 포부도 많았다. 하지만 우리 사회의 모든 여성이 내 딸들만큼 해방을 누리는 것은 아니다. 딸들을 뒷받침해 줄 만큼의 경제적 형편이나 의지가 있는 아버지나 가족이 있는 것도 아니다. 우선 그런 배경부터 바뀔 필요가 있다.

재단 운영을 위한 초기 비용은 내 딸들이 치른 희생에 빚질 것이다. 그들의 죽음에 대한 보상은 사고 초기부터 논의되기는 했으나 지금까지도 이루어지지 않고 있다. 아직 사과조차도 없는 상태이다. 이스라엘 정부는 실수로 내 집을 표적으로 삼아 내 딸들을 죽인 책임을 지겠다고 했으나 사과는 하지 않았다. 당국의 누구도 미안하다는 말 한마디 한 적이 없다. 약속을 지킨다면 보상을 하고 실수를 사과하고 책임을 질 것이다. 그렇게 되면 내 딸들의 피는 여성의 지위와 역할을 바꾸는 새로운 실험에 종잣돈이 될 것이다.

나는 여성이 중동 전역의 삶의 질에 영향을 끼칠 만큼 여건을 개선하는 일에 더 큰 목소리를 내고 더 영향력 있는 역할을 하도록 해 주는 단체를 만들고자 한다. 우리에게 필요한 변화에 여성이 크게 기여할 수 있다는 사실을 우리는 받아들일 필요가 있다. 물론 이 지역의 대다수 사람은 문화가 바뀌어야 한다거나 여성의 지위가 향상되어야 한다는 주장에 대단히 민감하다. 그렇지만 지금이 바로 그 논의를 시작해야 할 때이다.

우선 팔레스타인의(다른 지역도 그래야 하겠지만) 모든 소녀가 학교에 갈 수 있어야 한다. 재단에서는 고등학교 및 대학교 진학을 위한 장학금을 제공하고, 기존의 프로그램을 연구해서 여성의 발전에 정말 도움이 되는 방법을 선별할 것이다. 부족한 부분을 메우는 새 프로그램도 개발하고, 기존의 프로그램 향상에 도움을 주기도 할 것이다. 아울러 여성의 발전에 대한 연구를 의뢰하고, 우리가 주장하는 변화를 사회가 지원할 수 있도록 하는 프로그램도 만들 것이다.

재단의 궁극적인 목적은(이름은 아부엘아이시 재단이 될 것이다.)* 여성의 삶에 영향을 끼치는 사회문제에 관해 중동 전역에서 신뢰 받는 목소리를 길러 내는 것이다. 사회 각 분야에서 여성의 가치를 더 잘 대변할 수 있게 되면, 가자 지구의 생활과 가치도 향상될 것이다. 나아가 팔레스타인 전체, 이스라엘, 중동 전역에도 변화가 일어날 것이다. 그것이 바로 내가 딸들을 기리는 방법인 동시에 후대에 물려주고 싶은 유산이다.

참사의 여파 가운데 또 하나는 내가 외국을 다닐 기회가 훨씬 많아졌다는 점이다. 나는 가자의 실상과 공존에 관해 말하기 위해 유럽과 북미와 아시아의 여러 나라를 다녀야 했다. 어디를 가든 나는 사실을 바로잡고, 오해를 없애고, 중동의 공존과 인권을 지지하는 사람들을 얻는 기회로 삼았다. 아울러 나는 여성의 삶과 우리 재단의 목적에 관해서도 이야기한다. 공존에 관한 나의 입장과 더불어 중동 여성의 지위 향상에

---

* 실제로는 "Daughters for Life"라는 이름으로 2010년에 발족하였다.
www.daughtersforlife.com/foundation/

관해서도 주장하는 바가 있으니, 나는 두 종류의 연단에서 활동하게 된 셈이다.

2009년 4월에는 브뤼셀에서 초청을 받아 유럽의회 인사들과 만나게 되었다. 거기서 나는 명예 벨기에 시민권을 받기도 하고, 유럽의회 의장인 독일인 한스-게르트 푀터링을 만날 기회도 있었다. 벨기에의 장관인 장-마르크 델리제가 나를 2010년도 노벨 평화상 후보자로 추천했다는 사실도 알게 되었다. 그날 나는 언론 인터뷰에서 후보로 추천된 영광을 편견과 불의로 고통받는 모든 사람에게 바친다고 했다. 이스라엘과 팔레스타인 두 민족의 지도자들에게도 더 이상의 파괴와 고통을 막기 위해 함께 노력하라고 촉구하며 영광을 함께 누리자고 했다. 피와 적대감은 충분했다. 군사적 수단은 실패로 드러났으니, 이제 갈등을 치유하는 새로운 방법을 찾아야 한다. 관용과 타협, 희망과 선행과 구명의 정신이 가져다주는 교훈에 주목해야 한다.

물론 나는 그 추천 소식에 크게 감명을 받았다. 그리고 조금 차분해진 다음에 우리 가족의 비극에 대한 세계의 반응에 관해, 여론과 정치를 주도하는 사람들이 보내 준 진심 어린 호의에 관해 곰곰이 생각해 보았다. 딸들이 다시 살아나는 것만 빼고는 정말 이 세상에서 불가능한 것은 아무것도 없을 것만 같았다.

브뤼셀을 다녀온 직후에는 2009년도 니아르코스 생존 상을 받게 되었다는 소식도 들었다. 이 상은 희생과 폭력의 악순환을 깨기 위해 힘쓰는 단체인 서바이버 봉사단에서 주는 것이다. 나는 팔레스타인인의 생활상을 잘 이해하고 소개해 주는 상을 받게 되어 대단히 영광스러웠다. 공동으로 수상한 스데롯 출신의 노미카 지온은 전쟁을 찬미하는 사람들에게 이렇게 반박했다.

"저는 우리가 상대방을 보고, 느끼고, 경악하고, 공감을 표현하는 인간으로서의 능력을 잃어버릴까 봐 매우 두렵습니다. 우리의 지도자들이 변화를 위한 다른 이야기를 하게끔 하는 것은 우리의 의무입니다. 그들이 언젠가는 우리의 목소리를 들을지도 모르니까요."

나는 그녀의 수락 연설을 잘 들었고, 내 차례가 되자 내 가족과 온 팔레스타인인을 대변한다는 기분으로 말했다.

"세 부모님께서 잠시라도 무덤에서 걸어 나오실 수 있다면 얼마나 좋을까요. 제 아내와 제 딸도 말입니다. 팔레스타인인 모두, 특히 가자인이 다 와서 이 복된 순간을 함께할 수 있다면 좋겠습니다. 그들이 혼자가 아니라는 것을, 이 세상 다른 누군가가 그들 생각을 하고 있다는 것을 알게 되면 좋겠습니다. 저는 제 가족의 비극으로 더 강해졌고, 인류를 위해 계속 노력한다는 결의를 더 다지게 되었습니다. 하지만 의지만으로는 충분하지 않습니다. 우리는 행동해야 합니다. 악이 살아남으려면 여러분처럼 선한 분들이 아무것도 안 하기만 하면 된다는 유명한 말이 있습니다. 이제 행동할 때입니다. 앞을 보고 나아가야 합니다. 팔레스타인인의 존엄은 이스라엘인의 존엄과 똑같은 가치를 갖습니다. 이제 서로 어울리며 돕고 살 때가 되었습니다. 퇴보할 수는 없습니다."

포격에 내 딸들의 생이 끝나던 날, 우리 가족은 토론토로 가기로 했었다. 피터 싱어 박사와 압둘라 다아르 박사가 제안한 자리를 맡아, 토론토 대학교의 달라 라나 보건대학원에서 일하기로 했던 것이다

2009년 여름에 가자를 떠날 준비를 할 당시, 이스라엘과 하마스는 평

화 협상을 원하고 있었고 이집트가 다시 중개에 나섰다. 하마스는 이스라엘에 대한 가자의 로켓 공격을 중단하겠다고 선언했다. 이스라엘은 가자로의 물자 수송을 단계적으로 재개하겠다고 발표했다. 하지만 로켓 공격은 완전히 중단되지 않았으며, 물자 수송은 예상을 훨씬 밑돌았다.

그래도 그 여름 저녁, 친지들은 밤마다 숨 막히는 더위를 피해 길에 나와 모였다. 우리 집 앞에 두 줄로 마주한 하얀 정원용 플라스틱 의자에 앉아 그날의 소식을 주고받았다. 또한 나는 나의 도움이 필요한 많은 사람을 계속 만났다. 나는 이스라엘을 오가며 가자인에게 필요한 물건을 구할 수 있는 얼마 안 되는 사람 가운데 하나였기에, 텔아비브의 병원에서 일하다가 주말에 돌아올 때마다 처방약이며 신발이며 안경알이며 여권 같은 것을 가져다주었다. 이스라엘 전문의의 진료 예약이나 구급차 이송을 주선해 주기도 했다. 가자의 유력 가문인 흐마이드, 아켈, 아부자이다 등의 집안 어른도 나를 찾아와서 건강 상담을 받고는 했다. 가자는 나의 모태이다. 나는 가자를 그리워할 것이고, 그러므로 난 가자를 영영 떠나 있지는 않을 것이다.

우리는 7월 말에 떠나기 전까지 할 일이 많았다. 샤타는 밤낮으로 졸업 시험공부를 했다. 전교 10등에 들기 위해 거실 문을 닫아 놓고 숨어 지내듯 공부에 열중했다. 달랄은 건축학과 기말 과제 준비를 하느라 제도용 책상을 떠날 줄 몰랐다. 나는 아이들 여행 서류를 준비하고, 토론토에서 살 집을 알아보고, 표를 끊고, 여섯 식구의 5년간 여행을 위한 짐을 꾸려야 했다.

출발할 때는 좀 혼란스럽고 불안하기는 해도 흥분되었다. 집안사람과 친구와 이웃이 출발 전날부터 찾아와서 울고 껴안고 행운을 빌면서 작별 인사를 했다. 아직 어린 아이들은 샤타가 입원했을 때 텔아비브의 병원에 가 본 것 말고는 가자 지구를 떠나 본 적이 없었고 비행기를 타 본 적도 없었다. 그들이 아는 비행기는 우리 집 상공을 지나다니던 이스라엘의 F-16 전투기뿐이었다. 나는 그들이 처음으로 제대로 보게 될 이스라엘인이 에레즈 출입사무소의 군인이라는 점이 걱정스러웠다. 내가 말해 준 선량한 이스라엘인의 이미지와는 맞지 않기 때문이었다. 나는 일찌감치 에레즈로 가서 여행 가방을 검색하도록 다 맡겨 놓은 다음, 집으로 돌아와 아이들을 데려갔다. 오후 5시가 되어서야 국경을 넘어갈 수 있었던 우리는 유명인사 대접을 받았다. 공항에서는 우리의 출국을 촬영하러 온 텔레비전 카메라들이 있었다. 우리의 삶에 아주 큰 역할을 한 채널10의 앵커 슐로미 엘다르도 인터뷰와 작별 인사를 하러 나와 있었다. ("공존의 전도사 떠나다"라는 제목으로 방영되었다.) 그는 내게 출신지를 잊지 말라며 모래 단지를 주었다. 우리는 슬픔과 기쁨이, 기대와 안타까움이 교차하는 가운데 작별을 했다. 아무리 그런 대접을 받았다 해도 공항 검색은 세 시간이 걸렸고, 우리는 자정이 되어 이륙할 수 있었다.

비행기가 활주로에서 떠오를 때 아이들은 나와 시선을 교환했다. 우리는 모두 이 여행이 모험일 것임을 알았고, 아야의 말을 기억하고 있었던 것이다.

"저는 비행기 탈래요, 아빠."

토론토에 가 보니 내가 바라던 모든 것이 있었다. 토론토는 내 아이들의 치유를 위한 이상적인 시간과 공간을 제공해 주었다. 달랄과 샤타는 토론토 대학교에 입학했고, 모하메드, 라파, 압둘라는 인근의 초중등학

256

교에 다니게 되었다. 이웃들은 길에 나와 우리를 반겨 주었고, 우리는 금세 적응할 수 있었다. 입주한 지 얼마 안 되어 내 마음을 훈훈하게 해 주는 일이 있었다. 이웃집들은 대부분 뒤뜰에 울타리가 있었다. 옆집에는 우리 집 아이들 또래의 아이들이 있었는데, 우리가 입주하자 그들이 제일 먼저 한 일은 울타리 한 단을 터서 우리 아이들이 마음 놓고 드나들 수 있게 한 것이었다. 이 단순한 행위 하나가 내게 시사해 준 바는 많았다.

비극은 우리 삶의 끝일 수 없다. 우리는 비극에 휘둘리고 짓눌려서는 안 된다.

내가 바라는 중동은 평화롭고 안전하고 협력하고 단합하는 지역이다. 그런 일이 말만으로는 이루어지지 않는다. 조화를 이루어 내고 공존의 꿈이 어서 이루어지도록 우리 각자가 기여하고 적극 참여해야 하는 것이다.

오늘날 중동에서 평화는 모호하고 부담스러운 말이다. 두 민족의 공존과 지역 내 여러 나라 간의 지속적인 교섭을 이루기 위한 수많은 사람의 노력에도 평화를 이루는 데 실패했다. 반목과 긴장과 유혈 사태를 줄이는 데에도 실패했다. 중동 소식은 어김없이 전쟁 발발 아니면 전쟁 중단에 관한 것이다.

사람들은 진전이 없는 것에 대해 진저리를 느끼고, 일상생활의 불안을 개선할 새로운 방법을 찾기를 바란다. 그래서 나는 이제 공식적인 선언 같은 것은 그만두어야 한다고 생각한다. 그보다는 함께할 방법부터 찾아야 한다. 이를테면, 축구 시합이나 컨퍼런스나 가족 식사 같은 데서 함께 어울려야 한다. 지금으로서 가장 중요한 단계는 서로에 관해 알고 상호존중의 정신을 확립해 나가는 것이다. 우리는 근본적으로 비슷한 점이 참 많다. 여럿이 어울리기 좋아하는 점이나, 아이를 기르는 방식이나, 떠들썩하니 얘기하는 스타일이나, 전통관습과 명예심을 중시하는 점이 다 그렇다. 우리에게 필요한 것은 모두를 질식시킬 것만 같은 이 수렁에서 우리 힘으로 빠져나올 수 있다고 믿는 일이다. 우리는 희망을 더 품을 필요가 있다.

내가 가장 중시하는 가치관은 사람은 다 똑같다고 보는 태도이다. 상대방의 존엄성을 인정하며 존중하고, 한쪽 편을 들지 않고, 사실을 똑바로 보고, 자기 행동에 책임을 진다면 전쟁의 추악함을 극복하는 일은 가능하다.

내가 보기에 팔레스타인인과 이스라엘인이 함께 발전하는 길은 풀뿌리 수준에서 공존하고 협력하며 제휴하고 공유하는 방법밖에 없다. 평화나 용서에 관해 얘기하기보다는 신뢰와 존엄에 관해, 모두가 같은 인간이라는 사실에 관해 이야기하자. 그 밖에도 무수히 많은 다른 방법을 다 궁리해 본 다음에 평화와 용서를 이야기하자. 양쪽이 서로 그렇게 증오하는 한 중동의 갈등은 결코 해결되지 않을 것이다. 관용과 타협이 따르지 않는다면 문제의 해결은 없다. 우리는 군사적 방법이 양측 모두에게 무익하다는 것을 안다. 우리는 대화의 힘이 무력보다 강하다는 말을 머리로는 안다. 하지만 총탄은 계속해서 표적을 찾고 있다. 내 철학은 간단하다. 부모가 자식들에게 흔히 하는 말이다. 형제와 싸우지 말고 화해하라. 그러면 둘 다 살기가 더 좋아질 것이다.

가장 논란이 되는 문제를 하나 생각해 보자. 이른바 '귀환의 권리' 문제이다. 이스라엘 정부의 강경론자들이 주장하는 바에 따르면, 이스라엘은 땅이 좁아서 더 많은 사람을 받아들일 여지가 없다고 한다. 하지만 팔레스타인인은 이스라엘이 '약속의 땅'에 러시아, 아르헨티나, 에티오피아 등에서 온 난민을 받아들일 여지는 충분하다는 점을 잊지 못한다. 공간적 여유의 문제가 아닌 것이다.

팔레스타인의 개탄스러운 상황에 대한 국제사회의 관심은 점점 높아지고 있다. 2009년 10월 27일, 국제사면위원회는 팔레스타인 점령지 내 팔레스타인 주민이 충분하고 안전하고 청결한 물을 이용하기 어려운 현실을 깊이 파헤치는 보고서를 발표했다. 112쪽 분량의 이 보고서는 이스라엘의 물 관리 정책이 팔레스타인인의 기본적인 생활 수준에 대한 권리를 저해하고 있음을 보여 주었다. 보고서를 보면, 이 지역민들은 물뿐만이 아니라 식량, 건강, 생업, 주택에 대해서도 정당한 권리를 보장받지 못하고 있다.

지금의 교착 상태를 더는 내버려 둘 수 없다. 이는 양측이 모두 아는 사실이며, 상황이 당장 개선되어야 한다는 것은 여론조사에서도 나타나고 있다.

내 친구인 의사 슐로모 유세프는 내가 캐나다에서 쉬면서 평범한 사람이 될 수는 있겠지만 가자에 남는 것이 낫지 않았겠느냐며 이렇게 말한다. "당신은 그런 사람이 아니에요. 돌아와서 사명을 다하는 것이 낫지 않나 싶어요." 나는 슐로모에게 내가 꼭 돌아갈 것이며 그때까지는 여기서 내 사명을 완수하겠다고 약속할 수 있다.

제에브 롯스타인 박사도 내가 떠나자 비슷하게 복잡한 심경을 기자에게 밝혔다. "그에게는 지금 당장 다해야 할 사명이 있어요. 그 일이 그를 더 생산적인 활동으로 이끌 텐데 말입니다. 그는 두 민족이 겪는 비극을 상징하는 인물이 아닙니까. 우리는 갈등하고 반목하며 살 이유가 전혀 없습니다. 이런 마당에 보건은 두 민족을 이어 주는 아주 좋은 다리가 될 수 있지요. 한 사람 또 한 사람의 생명을 살리는 일을 계속해야 합니다. 포기해서는 안 되지요. 그러다 보면 총구를 통해 보던 상대와는 전혀 다른 서로를 알게 될 수 있는 겁니다. 이젤딘은 저의 파트너입니다. 그는 저와 같은 비전을 갖고 있습니다. 저는 제가 할 수 있는 모든 면에서 그를 돕고 싶습니다. 그와 저는 가자와 웨스트뱅크와 이곳 이스라엘의 의사들 간 교류를 증진하는 일을 해 보려고 했지요. 서로 배우고 함께 진료하며 관계를 개선해 나갈 수 있는 교육 센터를 만들어 보려고 했습니다. 그가 돌아와서 그 일을 마무리할 수 있으면 좋겠어요."

우리 가족에게 일어난 일은 아직도 잘 믿기지 않는다. 나는 나의 예쁜 딸 셋과 사랑스러운 조카딸을 잃었다. 그들을 되살릴 수는 없다. 하지만 내게는 돌봐야 할 아이가 다섯이나 더 있다. 내 아이들은 우리 미래의 희망이다. 변화와 평화로운 세상을 위한 희망인 것이다.

이런 말도 하고 싶다. 내 딸들처럼 목숨을 잃는 일은 다시 없도록 하자. 우리의 비극에 세상이 눈을 뜨게 하고 서로에게 이렇게 묻게 하자. "우리가 지금 어디로 가고 있지? 우리가 지금 뭘 하고 있지?" 이제는 함께 앉아서 대화를 나눌 때가 되었다. 나는 비극을 겪고서 여러 번 이런 말을 한 적이 있다. 내 딸들의 죽음이 팔레스타인과 이스라엘 사이의 평화로 가는 길에 마지막 희생이라면 상실을 받아들이겠노라고. 새로운 시대가 열려야 한다. 서로 진심으로 대할 기회가 주어져야 한다. 오슬로 협정이 체결되고서 긴 세월이 지나는 동안 평화 회담은 결렬되었다가 재개되고 다시 결렬되기를 거듭했다. 그것도 몇 국경 지역의 몇몇 제곱미터를 양보하느냐 마느냐를 놓고 말이다. 몇 제곱미터나 어느 산꼭대기나 골짜기를 양보한다고 해서 중동에 평화가 찾아오는 것은 아니다. 평화는 양쪽 모두 그런 외부적인 변화보다는 내면에서부터 비롯될 것이다. 우리에게 필요한 것은 존중이며, 증오를 거부하는 내면의 힘이다. 그러고 평화가 찾아올 것이다. 그리고 나의 딸들은 이 지역에서 누군가가 치러야 할 마지막 희생이 될 것이다.

2010년 1월 16일 딸들의 1주기 때 가자 지구의 묘소에서.

　내가 이 책을 통해 바라는 것은 이 책이 팔레스타인인의 생활상과 우리에게 닥친 비극을 잘 담아내고, 팔레스타인인이 생의 도전에 직면하여 그만큼 더 강해지고자 하는 결의를 잘 드러내는 것이다.

　이 책은 평화에 관한 것이기도 하다. 우리는 모두 질병과 빈곤, 무지, 억압, 증오로부터 자유로워지기 위해 힘써야 한다. 내 가족과 나는 끔찍한 1년 동안 도저히 견디기 힘든 비극을 겪었다. 하지만 나는 철저한 무슬림 신앙인으로서 확실히 믿고 있다. 하느님에게서 비롯된 일은 복된 것이며, 삿된 일은 인간이 지어낸 것이라 막을 수도 바꿀 수도 있다고 말이다.

　먼저 입은 타격은 내 아내 나디아의 죽음이었다. 하지만 사람은 심하게 맞더라도 죽지만 않으면 더 강해진다. 내 아이들과 나는 나디아의 죽음을 극복해 냈다. 전에 없던 책임을 맡고 서로 고통을 이겨 나갈 수 있게 도와야 했기 때문에 더 강해졌던 것이다.

　그러던 2009년 1월, 나는 소중한 딸 셋과 조카딸을 잃었다. 가자의 우리 집을 포격한 이스라엘군의 탱크 때문이었다. 당신의 아이들이 끝도 없어 보이는 갈등의 "부수적 피해자"가 된다면, 그들의 몸이 말 그대로 찢기고 목이 달아나는 모습을 당신이 보았다면, 그 어린 생명들이 일순간 사라져 버린다면, 어떻게 증오하지 않을 수 있겠는가? 어찌 분노하지 않을 수 있겠는가? 하지만 나는 신앙의 힘으로 맹세할 수 있었다. 증오하지 않겠다고. 분노하지 않겠노라고. 고통을 잘 인내하고, 인간이 지어낸 불의로 사람에게 고통을 주는 이들을 용서하라는 것이 코란의 가르침이다. 그렇다고 불의를 바로잡는 노력을 하지 말라는 뜻은 아니다.

위대한 자선가나 지도자는 살아생전에 자기 이름이 기념비에 새겨지는 모습을 보게 될지 모른다. 하지만 우리 아이들이나 가난한 사람들은 모래사장에 자기 이름을 쓸 뿐이며, 그 뒤에 살아남은 사람들만이 그들 무덤의 묘비에 새겨진 이름을 볼 수 있다. 세계 곳곳의 무력 충돌 때문에 목숨을 잃은 무고한 모든 사람에게 경의를 표하기 위해, 나는 내 가족에게 일어난 일을 알리고 싶다. 우리 재단을 통해 내가 바라는 바는, 소녀들의 교육을 지원해 주는 학교나 기관의 기념비에 내 딸들의 이름이 새겨져 기억되는 것이다.

나는 이 책이 희망을 잃은 사람들에게 영감을 주기를 바란다. 그들이 희망을 되찾기 위한 긍정적인 행동을 하고, 평화와 평화로운 삶으로의 길고 험난한 여정을 견뎌 낼 용기를 갖는 계기가 되기를 바란다. 이 세상에서 가장 신성한 것은 인간다움과 자유이다. 나는 온 세상이 한 가족이라는 코란의 가르침을 받았다. 우리가 한 사람의 남녀로 태어나 어느 국가나 부족을 이루고 사는 것은, 서로 알아 가게 되면서 우리 삶을 풍요롭게 하는 다양성이 얼마나 소중한지 알기 때문이다. 이 세상이 모든 사람에게 더 나은 곳이 되기 위해서는 더 정의롭고 진실한 사회가 되어야 한다. 나는 내 이야기가 당신의 생각과 마음과 눈을 열어 가자가 처한 인간의 조건을 보는 데 도움이 되기를 희망한다. 터무니없는 판단을 피하는 데 도움이 되기를 바란다.

나의 이야기가 폭력에 시달리는 사람들에게 힘이 되기를, 파괴적인 대결의 틈바구니에 낀 사람들의 생명을 구하는 데 도움이 되기를 간절히 바란다. 이제 정치인들은 파괴가 아니라 건설을 위한 긍정적인 활동을 할 때가 되었다. 지도자는 위험을 떠안을 줄 모르면 지도자일 수 없다. 그들이 부담해야 할 위험은 군인을 파견하는 것이 아니라 옳은 일을 할 수 있는 도덕적인 용기를 갖는 것이다. 증오하는 사람들의 비난에 맞서 인간다운 세상을 이루기 위해서 말이다.

우리는 평화로 가는 이 길에서 노력을 아끼지 말아야 한다. 증오와 어둠을 쫓을 수 있는 것은 사랑과 빛이다. 새로운 세대를 길러 내자. 인간다운 문명을 이루는 것이 모든 인류의 공통된 과제이며, 세상에서 가장 신성한 것이 인간다움과 자유임을 믿는 세대를 말이다. 세상에 평화를 퍼뜨리기 원한다면 팔레스타인과 이스라엘이라는 성스러운 땅에서 시작해도 좋을 것이다. 분단의 벽이 아니라 평화의 다리를 건설하자.

의사인 나는 환자가 살아 있는 한 희망을 잃지 않는다. 하지만 환자의 상태가 자꾸 나빠지면 다른 치료 방식을 찾아보려고 궁리해 보게 된다. 평화로 가는 이 길에서, 우리가 과거에 실패했던 원인을 찾아보고 우리가 왜 불행과 불만과 불안에 시달리는지 알아보아야 한다. 원인은 우리 안에 있지 밖에 있는 것이 아니다. 우리 자신의 생각과 마음에 있는 것이다. 증오는 고질병인 만큼 스스로 고치려고 노력할 필요가 있다. 그리고 빈곤과 핍박으로 고통받는 일이 없는 세상을 만들기 위해 애써야 한다. 자유로운 사회가 가난한 다수를 도울 수 없다면, 그들의 고통으로

부유한 소수의 안전도 지킬 수 없을 것이다.

먼저 우리는 힘을 합쳐 공동의 적인 서로에 대한 무지와 싸워야 한다. 우리 각자 그리고 우리 사이에 있는 심리적·물리적 장벽을 무너뜨려야 한다. 함께 밝은 미래를 이루기 위해 한 사람처럼 말하고 한 사람처럼 나아가야 한다. 우리는 모두 한배를 탄 처지이므로, 같은 배에 탄 사람에게 해로운 일은 모두를 위태롭게 하는 일이다. 서로 탓하지 말아야 하며, 공동의 가치를 받아들여야 한다.

말하는 것도 좋지만, 그것만으로는 충분하지 않다. 행동이 필요하다. 많은 사람이 매일같이 고통받고 죽어 가고 있기 때문이다. 아무리 작은 행동일지라도 그 어떤 말보다 호소력이 강하며 경계를 더 잘 넘나든다. 마틴 루터 킹도 이렇게 말하지 않았는가. "중요한 문제에 대해 우리가 침묵하는 날 우리의 삶은 끝나기 시작합니다. 결국 우리는 적들의 말이 아니라 친구들의 침묵을 기억하게 될 것입니다."

그렇다면 당신은 무엇을 할 수 있는가? 할 수 있는 것은 많다. 가족이나 친구, 지역사회, 정치인, 종교 지도자에게 소리 내어 말함으로써 정의를 향한 몸부림에 동참할 수 있다. 좋은 일을 하는 단체를 후원할 수도 있다. 인도주의 단체에서 자원봉사를 할 수도 있다. 투표를 통해 퇴행적인 정치인을 물러나게 할 수도 있다. 세상을 더 조화로운 곳으로 만들기 위해 할 수 있는 일은 얼마든지 있다.

우리는 누구나 이따금 실수를 범하거나 죄를 저지른다. 내가 잃은 것, 내가 빼앗긴 것 중에 다시는 되찾을 수 없는 것이 있다는 사실을 안다. 하지만 의사이자 신앙인으로서 나는 빛을 향해 나아가야 한다. 내가 잃은 사람들의 영혼에 감화되어 나아가야 한다. 그 영혼들에게 정의가 살아 있음을 보여 주어야 한다.

내가 강연할 때 자주 하는 이야기가 하나 있다. 가망 없어 보이는 상황에도 작은 행동 하나가 가질 수 있는 잠재력을 단적으로 보여 주는 이야기다. 한 남자가 썰물 때 바닷가를 걷다가 바다로 미처 물러가지 못한 불가사리가 많은 것을 보았다. 그리고 어린 소녀와 마주치게 되었는데, 소녀는 불가사리를 하나씩 주워 바다로 되돌려 보내고 있었다. 그가 소녀에게 물었다. "무얼 하고 있니?" 소녀가 대답했다. "물에 다시 넣어 주지 않으면 죽거든요."

"그런데 너무 많잖니." 그가 말했다. "그래 봤자 소용이 있을까?"

소녀는 불가사리를 또 하나 집어다 바다에 넣어 주며 말했다. "얘한텐 소용이 있어요."

나는 너무 아까운 딸 셋을 잃었지만 복이 많아 다섯 아이가 남아 있고 그만큼 남은 미래도 있다. 아인슈타인이 인생은 자전거 타기 같다고 한 말은 맞는 것 같다. 넘어지지 않으려면 계속 움직여야 하는 것이다. 나는 계속해서 움직일 것이다. 긴 여행길에 당신도 동참하기를 바란다.

감사의 말

살아오며 빚을 진 사람들이 많지만 먼저 돌아가신 어머니 달랄과 고인이 된 아내 나디아가 생각난다. 나의 딸 베쌴, 달랄, 샤타, 마야르, 아야, 라파, 아들 모하메드와 압둘라에게도 빚진 것이 많다. 어머니와 아내와 세 딸이 무덤에서 잠시 일어나 딸들이 흘린 피가 헛되지 않았음을 알게 된다면 얼마나 좋을까. 나는 감히 그늘에게 남아 있는 내 아이들의 선행과 나의 노력을 통해 그들이 길이 기억될 것이라고 말할 수 있다. 인간다운 세상을 위해 많은 사람이 돕고 있음을 그들이 알고 이제 고이 잠들어도 좋다고도 말할 수 있다.

우리 가족이 겪은 상실에 대해 과분한 연민과 공감과 지지를 표현해 준 모든 분께 진심으로 감사를 드린다. 그들은 우리가 증오의 확산을 멈추기 위해 행동해야 한다는 것을 알아봐 준 팔레스타인인, 이스라엘의 친구와 동료와 일반 시민, 국제사회의 많은 분이었다. 그 가운데서도 슐로미 엘다르에게 특별히 감사를 드린다. 그는 이스라엘군이 '납 주물 작전'이라 부르는 광란의 전쟁 동안 팔레스타인 민간인이 처했던 현실을 알리는 용기를 가진 인물이었다.

캐나다의 뛰어난 언론인 샐리 암스트롱에게도 깊은 감사를 드린다. 그녀는 나와 내 가족을 만나 보기 위해 멀리 우리 집까지 와 주었고, 이 책을 쓰는 데도 아주 큰 도움을 주었다. 그녀의 도움이 없었다면 이 책은 결코 빛을 보지 못했을 것이다.

이 책의 원고를 봐 주고 바로잡아 주고 평해 줌으로써 제작에 도움을 준 분들에게도 감사하고 싶다. 앤 섬너, 그레타 매덕스, 쥬디스 웨인로스, 앤 콜린스, 마이클 레바인이 그들이다.

  나의 의사 경력에 큰 도움을 준 마렉 글레저만과 그의 아내 치비아에게도 감사한다. 다음의 여러 국내외의 인사들에게도 감사 인사를 드린다. 브루노 부셰, 장-마르크 델리즈, 파리 시장 베르트랑 들라노에, 팔레스타인 자치 정부의 총리 살람 파이야드 박사, 베로니크 드 케이세르를 비롯한 벨기에의 친구들, 유럽의회의 이탈리아 의원 루이사 모르간티니, 유럽의회의 전 의장 한스-게르트 푀터링, 우리를 따뜻이 맞아 준 캐나다 정부와 국민들.

  나의 조카 가이다와 친척 모두에게도 심심한 감사를 드린다. 웃음을 잃지 않고 용기와 의지를 보여 준 사랑스러운 나의 딸 샤타가 얼마나 고마운지 모른다. 가족을 위해 가장 많이 헌신하는 달랄에게도 고마움을 전한다.

  가자에 있는 카말 에드완 병원의 여러분에게도 감사의 뜻을 전한다. 그들은 우리가 위급할 때 너무나 값진 도움을 주었다. 내 조카의 생명과 내 딸의 시력과 손가락을 살려 준 의사들에게도 감사한다. 이스라엘에 있는 셰바 병원의 바렛 교수와 여러 의료진 말이다. 슐로모 모르-유세프 교수와 제에브 롯스타인 교수에게도 특별한 감사를 드린다.

  압둘라 다아르 교수와 피터 싱어 교수, 아흐마드 마슈하라위, 조셉 모아세이에프, 재클린 스와르츠, 이타프 아와드, 마하 다그하시, 자말 다그하시, 실비아 마지아, 야아코브 글릭만, 그리고 아나엘 하르파즈. 모두 고마운 분이다. 진심으로 도와주고 격려해 주고 지혜를 보여 준 친구 마이클 댄에게도 깊이 감사한다. 다 언급하지는 못하지만 나와 내 가족이 마음으로 언제나 고마워하고 있는 모든 분에게 감사를 드린다.

먼 팔레스타인 땅의 갈등과 닮은꼴인
우리에게 던지는 치유의 메시지

어찌 보면 증오는 자연스러운 감정이고 보복은 자연스러운 그 귀결인지도 모른다. 오죽하면 '눈에는 눈, 이에는 이'라는 보복의 법이 있겠는가. 하지만 증오와 보복은 폭력의 악순환이라는 눈덩이를 키워 가며 자꾸 커지는 속성이 있으니, 누군가 용단을 내려 고리를 끊지 않으면 위험천만인 시한폭탄과도 같다. 어처구니없는 포격으로 세 딸과 조카를 한순간에 잃어버린 팔레스타인 의사는 미움과 앙갚음을 생각할 겨를도 없었다. 중상을 당한 다른 딸과 아우의 목숨부터 구하기 위해 가해자 나라 국민인 친구에게 도움을 청해야 했던 것이다. 이 요청은 도움의 손길로 이어졌고, 마침내 휴전을 이끌어내는 계기가 되었다.

팔레스타인 의사는 알았다. 증오의 악순환이라는 포탄에 희생된 딸들의 죽음을 헛되지 않게 하는 길은 증오라는 병을 치유하는 평화의 응징뿐이라는 것을. 피해자는 있되 가해자는 딱히 있는 것도 아니었다. 모든 뿌리는 두 민족 간의 대립과 갈등의 역사에 있었다. 그리고 증오의 포탄은 엉뚱하게도 평화의 가교 노릇을 하던 그의 집으로 날아들었다. 누군가가 고리를 끊어야 했다.

'나라면 어땠을까?' 하는 생각을 당연히 해 보게 되었다. 갚을 방법을 궁리해 봤을지 모른다. 그리고 딱히 대상을 찾지 못하고서 내면의 지옥 속에서 헤매기만 했을지도 모른다. 허나 팔레스타인 의사는 현명했다. 그는 딸들의 어처구니없는 죽음을 갚기보다는 딸들을 사람들의 마음속에 살려 내는 길을 택했다. 딸들의 이름으로 평화의 메시지를 전하는 전도사가 되어 세계인들의 마음속에 용서와 치유의 촛불을 밝히고 있는 것이다.

이 팔레스타인 의사의 이야기는 팔레스타인과 이스라엘 두 민족의 분쟁 사이기도 하면서 결국 사람 사는 이야기는 다 같다는 교훈을 주기도 한다. 두 민족의 대립과 반목의 이야기는 한 민족끼리 비슷한 갈등을 겪고 있는 한반도의 현실을 어쩔 수 없이 되돌아보게 한다. 팔레스타인 난민의 고난을 보면 얼마 전까지 (피)난민이었거나 난민의 후예이기도 한 우리의 과거를 돌아보게도 된다. 우리 또한 어처구니없는 대립 끝에 다 부서지고 흩어진 과거가 있지 않았던가. 폐허 위에 우리가 쌓아 올린 기반은 허약하기 짝이 없는지도 모른다. 나아질 기미가 보이지 않는 남북 대립의 현실을 보면 더욱 그렇다. 먼 팔레스타인 땅의 갈등과 치유의 메시지를 보면서 닮은꼴인 우리의 어제와 오늘을 차분히 되짚어보면 좋겠다.

2013년 3월

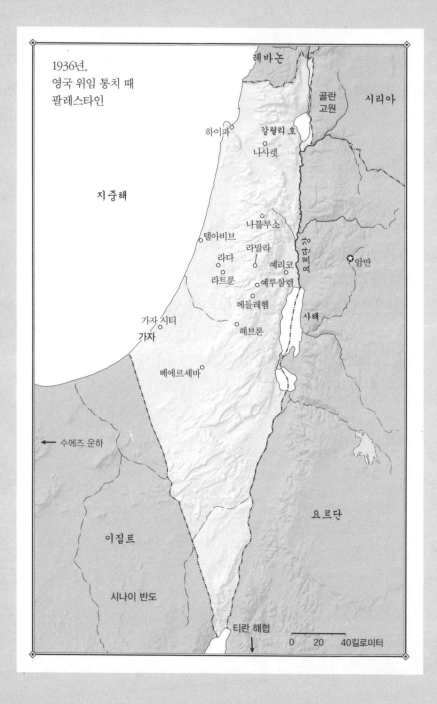

1936년,
영국 위임 통치 때
팔레스타인

레바논

시리아

골란
고원

지중해

하이파
갈릴리 호
나사렛

나블루스
텔아비브
라말라
라다
예리코
라트룬
예루살렘
베들레헴
헤브론
가자 시티
가자
베에르셰바

암만

사해

← 수에즈 운하

요르단

이집트

시나이 반도

티란 해협
↓

0   20   40킬로미터

그 먼 옛날

가자 지역은 기원전 12세기, 필리스틴 사람들이 가나안에 오면서 항구 도시로 유명해졌다. 성경에서 악명 높은 인물인 델릴라가 필리스틴 사람으로, 그녀가 삼손을 배반해서 힘을 못 쓰게 만들어 버린 곳이 바로 가자였고, 지금의 팔레스타인이라는 이름은 당시 그 지역을 지배하던 필리스틴 사람들에서 비롯되었다.

기원전 11세기, 유대인은 필리스틴을 비롯한 가나안 원주민을 제압하고 사울 왕이 왕국을 이루었으며 그 뒤를 이어 우리에게 잘 알려진 다윗 왕, 솔로몬 왕이 나타났다.

나사렛의 예수가 중동 지역에 큰 영향을 끼치고 난 뒤 2세기경, 팔레스타인 지역에 거주하던 유대인은 로마에 의해 추방당했고, 아랍인은 사라센 제국의 건설 이후 동로마 제국을 멸망시키고 팔레스타인 지역을 장악하여 예루살렘을 성도로 삼았다. 그 뒤로 팔레스타인 지역은 이슬람교도에 의해 지배되었다.

점화된 불씨

20세기를 얼마 남겨 놓지 않은 1897년, 유럽에서는 반유대인 운동이 전개되고 유대인은 그에 대응하여 자신의 조국을 팔레스타인 지역에 건설한다는 이른바 '바젤 계획'을 채택하여 민족주의 운동을 확산하였다.

1917년, 영국의 밸푸어 외상이 영국 국적의 저명한 유대인 정치가 로스차일드에게 서한을 보내 팔레스타인 지역에 유대 국가의 건설을 지지한다는 '벨푸어 선언'을 하면서 문제의 불씨는 지펴지기 시작했다.

1920년, 영국은 '팔레스타인 위임 통치령'에 따라 일부 지역을 통치하였고, 제1차 세계대전 후 팔레스타인 지역으로 이주해 오는 유대인에게 유리한 정책을 취하면서 유대인이 팔레스타인 지역으로 대규모 이민을 오기 시작했다.

1939년, 독일의 폴란드 침공으로 제2차 세계대전이 터진 뒤 나치의 유대인 대학살로 유럽 전역에 흩어져 있던 유대인들이 팔레스타인 지역으로 대거 이주하면서, 점차 아랍 민족과 유대인의 충돌이 잦아졌다.

1946년, 훗날 이스라엘 총리가 되는 강경파 시오니스트 메나헴 베긴이 이끄는 유대인 테러 집단이 예루살렘 시내의 팔레스타인 영국 위임 통치 당국을 공격하여 91명이 사망하였다. 1947년, 아랍 민족과 유대인의 분쟁을 조정하기 위해 제2차 유엔 안보리 총회에서 팔레스타인 지역을 아랍인 구역과 유대인 구역으로 나누기로 결정하자, 시오니스트들은 팔레스타인 영국 당국을 상대로 전쟁을 선언하기에 이르렀다.

대재앙의 시작

1948년, 이스라엘이 국가를 수립하였다. 팔레스타인인에게는 '알 나크바' 즉, 대재앙이었다. 건국 직후 이집트를 비롯한 아랍 국가들이 무력 항쟁을 벌이면서 '제1차 중동전쟁'이 터졌고, 이때 이스라엘은 팔레스타인 지역에서 원주민들을 내쫓았다.

1950년, 요르단 강 서안은 요르단에 들어가고, 가자 지구는 이집트가 지배하게 되었다. 팔레스타인 난민들이 유엔 구호 캠프에 등록함으로써 난민 캠프의 역사가 공식적으로 시작되었다.

1956년, 이집트의 나세르가 수에즈 운하를 국유화하면서 '수에즈 위기'가 시작되고 '제2차 중동전쟁'에 이스라엘도 가세해 이집트를 공격하였다. 이 전쟁에서 이스라엘은 이집트 시나이 반도의 요충지를 점령하였다.

팔레스타인의 반격

1964년, 아랍 연맹의 지원을 받으며 팔레스타인해방기구PLO가 만들어졌다. 1967년, 6일 만에 끝나 '6일 전쟁'이라 불리는 '제3차 중동전쟁'이 일어났고, 이스라엘은 가자 지구, 서안 지구 등을 점령하였다. 1969년, 야세르 아라파트가 PLO 집행위원장에 취임하였다. 1972년, 팔레스타인의 '검은 9월단'이 독일 뮌헨 올림픽 때 이스라엘 선수단 숙소를 공격하였다.

1973년, '제4차 중동전쟁'이 일어났으며, 유대인이 팔레스타인 지역을 떠날 때까지 석유 가격을 인상하고 석유 생산량을 감소하겠다는 아랍 석유수출국기구OPEC의 발표로 '제1차 석유 파동'이 일어났다. 1974년, 야세르 아라파트가 유엔 총회에서 "지금 나는 한 손에는 올리브 가지를, 다른 한 손에는 총을 들고 있다. 내 손이 올리브 가지를 놓지 않게 해 달라."라는 연설을 하였다.

1979년, 이스라엘은 시나이 반도를 이집트로 반환하며 이집트와 국교를 수립하였다. 1981년, 레바논 남부 시아파 조직 헤즈볼라가 무장 투쟁을 선언하자 아리엘 샤론 이스라엘 국방장관은 군대를 보내 남부 레바논을 침공하였다.

새로운 세대의 무력 항쟁

1987년, 이스라엘의 점령 지역에서 팔레스타인인 4명이 이스라엘군의 지프차에 치여 사망한 사건을 계기로 '제1차 인티파다'가 일어났다.

1988년, 가자 지구에 이슬람 저항 운동 단체 '하마스'가 창설되었다. 팔레스타인국민협의회PNC가 독립 국가를 선언하고, 전 세계 25개국이 팔레스타인 망명 정부를 승인하였다. 이스라엘을 국가로 인정한다는 유엔 총회 제네바 특별회의의 결의안을 아라파트가 받아들였다. 1993년, 이스라엘과 PLO가 '오슬로 협정'(팔레스타인 자치 확대에 관한 원칙 선언)에 합의하면서, 가자 지구와 서안 지구(웨스트뱅크) 일부가 팔레스타인 자치 지구가 되었다. 1994년, 요르단 후세인 국왕과 이스라엘 라빈 총리가 평화 조약을 체결하였다. 같은 해 팔레스타인 자치 정부가 만들어졌다. 1996년, 아라파트가 팔레스타인 자치 정부의 수반으로 선출되었다.

2000년, 이스라엘 야당 당수였던 샤론이 이슬람 성지인 동예루살렘의 알 아크사 사원을 방문한 데 분노한 팔레스타인인들이 항쟁을 일으켰고 이스라엘 군대가 강경 진압하면서 '제2차 인티파다'가 일어났다. 2001년, 샤론이 이스라엘 총리에 선출되었다.

가자 지구 학살

2003년, 미국이 이라크를 침공한 사이에 이스라엘은 가자 지구 등지에서 팔레스타인인을 유혈 살상하기 시작하여 몇 년 동안 팔레스타인인 수천 명이 죽었다. 2004년, 아라파트가 사망하였다. 2005년, 이스라엘군이 가자 지구에서 철수하였으나 이스라엘의 봉쇄와 탄압은 사라지지 않았다.

2008년, 이스라엘은 팔레스타인 측의 로켓 공격을 중단시키겠다는 명분으로 가자를 공습하였고, 가자 지구 유엔 본부까지 공격하였다. 2009년까지 이어진 이 공습 때 아부엘아이시의 세 딸과 조카딸이 목숨을 잃었다.

2010년, 이스라엘이 하마스 지도자를 암살하였다.

2012년, 하마스가 미사일 공격을 하고, 이스라엘이 가자 지구를 공습하면서 참극은 끝나지 않고 있다.

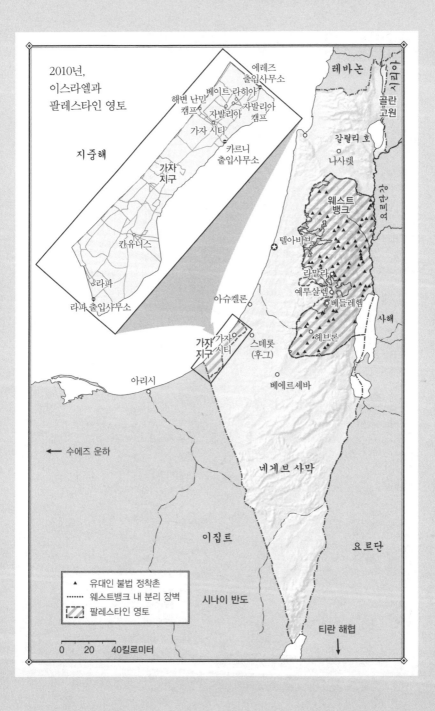

2010년,
이스라엘과
팔레스타인 영토

레바논

지중해

에레즈
출입사무소

베이트라히아
해변 난민
캠프
자발리아
자발리아
캠프
가자 시티
가자
지구

카르니
출입사무소

칸유니스

라파

라파 출입사무소

골란
고원

갈릴리 호

나사렛

요르단강

웨스트
뱅크

텔아비브

라말라

예루살렘
베들레헴

아슈켈론

사해

헤브론

가자
지구
가자
시티

스데롯
(후그)

베에르셰바

아리시

수에즈 운하

네게브 사막

이집트

요르단

시나이 반도

티란 해협

▲ 유대인 불법 정착촌
······· 웨스트뱅크 내 분리 장벽
░░ 팔레스타인 영토

0 20 40킬로미터

원어 표기

지명, 인명, 작품명의 원어 및 알아두면 도움이 될 만한 몇몇 번역어의 원어를
가나다 순으로 정리하였습니다.

가이다 Ghaida

가자 지구 Gaza Strip

가지 알자발리 Ghazi al-Jabali

거트너 Gertner

고메르 벤 모셰 Gomer Ben Moshe

귀환의 권리 the right of return

그레고리 칼릴 Gregory Khalil

길라드 샬리트 Gilad Shalit

나디아 Nadia

나사렛 Nazareth

나세르 대통령 Gamal Abdel Nasser

나크바 Nakba

노미카 지온 Nomika Zion

누르 Noor

니아르코스 생존 상 Niarchos Prize for
Suvivorship

다비드 벤구리온 David Ben-Gurion

달라 라나 Dalla Lana

달랄 Dalal

〈대통령께〉〈Dear Mr. President〉

데므라 Demra

데보라 수거먼 Deborah Sugerman

데이비드 머코브스키 David Makovsky

두알히자 Dhu al-Hijjah

라말라 Ramallah

라트룬 Latrun

라파 Raffah

레바나 스턴 Levana Stern

레젝 Rezek

로스차일드 Walter Rothschild

리처드 골드스톤 Richard Goldstone

마가리스 카르미 Margalith Carmi

마드무니 Madmoony

마람 프로젝트 Maram Project

마렉 글레저만 Marek Glezerman

마리얌 Maryam

마야르 Mayar

마흐무드 압바스 Mahmoud Abbas

메홀라 Mehola

모나 아브람슨 Mona Abramson

모나 엘타하위 Mona Eltahwy

모르데카이 샤니 Mordechai Shani

모샤브 Moshav

모셰 마조르 Moshe Mazor

모하메드 Mohammed

무크타르 mukhtar

미국국제개발처 USAID

바르질라이 Barzilai

바클라브 인슬러 Vaclav Insler

밸푸어 Arthur James Balfour

베르셰바 Beersheba

베싼 Bessan

베이트 라히아 Beit Lahia

부치 Buzzi

브루노 루넨펠드 Bruno Lunenfeld

사나 Sanaa

사브라 sabra

샐리 암스트롱 Sally Armstrong

샤박 Shabak

샥슈카 shakshuka

샤타 Shatha

서바이버 봉사단 Survivor Corps

성전 산 Temple Mount

셰파르디 Shepardi

셰바 Sheba

셰이크 아흐메드 야신 Sheikh Ahmed Yassin

셰켈 shekel
셰하브 Shehab
소로카 Soroka
소브히아 Sobhia
숄로모 유세프 Sholomo Usef
수콧 Sukkot
슐로미 엘다르 Shlomi Eldar
스데롯 Sderot
시몬 글릭 Shimon Glick
아나엘 하르파즈 Anael Harpaz
아리시 Arish
아리엘 샤론 Ariel Sharon
아모스 길라드 Amos Gilad
아부자이다 Abu Zaida
아슈켈론 Ashqelon
아야 Aya
아윱 Ayoub
아이샤 사이피 Aisha Saifi
아카베르 Akaaber
아켈 Akel
아타 Atta
아흐마드 슈케이리 Ahmad Shukeiri
아흐메드 알 할라비 Ahmed Al Halaby
아흐메드 알아즈루디 Ahmed Alajroudi
알시파 Al-Shifa
알아지지야 Al-Aziziyah
압둘라 다아르 Adgullah Daar
앨리사 플래토 Alisa Flatow
야세르 아라파트 Yasser Arafat
야아코브 테르너 Yaakov Terner
야흐야 함무다 Yahya Hammuda
에드먼드 알렌비 Edmund Allenby
에라슴 Erasme
에레즈 Erez
에스더 차치키스 Esther Chachkes
에티마드 Etimad
에후드 바라크 Ehud Barak
에후드 올메르트 Ehud Olmert
엘아리시 Elarish
엘팔로자 El Faloja
예리코 Jerico

예슈아 마트자 Yeshoua Matza
오슈랏 쿠틀러 Oshrat Kutler
오슬로 협정 Oslo Accords
와크파트 아라파트 Waqfat Arafat
와파 알비스 Wafa Samir Ibrahim al-Biss
유스라 Yousra
유엔구제사업기구 UNRWA
이드 알아드하 Eid al-Adha
이스라엘방어군 IDF
이스마일리아 Ismailia
인티파다 Intifada
자발리아 시티 Jabalia City
장-마르크 델리제 Jean-Marc Delizée
적십자국제위원회 ICRC
제다 Jeddah
제에브 롯스타인 Zeev Rotstein
지모 나들목 Zimmo junction
치피 리브니 Tzipi Livni
카르니 Karni
카말 에드완 Kamal Edwan
카삼 Qassam
칸유니스 Khan Yunis
타미 로넨 Tammie Ronnen
파타 Fatah
팔라펠 falafel
팔레스타인민족평의회 PNC
평화를 위한 창의성 캠프
Creativity for Peace Camp
피아스터 piastre
피터 싱어 Peter Singer
하마스 Hamas
하이파 대학교 Haifa University
하지 hajj
한스-게르트 퍼터링 Hans-Gert Pöttering
해변 난민 캠프 Beach camp
호다이아 Hodaiah
후그 Houg
흐마이드 Hmaid

그러나 증오하지 않습니다

세 딸을 폭격으로 잃은 팔레스타인 의사 이야기

이젤딘 아부엘아이시 지음 | 이한중 옮김

2013년 3월 30일 처음 찍음 | 2015년 1월 20일 두 번 찍음
펴낸곳 도서출판 낮은산
펴낸이 정광호 | 편집 정우진·이진규 | 제작 정호영 | 영업 윤병일 | 디자인 박대성
출판 등록 2000년 7월 19일 제10-2015호
주소 서울시 마포구 독막로 9길 23 아덴빌딩 3층
전자우편 littlemt2001hr@gmail.com
홈페이지 littlemt.com
전화 (02)335-7365(편집), (02)335-7362(영업) | 전송 (02)335-7380
인쇄·제판·제본 상지사 P&B

본문 그림(16, 40, 92, 136, 174, 194, 236쪽 왼쪽 위) ⓒ손문상

* 잘못 만들어진 책은 바꾸어 드립니다.
* 책값은 뒤표지에 표시되어 있습니다.

ISBN 978-89-89646-97-6 03300